Mediale Teilhabe

AF287342

Mediale Teilhabe: Partizipation zwischen Anspruch und Inanspruchnahme

herausgegeben von Beate Ochsner

μ meson press

Dieser Band entstand im Rahmen der Forschungsgruppe „Mediale Teilhabe: Partizipation zwischen Anspruch und Inanspruchnahme", gefördert von der Deutschen Forschungsgemeinschaft (DFG), Projektnummer 272138722.

Bibliographische Information der Deutschen Nationalbibliothek
Die Deutsche Nationalbibliothek verzeichnet diese Veröffentlichung in der Deutschen Nationalbibliographie; detaillierte bibliographische Informationen sind im Internet unter https://dnb.dnb.de abrufbar.

Veröffentlicht 2023 von meson press, Lüneburg, Deutschland
www.meson.press

Designkonzept: Torsten Köchlin, Silke Krieg
Umschlagbild: Lukas Burg
Lektorat: Christina Bösel, Judith Weiser und Asher Boersma

ISBN (Print): 978-3-95796-212-6
ISBN (PDF):   978-3-95796-213-3
DOI: 10.14619/2126

Die Printausgabe dieses Buchs wird gedruckt von
Books on Demand, Norderstedt.

Die digitale Ausgabe dieses Buchs kann kostenlos heruntergeladen werden unter www.meson.press.

Inhalt

Von der Partizipation zur Medialen Teilhabe: Einleitung

Beate Ochsner

Bis weit in die 2010er Jahre – und für manche Bereiche gilt dies auch heute noch – waren es vornehmlich die Politikwissenschaft, die Soziologie, die Pädagogik oder die Kommunikationswissenschaften, die sich des Partizipationsbegriffs angenommen und ihn dabei vorrangig in Bezug auf Maßnahmen und Empfehlungen zur sozialen Integration im Kontext neuer digitaler Netzwerkmedien definiert haben. Dabei geriet die medienkulturelle Grundlage dieser Prozesse allerdings ebenso in den Hintergrund wie zahlreiche Partizipationskonzepte häufig vernachlässigen, dass der Abbau alter Barrieren kein technischer Automatismus ist und mit dem Errichten neuer, häufig unsichtbarer Barrieren einhergeht, dass Zugehörigkeit und Nicht-Zugehörigkeit keine festen Größen darstellen, sondern in medialen Austauschprozessen hergestellt werden (Neuner 2007) und, last but not least, dass nicht alle, die partizipieren sollen, dies auch wollen und umgekehrt (Fach 2006, 198). Diese ambivalente Ausgangslage schafft nicht nur konzeptuelle, sondern auch methodische Herausforderungen. Als medienkulturelle und soziotechnische Problemlage kann die wissenschafts- und theoriepolitische Dimension von Partizipation weder allein mit Methoden der Kommunikations- oder Politikwissenschaften (Odenbach 2012; Newig 2011; Lathrop und Ruma 2011) noch mit medienpädagogischer Kompetenzvermittlung oder der Inklusion/Exklusionsunterscheidung der soziologischen Systemtheorie (Farzin 2015; Wagner 2006; Stichweh 2005, 2010) erfasst werden. In diese Forschungslücke schreiben sich die Arbeiten der DFG-Forschungsgruppe „Mediale Teilhabe. Partizipation zwischen Anspruch und Inanspruchnahme"[1] ein, und schlagen den Begriff „mediale Teilhabe" als neuen Grundbegriff

---

1   Weitere Informationen finden sich unter https://mediaandparticipation.com/.

der Medientheorie vor: Mit einem medienkulturwissen-
schaftlichen Schwerpunkt werden die soziopolitischen,
ökonomischen, kulturellen, environmentalen Bedingungen
analysiert und die Subjekte und Kollektive formierenden
Implikationen des gesellschaftlichen und wissenschaftlichen
Problems der Partizipation als mediale Teilhabe gefasst.
Dabei werden u.a. jene ‚Kehrseiten' (Carpentier 2012)
sichtbar, die Partizipation als konfliktreiches Unterfangen
offenbaren, das gerade nicht auf Konsens, „Harmonie und
Solidarität" zielt (Miessen 2012). So geht unser Verständnis
von Teilhabe (Schönberger 1998), obwohl die Begriffe
Teilhabe und Partizipation häufig gemeinsam verhandelt
werden (Roth und Schäfer 2007), eine weitere für uns zentrale Differenzierung ein: Nimmt man die aristotelischen
Begriffe *metoché* als aktives Teilnehmen der Einzelinstanz an
der Idee bzw. *methexis* als passive Teilhabe (oder Teilgabe)
der Idee an der Substanz ernst, erschließt sich ein Spektrum
von Teilhabe zwischen Anspruch und Inanspruchnahme.
Nun kann es gerade nicht darum gehen, in der (nicht kon-
sensfähigen) Unterscheidung von ‚Teilhabe' und ‚Teilnahme'
eine der beiden Seiten zu privilegieren (Fach 2006). Mit
dem Begriff der medialen Teilhabe verfolgen wir vielmehr
zweierlei: Zum einen lenken wir die Aufmerksamkeit auf
die komplexen medialen Ermöglichungs- und Austausch-
prozesse, als deren Effekt Teilhabe/Nicht-Teilhabe entsteht.
Zum anderen aber soll der bereits im Deutschen sperrige
Begriff der Teilhabe einen Moment des Innehaltens initiieren
und zu schnellen Übersetzungen in *partaking, participation,*
prendre part, prendere parte Begriffe entgegensetzen, die die
Relationalität der Prozesse in Form von *co-constitution,* von
becoming with oder *être-avec* betonen.

Mediale Teilhabe – so die Überzeugung – beruht somit
auf einem grundlegend prozessual gedachten Begriff von
Medialität, der als Voraussetzung die relationalen Vermitt-
lungsgefüge und soziotechnischen Konfigurationen von
Teilhabe ermöglicht oder aber verhindert. Anstatt Technik
und Technologie als Steigerung menschlicher Handlung
oder Kommunikation (Hepp 2010) vorauszusetzen, wird von

einem ko-evolutionären Individuationsprozess von Technik, Organismus und Welt ausgegangen, der jede Form des Seins als relational begreift, ohne die Spezifika der verschiedenen Elemente zu nivellieren (Simondon 1989; vgl. auch van Lier 2006).

Forschungsleitend ist mithin die Überzeugung, dass mediale Teilhabe (und das bedeutet immer auch Nicht-Teilhabe) nicht vorausgesetzt werden kann, sondern als Effekt wechselseitiger Kollektivierungs- und Subjektivierungsprozesse in spezifischen soziotechnischen Kontexten hervorgebracht (oder verhindert) wird, was stets die Problematisierung eines klassischen binären Zugangs- und Inklusionsbegriffs beinhaltet. In wechselseitig sich bedingenden Mediationsprozessen konfigurieren Medien wie Smartphones, Cochlea-Implantate, Plattformen, Apps, Spiele, Serien, Streamingdienste wie auch mediale Mikropraktiken des Widerstands Teilhabe oder Nicht-Teilhabe bzw. Teilhabende oder Nicht-Teilhabende in gleichem Maße, wie sie von jenen (mit-)geformt werden (Law und Hassard 2006; Latour 1995).

Mediale Teilhabe – Phase 1: Vergemeinschaftungen im Vollzug

In der ersten Phase (2015–2018) fokussierte die Forschungsgruppe in ihren Analysen die wechselseitige Bezogenheit der zentralen Parameter ‚mediale Konstellation' und ‚Gemeinschaftsbildung' und nahm auf diese Weise mediale Teilhabe als bestimmungsoffenen und unabgeschlossenen Prozess in den Blick: Die Ausgangsüberlegung lautet dabei: Bestrebungen, Nicht-Teilhabende in Teilhabende zu überführen, sind mit Zuschreibungen und Zumutungen verbunden, die in der Geste des Einschließens gleichzeitig das (vormals) Ausgeschlossen-Sein mitverfertigen. Mediale Teilhabe ist deshalb als Prozess des Ansprechens von menschlichen und nicht-menschlichen Aktanten zu untersuchen, der sich als wechselseitiges Austauschverhältnis zwischen Anspruch und Inanspruchnahme von Menschen, Techniken und Praktiken vollzieht. Dabei gilt es heraus- zuarbeiten, wann und auf der Basis welcher medial kon- stituierten Relationen Ansprüche auf (und an) mediale(r) Teilhabe gesellschaftspolitische Relevanz zugeschrieben oder aber abgesprochen wird (Denecke et al. 2016).

Die sich hieraus ergebenden Forschungsfragen wurden drei verschiedenen Modalitäten des Ansprechens zuge- ordnet: Unter dem Begriff des (1) *Mitsprechens* konnten die gemeinschaftsstiftenden oder -verhindernden Operationen des Mit-Teilens analysiert werden, wobei die Frage nach spezifischen Mediationsprozessen im Vordergrund stand, innerhalb derer Mitsprache ermöglicht oder verweigert wird und Teilhabende/Nicht-Teilhabende reziprok verfertigt werden (Ochsner 2018, 2017, 2013; Ochsner, Spöhrer und Stock 2015, 2021; Ochsner und Stock 2016; Hörl 2016). Als (2) *Versprechen* nahmen die beteiligten Wissenschaftler:innen politische Imaginationen und Utopien der Teilhabe in den Blick, um Verfehlungen und Einschränkungen aufzuzeigen, die mit dem Ver-Sprechen einer Idealvorstellung von All-Inklusion einhergehen (Stäheli und Stoltenberg 2022; Stäheli 2021; Otto 2018; Ganzert et al. 2017; Otto und Plohr 2015) Die Untersuchungen zur Modalität des (3) *Wider- sprechens* gingen von der Überzeugung aus, Störungen von Teilhabeprozessen seien in den medialen Konstellationen selbst zu verorten (Furrer und Dieterich 2017; Bippus 2015) Als mediale Teilhabe konnte Partizipation auf diese Weise ideen- und begriffsgeschichtlich (Diederichsen und Franke 2013) neu verortet, technoökologisch konzeptualisiert (Hörl 2011; Parikka 2011; Fuller 2007) und im Spannungsfeld der Begriffe und möglicher Gegenbegriffe von Gemeinschaft – so in Jean-Luc Nancys dekonstruktiver Fassung einer „communauté désœuvrée" (Nancy 1986) oder „entwerkten Gemeinschaft" – und Subjektivierung anhand konkreter Techniken, Operationen und Praktiken zur Diskussion gestellt und analysiert werden (Marchart 2008; Reckwitz 2003; Vogl 1994).

Mediale Teilhabe – Phase 2: Das Gemeinsame in seiner Relation zu Machtstrukturen

An dieser Stelle setzt der vorliegende Band an, um das zentrale Thema der medialen Teilhabe im Kontext eines post-massenmedialen und/oder postdigitalen Wandels medienkultureller Produktion weiterzuentwickeln. Am Kreuzungspunkt einer relationalen Transformation von Macht, Kapital (Granel 2020), Subjektivität und des Gemeinsamen über die Frage nach Teilhabe in technosensorischen App-Konfigurationen im Kontext von Dis/Ability, temporär resistiven Smartphone-Vergemeinschaftungen, spezifischen Zeitlichkeiten von Teilhabe in Streaming-Praktiken sowie die Problematiken teilhabender Kritik als transformierendes und transversales Mit werden die Möglichkeiten und Bedingungen medialer Teilhabe in konkreten Kontexten aufgezeigt und zusammengeführt. Dabei werden die jeweiligen Konfigurationen in ihren spezifischen Zeitlichkeiten sowie im Hinblick auf die den Prozessen selbst eingeschriebenen Ansprüche und Inanspruchnahmen untersucht, die in ihrer (ökonomischen und politischen) Überbietung wie auch kritischen Überwindung zu analysieren sind.

Während in der ersten Phase ein Fokus auf eine stets im Vollzug befindliche Gemeinschaft gelegt wurde, konzentrieren sich die Teilprojekte in der Fortsetzung stärker auf das Gemeinsame und seiner Relation zu Machtstrukturen. Dies bedeutet auch, Transformationen von Macht, Kapital, Subjektivität als *historische* Transformationen zu begreifen, welche die Dimension des Relationalen verstärken und – so z.B. im und mit dem Begriff des Gemeinsamen – zugleich identitäre Dimensionen, wie sie womöglich noch im Begriff von Gemeinschaft enthalten sind, in Frage zu stellen (Schreiber 2020). Subjekte werden in Relation zu einem ‚Gemeinsamen' (Revel 2011; Revel und Negri 2007) verfertigt, wobei im Foucault'schen Sinne gouvernementaler Machttechniken eine die individuelle Autonomie stärkende

Wahlfreiheit mit der systematischen Entfaltung sozialer, ökonomischer und kultureller Exklusionslogiken korrespondiert (Nigro 2022; Nigro und Stubenrauch 2021; Schiel et al. 2020). Deren Effekte stellen die Idee eines souveränen Subjekts sowie einer ihm gegenüberstehenden Objektwelt in Frage und verlagern den Diskurs auf spezifische Konstellationen medialer Teilhabeprozesse, die im Hinblick auf Fragen des Zugangs, auf Machtstrukturen und -formen, auf Normierungspraktiken sowie Möglichkeiten kritischer Positionierung beforscht werden (Brunner 2021, 2020). In Kontexten der drei die zweite Forschungsphase leitenden Modalitäten – relationale Technologien der Verschaltung (1), ihre Ausformulierungen in und durch spezifische:n Temporalitäten (2) sowie ihr affektives und kritisches Potential (3) – werden Möglichkeiten und Bedingungen von Teilhabe (und Nicht-Teilhabe) sicht- und /beschreibbar (gemacht), in denen prekäre Subjekte und ihre sozialen, politischen, ökonomischen oder kulturellen Umweltlichkeiten als ko-konstitutiv zu denken sind.

Das Buch gliedert sich folgerichtig in drei große Abschnitte, in denen diese Modalitäten ausbuchstabiert werden. An jede der drei Einleitungen zu den Modalitäten schließen sich exemplarische Studien aus den fünf Teilprojekten an, die die theoretischen Grundlagen an konkreten Untersuchungsgegenständen entfalten. Die unterschiedlichen Fallbeispiele betonen die Vielfalt unterschiedlicher Denkweisen und Traditionen sowie deren inter- und transdisziplinärer Überschreitungen, wie eine notwendig plurale Perspektive einer Theorie medialer Teilhabe dies erfordert.

Literatur

Bippus, Elke. 2015. „Adrian Pipers Funk Lessons." In *Kunst und Wirklichkeit heute*, Bd. 68, hg. v. Lotte Everts, Johannes Lang und Michael Lüthy, 201–22. Bielefeld: transcript Verlag.

Brunner, Christoph. 2020. „The Politics of Undoing: The Movement of Activist Sense." In *Taking Sides: Theories, Practices, and Cultures of Participation in Dissent*, hg. v. Anne Ganzert, Isabell Otto und Elke Bippus, 85–108, Bielefeld: transcript.

Brunner, Christoph. 2021. „‚Making Sense'". *Conjunctions* 7 (1): 1–16. doi: 10.7146/tjcp.v7i1.119861.

Carpentier, Nico. 2012. „The dark sides on online participation (18th June 2012)." *Transmedia Generation: On Empowered and Impassioned Audiences in the Age of Media Convergence*, Brussel, 2012. http://www.diva-portal.org/smash/record.jsf?pid=diva2%3A906639&dswid=3413. Letzter Zugriff am 26. Juni 2022.

Denecke, Mathias, Anne Ganzert, Isabell Otto und Robert Stock, Hg. 2016. *ReClaiming Participation: Technology – Mediation – Collectivity.* Edition Medienwissenschaft 15. Bielefeld: transcript.

Diederichsen, Diedrich und Anselm Franke. Hg. 2013. *The Whole Earth. California und das Verschwinden des Außen*. Berlin: Sternberg Press.

Fach, Wolfgang. 2006. „Partizipation." In *Glossar der Gegenwart*, hg. v. Ulrich Bröckling, Susanne Krasmann und Thomas Lemke, 197–204. Berlin: Suhrkamp.

Farzin, Sina. 2015. *Inklusion/Exklusion: Entwicklungen und Probleme einer systemtheoretischen Unterscheidung.* Sozialtheorie. Bielefeld: transcript.

Fuller, Matthew. 2007. *Media Ecologies: Materialist Energies in Art and Techno-culture.* Leonardo. Cambridge, MA/London: MIT Press.

Furrer, Viktoria und Sebastian Dieterich. 2017. „Micropractising the Local, Localizing Micropractice." In *Artistic Research. Being There. Explorations Into the Local*, hg. von Luisa Greenfield, 75–87. Kopenhagen: Nordic Summer University Press.

Ganzert, Anne, Gielnik, Theresa, Hauser, Philip, Ihls, Julia und Isabell Otto. 2017. „In the Footsteps of Smartphone-Users Traces of a Deferred Community in Ingress and Pokémon Go." *Digital Culture & Society* 3 (2): 41–58.

Ganzert, Anne, Otto, Isabell und Elke Bippus, Hg. 2020. *Taking Sides: Theories, Practices, and Cultures of Participation in Dissent*. Bielefeld: transcript.

Granel, Gérard. 2020. *Die totale Produktion: Technik, Kapital und die Logik der Unendlichkeit*. Wien, Berlin: Turia + Kant.

Hepp, Andreas. 2010. „Mediatisierung und Kulturwandel: Kulturelle Kontext-felder und die Prägkräfte der Medien." In *Die Mediatisierung der Alltagswelt*, hg. v. Maren Hartmann und Andreas Hepp, 65–84. Wiesbaden: VS Verlag für Sozialwissenschaften.

Hörl, Erich, Hg. 2011. *Die technische Bedingung. Beiträge zur Beschreibung der technischen Welt.* Frankfurt am Main: Suhrkamp.

Hörl, Erich. 2016. „Other Beginnings of Participative Sense-Culture. Wild Media, Speculative Ecologies, Transgressions of the Cybernetic Hypo-thesis." In *ReClaiming Participation: Technology – Mediation – Collectivity*, hg. v. Mathias Denecke, Anne Ganzert, Isabell Otto und Robert Stock, 93–122. Bielefeld: transcript.

Lathrop, Daniel und Laurel Ruma. 2011. *Open Government: Collaboration, Transparency, and Participation in Practice* 28. Sebastopol, CA: O'Reilly.

Latour, Bruno. 1995. *Wir sind nie modern gewesen. Versuch einer symmetrischen Anthropologie.* Berlin: Akademie Verlag.

Law, John und John Hassard, Hg. 2006. *Actor Network Theory and After.* Oxford, Malden: Blackwell Publishers.

16   Marchart, Oliver. 2008. *Post-foundational political thought: Political difference in Nancy, Lefort, Badiou and Laclau*. Edinburgh: Edinburgh Univ. Press.

Miessen, Markus. 2012. *Albtraum Partizipation*. Berlin: Merve.

Nancy, Jean-Luc. 1986. *La communauté désœuvrée*. Paris: Bourgois.

Neuner, Stefan. 2007. „Paradoxien der Partizipation. Zur Einführung." *Das Magazin des Instituts für Theorie* 31 (10/11): 4–6.

Newig, Jens. 2011. „Partizipation und Kooperation zur Effektivitätssteigerung in Politik und Governance?". In *Nachhaltige Gesellschaft*, hg. von Harald Heinrichs, Katina Kuhn und Jens Newig, 65–79. Wiesbaden: VS Verlag für Sozialwissenschaften.

Nigro, Roberto. 2022. „Wege der Anti-Dialektik." In *Zweite Natur: Stuttgarter Hegel-Kongress 2017*, hg. v. Julia Christ und Axel Honneth, 273–84. Frankfurt am Main: Vittorio Klostermann.

Nigro, Roberto und Heiko Stubenrauch. 2021. „Landnahme analog und digital: ursprüngliche Akkumulation in den Kontrollgesellschaften." Unveröffentlichtes Manuskript.

Ochsner, Beate. 2013. „Teilhabeprozesse oder: Das Versprechen des Cochlea-Implantats." *Augenblick. Konstanzer Hefte zur Medienwissenschaft* 58: 112–123.

Ochsner, Beate. 2017. „Das Recht auf Mitsprache: Versprechen und Zumutungen des Hörens mit Cochlea-Implantat." In *Möglichkeit Mensch. Körper / Sphären / Apparaturen*, hg. v. Claudia Emmert, 175–81. Berlin: Neofelis.

Ochsner, Beate. 2018. „AudioVisual Accesibility (Ava) oder: Zur Herstellung prekärer Kommunikationsgemeinschaften." In *Das Mitsein der Medien: Prekäre Koexistenzen von Menschen, Maschinen und Algorithmen*, hg. v. Johannes Bennke, Johanna Seifert, Martin Siegler und Christina Terberl, 121–46. Paderborn: Wilhelm Fink.

Ochsner, Beate, Spöhrer, Markus und Robert Stock. 2015. „Human, Non-Human, and Beyond: Cochlear Implants in Socio-Technological Environments." *Nanoethics* 9 (3): 237–50.

Ochsner, Beate, Spöhrer, Markus und Robert Stock. 2021. „Rethinking Assistive Technologies: Users, Environments, Digital Media, and App-Practices of Hearing." *Nanoethics* 16: 65–79.

Ochsner, Beate und Robert Stock, Hg. 2016. *Sense/Ability. Mediale Praktiken des Sehens und Hörens*. Bielefeld: transcript.

Odenbach, Jan. 2012. *Partei, Netz, Netzpartei: Meinungs- und Willensbildung in der Piratenpartei*. College. Wiesbaden: Springer VS.

Otto, Isabell. 2018. „Interfacing als Prozess der Teilhabe Zur Ästhetik von Smartphone-Gemeinschaften am Beispiel von Snapchat." In *Smartphone-Ästhetik*, Bd. 1, hg. v. Oliver Ruf, 105–22. Bielefeld: transcript.

Otto, Isabell und Nikola Plohr. 2015. „Selfie-Technologie." *POP* 4 (1): 26–30.

Parikka, Jussi. 2011. „FCJ-116 Media Ecologies and Imaginary Media: Transversal Expansions, Contractions, and Foldings." *The Fibreculture Journal* 17. https://seventeen.fibreculturejournal.org/fcj-116-media-ecologies-and-imaginary-media-transversal-expansions-contractions-and-foldings/. Letzter Zugriff am 6. März 2023.

Reckwitz, Andreas. 2003. „Grundelemente einer Theorie sozialer Praktiken / Basic Elements of a Theory of Social Practices." *Zeitschrift für Soziologie* 32 (4): 282–301.

Revel, Judith. 2011. „Das Gemeinsame konstruieren: Eine Ontologie." *transversal*. https://transversal.at/transversal/0811/revel/de. Letzter Zugriff am 6. März 2023.

Revel, Judith und Antonio Negri. 2007. „Inventer le commun des hommes." *Multitudes* 31 (4): 5–10. https://www.cairn.info/revue-multitudes-2007-4-page-5.htm. Letzter Zugriff am 3. März 2023.

Roth, Veronika und Christian Schäfer. 2007. „Teilhabe/Partizipation." In *Platon-Lexikon*, hg. v. Christian Schäfer, 277–82. Darmstadt: WBG (Wissenschaftliche Buchgesellschaft).

Schiel, Nadine, Mattutat, Liza, Nigro, Roberto und Heiko Stubenrauch, Hg. 2020. *What's Legit? Critiques of Law and Strategies of Rights*. Chicago: diaphanes.

Schönberger, Rolf. 1998. „Teilhabe." In *Historisches Wörterbuch der Philosophie*, hg. v. Joachim Ritter, Karlfried Gründer und Gottfried Gabriel. Darmstadt: WBG.

Schreiber, Michel. 2020. „Being Lonesome Amongst the Many." In *Taking Sides: Theories, Practices, and Cultures of Participation in Dissent*, hg. v. Anne Ganzert, Isabell Otto und Elke Bippus, 281–90, Bielefeld: transcript.

Simondon, Gilbert. 1989. *Du mode d'existence des objets techniques (1958)*. Paris: Aubier.

Stäheli, Urs. 2021. *Soziologie der Entnetzung*. Berlin: Suhrkamp.

Stäheli, Urs und Luise Stoltenberg. 2022. „Digital Detox Tourism: Practices of Analogization." *New Media & Society*.

Stichweh, Rudolf, Hg. 2005. *Inklusion und Exklusion: Studien zur Gesellschaftstheorie*. Bielefeld: transcript.

Stichweh, Rudolf. 2010. *Inklusion/Exklusion und die Theorie der Weltgesellschaft*. Opladen: Westdeutscher Verlag.

van Lier, Henri. 2006. „De l'individu aux individuations. L'individuation selon Gilbert Simondon". http://www.anthropogenie.com/anthropogenie_locale/ontologie/simondon.pdf. Letzter Zugriff am 26. Juni 2022.

Vogl, Joseph, Hg. 1994. *Gemeinschaften Positionen zu einer Philosophie des Politischen: Positionen zu einer Philosophie des Politischen*, Bd. 881. Frankfurt am Main: Suhrkamp.

Wagner, Thomas. 2006. *Inklusion, Exklusion: Darstellung einer systemtheoretischen Differenz und ihre Anwendung auf illegale Migration*. Frankfurt am Main: IKO – Verlag für Interkulturelle Kommunikation.

MODALITÄT 1: VERSCHALTEN

Mediale Teilhabe in Technologien relationaler Verschaltung

Erich Hörl, Beate Ochsner

Vor dem Hintergrund einer grundlegenden medienkulturellen Transformation, wie sie relationale Technologien des Verschaltens implementieren, wird die Problematik von Teilhabe beziehungsweise Nicht-Teilhabe, besonders virulent. Sie wird von diesen Technologien in einer Weise aufgeworfen, die eine weitreichende Rekonzeptualisierung und Neuentfaltung notwendig macht und ermöglicht und sie rückt auf diese Weise in den Status einer Zentralproblematik der Medienkultur ein. Dieser fundamentalen Veränderung wollen wir hier in mehreren Schritten nachgehen. Den Ausgangspunkt bildet eine nicht nur in den deutschen Medienwissenschaften der 1980er Jahre verbreitete Zentralisierung der binären Schaltlogik für das Verständnis der komputationalen Kondition als solcher, wie sie u.a. von Friedrich Kittler geprägt und vertreten wurde (1). Genau dieser Zugriff aber, so unsere Einschätzung, vermag unserer neuen medienkulturellen Lage nicht mehr gerecht zu werden: Wir sind mit einer signifikanten Umprägung der komputationalen Kondition konfrontiert, nämlich mit dem Erscheinen einer neuen Umweltlichkeit, die durch den schaltlogischen Hauptsatz, dass nur das, was schaltbar (ein/aus) ist, überhaupt *ist*, in ihrem Kern nicht mehr erfasst werden kann. Als Technologien soziotechnischer Konnektivierung fokussieren relationale Technologien der Verschaltung – so unsere These – vielmehr die Ordnung, Organisation und Kontrolle des Möglichen, welche die Potenzialitäten beschränkend vorwegnimmt. Sie haben dabei, das ist für uns der springende Punkt, ein das vielfältig Mögliche reduzierendes Möglichkeitsmanagement als neue Machtform etabliert. Der Begriff der Relation beziehungsweise die Praxis der Relationierung stellen ein wesentliches Moment für das Verständnis dieser Entwicklung dar. Wir wollen beides nicht auf Basis eines primär quantitativ-mathematischen, sondern vielmehr im Kontext eines qualitativen, anthropologischen Denkens der Relation erarbeiten.

Vom Schalten zum Verschalten

Als Friedrich Kittler mit seiner Aussage „[n]ur, was schaltbar ist, ist überhaupt" die erste These des „informationstheoretischen Materialismus"[1] (1993a, 182) aufstellte, begründete er zugleich eine die Medientheorie (vor allem die deutsche) weithin beherrschende Schalt-Logik.[2] Ihr Schlüsselmerkmal sollte darin bestehen, dass fortan „anschreibbare Operatoren" (Kittler 1993b, 152) die Beziehungen zwischen den zu schaltenden Elementen regeln und den Einzug der symbolischen Logik „in Siliziumschaltkreise" (ebd., 159) ermöglichen, womit erstmals – und das ist das entscheidende geschichtliche Moment – der Kurzschluss des Symbolischen und des Reellen (Shannon 2000; Lacan 1991; Hörl 2005) ins Werk gesetzt werden konnte. Das von Kittler damit heraufbeschworene „Take-Off der Operatoren" besteht darin, die „Operatoren so universal zu machen, dass sie auch über Operatoren operieren" (Kittler 1993b, 159). Erweitert wurde dieses emphatische Konzept unter anderem durch Bernhard Siegert (2003), der in minutiöser historischer Aufarbeitung nun das Take-off der elektrischen Medien beschreibt, mit dem die Epoche des rein Symbolischen und der elektrischen und elektronischen

---

1 Vergleichbar auch in der Umkehrung: „[N]ichts ist, was nicht schaltbar ist" (Kittler 1993b, 152).

2 Aus feministisch-ironischer Perspektive hat Donna Haraway in ihrem „Manifest für Cyborgs" bereits 1984 auf die universelle Operationalisierbarkeit als Merkmal der komputationalen Bedingung – bei ihr als „Informatik der Herrschaft" benannt – hingewiesen, die auch die durch den Kapitalismus bedingte „universelle Übersetzung" übersteigt: „Haushalt, Arbeitsplatz, Markt, öffentliche Sphäre, sogar der Körper – alles kann in nahezu unbegrenzter, vielgestaltiger Weise aufgelöst und verschaltet werden" (Haraway 1995 [1984], 50). Es muss allerdings angemerkt werden, dass Haraway im Original nicht von „switching" (s. Fußnote 5) spricht, sondern von „interfaced".

Schaltungen und Steuerungen einsetzt:[3] Es ist letztlich der Flip-Flop-Kippschalter, der im Zusammenfall von Raum und Zählen, von Welt und Befehl das Ende des Buches und zugleich der Alten Welt besiegelt. In diese „Geschicke" (Siegert 1993) eingeschrieben ist das Machtkalkül der neuen elektrischen Schaltalgebra: „Die Schaltung, die den imperialen Raum durch die Ausstrahlung elektromagnetischer Wellen einräumt, und die Schaltung, auf der die Logik des Zählens in der arithmetisierten und diskret getakteten Welt des Computerzeitalters beruht, unterscheiden sich nur minimal" (Siegert 2003, 417).

Vor dem Hintergrund der Gesamtheit der Medien beziehungsweise ihrer Theoriegeschichte soll oder sollte mithin die Differenz des Computers bestimmt werden: Entscheidend ist dabei die von Kittler, Siegert und anderen Medientheoretiker:innen in der Nachfolge Shannons beschriebene Logik des Schaltens, die zum einen auf der Unterscheidung von *make* und *break*, von Ab- und Anwesenheit, von An und Aus beruht und zum anderen durch automatische Schaltungsverkettungen (die Schalter im Prozessor schalten nicht nur Strom, sondern werden gleichzeitig durch Strom geschaltet) mechanisierbar ist.[4] Die

---

3　Aus der Schaltungstechnik kommend, verweist der Begriff der Verschaltung ursprünglich lediglich auf den Zusammenschluss elektrischer beziehungsweise elektromechanischer Bauelemente zu einer funktionsgerechten Anordnung.

4　Diese Medientheorie des Schaltens erweist sich damit als durch und durch (rechts-)heideggerianischer Strang der deutschen Medientheorie, was sich auch schon in der Semantik andeutet. Jedenfalls aus dieser Sicht vollendet und beendet sich für Heidegger die abendländische Geschichte der Logik in der automatischen Logik des Gestells, wobei im Gegenzug die von ihm betriebene Wiederholung der Frage *Was heißt Denken?,* die gegen die schaltbar gewordene Kalkülisierung des Denkens das bislang Ungedachte des Denkens selbst exponiert, einen Ausweg eröffnen soll. Heidegger reagiert damit auf den vorläufigen Höhepunkt der Logik des Schaltens um 1950: die Zusammenführung der elektromagnetischen und neuronalen Schaltung sowie der Aussagenlogik in den McCulloch-Pitts-Kalkülen. Hier wurde die Sache des Denkens zu einer auf dem Boden der logischen Algebra fundierten Signaltheorie. Diese Problemlage, der ein ganzer Strang der Medientheorie seine begrifflichen Eigentümlichkeiten und

24 Vorstellung einer medialen Teilhabe auf der Basis einer operativen Ontologie des Schaltens und der Schaltbarkeit oder, wie kürzlich ausformuliert, des „Schaltens und Waltens"[5] kann jedoch der Komplexität medialer Teilhabe unter der

archäologischen Perspektivierungen, aber auch seine genealogischen Fixierungen verdankt, entspricht im Grunde der Problemlage der ersten Kybernetik, die noch nicht durch Technologien der Verschaltung geprägt war, ist aber nicht auf der Höhe der weiteren mediengeschichtlichen Entwicklung (vgl. Hörl 2004). Das heißt nun freilich nicht, dass medientheoretisch nicht auch andere Anschlüsse an die phänomenologische Tradition möglich wären, die über die Fixierung auf eine Ontologie des Schaltens hinausgingen. Mark B. N. Hansens Anknüpfung über den Weltbegriff (in seiner Rekonzeptualisierung einer nunmehr auf Datenpotenzialität basierenden „wordly sensibility", s. Hansen 2014, 46), auf die gleich noch genauer eingegangen wird, ist hierfür ein zentrales Beispiel, ebenso Bernard Stieglers weit ausgreifende Untersuchung des zeitgenössischen komputationalen Gestells. Beide Unternehmungen reagieren bereits auf die Problemlage einer fortgeschrittenen, nunmehr auf Technologien der Verschaltung basierenden Kybernetisierung.

5   Vgl. die Definitionen von „Schalten und Walten": „Schalten is not so much sheer command over something, but government or management. It is linked to control, intervention and change, in short: it is operative and goes along with distinctive measures and cause-and-effect relations. The English equivalent switching reflects this more or less adequately. Walten, on the other hand, is not articulated. It is not divisible, it is not based on distinctions or decisions and does not come in the form of interventions or distinct operations. Walten is not a technique of domination, but rather dominance or dominion as a given state of being, a form of existence without outside, without any question, or alternative to it. Walten has neither origins nor causes. Where the German language separates Walten from Schalten precisely by drawing them together, the English ruling includes both sides, both that which is simply there and therefore rules, and the technique of domination, such as the setting of rules" (Engell und Siegert 2020, 5). Dabei ist eine eindeutig hierarchische Beziehung zwischen Walten als Regulierung von Natur und Sozialem und dieses Walten ermöglichende und zugleich bestimmende technologische Schalten hervorzuheben: „The ruling (*Walten*) of nature as well as the ruling of the social reside under the command of technology, which as increasingly digitized technology is based on switching operations (*Schalten*)" (ebd., 6). Diese Operationen sind von einer klassischen Ein/Aus-Logik gekennzeichnet, die keine weiteren temporalen Relationen einzieht.

Bedingung relationaler Technologien des Verschaltens[6] nicht gerecht werden. Sie entspricht insgesamt, wie zu sehen sein wird, einer überkommenen mediengeschichtlichen Lage, die längst nicht mehr die unsere ist: Wir sind heute mit einer neuen Form von Umweltlichkeit (Hörl 2018) konfrontiert, die die Problematik von Teilhabe angesichts relationaler Technologien des Verschaltens in ihren Grundfesten prägt.

Wenn davon ausgegangen wird, dass nur „ist" oder gesagt und gedacht werden kann, was „schaltbar" ist, wie das die (Onto-)Logik des Schaltens vorschlägt, geraten gerade Technologien der Verschaltung, bei denen es um die Stiftung und „Relationierbarkeit von Relationen" (Luhmann 2003, 22) durch Verschaltung geht, nicht in den Blick. Während die allgemeine Schaltlogik Kittlers auf die Schaltbarkeit einzelner Elemente durch universale Operatoren fokussiert und damit auf den direkten Bezug des Symbolischen und des Realen abstellt, rücken Technologien der Verschaltung das Potenzial von Relationen und ihrer Wechselseitigkeit in den Vordergrund und zielen insgesamt nicht mehr auf das Reale, sondern auf das Potenzielle. Dass die Logik des Schaltens oder der Schaltbarkeit für das Verständnis dezentraler Netzwerkmedien des 21. Jahrhunderts nicht ausreicht, läßt sich bereits aus einer Überlegung des französischen Technikphilosophen Gilbert Simondon erschließen, die die Relevanz des Potenziellen im Individuationsprozess zwischen

6   Im Anschluss an die primär binäre Logik (ein/aus) des Schaltens beziehungsweise das soziale Pendant des Waltens kann auch das Verschalten als eine soziotechnische Regulierungs- und Verwaltungspraxis betrachtet werden. Im Unterschied zu oder als Weiterentwicklung einer algebraischen Schaltlogik aber zeichnen sich relationale Technologien der Verschaltung nicht durch einfache Inbezugsetzung einzelner Elemente aus, sondern durch ihre Nutzbarmachung von Relationierungen von Relationen als soziotechnische Ressource (vgl. Stürmer, in diesem Band) und Potenzialität immanenter Teilhabe (Simondon 2005, vgl. „Formen teilhabender Kritik" in diesem Band). Damit zielen relationale Verschaltungstechnologien weniger auf Schaltungen des Symbolischen und des Realen ab; vielmehr nehmen sie – wie im Folgenden ausgeführt – das Potenzial sich wechselseitig herstellender Relationen in den Blick, die eine Vorwegnehmbarkeit oder Berechenbarkeit des Potenziellen in Aussicht stellen.

technischem Objekt und den Dynamiken des assoziierten Milieus als zeitliche Figur relationaler Teilhabe zwischen Grund und Formen beschreibt:

> Die Relation der Teilhabe, welche die Formen mit dem Grund verbindet, ist eine Relation, welche die Gegenwart überspringt und in der sich ein Einfluss der Zukunft auf die Gegenwart, des Virtuellen auf das Aktuelle ausbreitet. Denn der Grund ist das System der Virtualitäten, der Potenziale, der Kräfte, die sich langsam ihren Weg bahnen, während die Formen das System der Aktualität sind. (Simondon 2012, 54)

Die Möglichkeit der Bezugnahme des technischen Objekts zu einem Außen des Systems verdankt sich dabei der Unbestimmtheit beziehungsweise einer „offene[n] Möglichkeitsrelation" (ebd., 131; vgl. Ochsner 2018). Auch für den US-amerikanischen Medienwissenschaftler Mark B. N. Hansen, der sich mehrfach auf die Individuationstheorie Simondons beruft (u. a. Hansen 2017), erweist sich die Kittler'sche Schaltlogik als unzulänglich. So supplementiert Hansen just die von Kittler bestimmten drei grundlegenden, im Computer zum ersten Mal miteinander voll integrierten Medienfunktionen – Speichern, Übertragen, Verarbeiten –, deren Dreiheit in Kittlers Version eines komputationalen Endes der Geschichte eben gerade nicht überschritten werden kann, durch eine weitere und wesentliche Funktion der „action-facilitating interconnection with and feedback from the environment" (Hansen 2015, 160). Damit stellt er die Frage nach der Relation menschlicher Erfahrung zur Welt als netzförmiger Umwelt ins Zentrum aktueller medientheoretischer Forschung.

Das Ende der diskursiven Dominanz der Logik des Verschaltens lässt sich auch entlang historisch-theoretischer Überlegungen bezeugen, die die zeitgenössische Medienlage nicht in Begriffen des Umweltens, sondern des Umgebens adressieren. Das „environment", wie Florian Sprenger es in seiner Arbeit zu Epistemologien des Umgebens aufzeigt, ist dabei als „synthetische[...], technische[...]

und gestaltbare[...] Umgebung[...]" (2019, 482) zu begreifen,
die von relationalen Technologien – das heißt von Technologien, die die Umgebungsrelationen technologisch nutzbar
machen und auf diese Weise Umgebungen mitverfertigen
– erschlossen, ja überhaupt eingerichtet wird. Dabei stellt er
fest, dass „[d]ie epistemologische Besonderheit von Umgebungsrelationen [...] darin [besteht], dass Umgebungen nur
durch Umgebenes und Umgebenes nur durch Umgebungen
erforscht werden können. Betrachtet man sie isoliert, verliert man ihre Relationen aus dem Blick und macht aus der
Umgebung oder dem Umgebenen relationslose Räume
oder Objekte" (ebd., 9). Aber man wird hinzufügen müssen
– genau das entzieht sich Sprengers epistemologischer
Fixierung –, dass die neue Umweltlichkeit, wie sie durch
umweltliche Medien im Sinne Hansens ins Werk gesetzt
wird, am Ende gerade über die räumliche Auslegung des
„Um" der Umgebung hinausdrängt, die Zeit des Verschaltens
als entscheidender Faktor der Relationierung hinzutritt und
der Sinn von Umweltlichkeit selbst sich zu verschieben, sich
ein anderer, zuallererst zeitlicher Sinn von Umweltlichkeit
zu exponieren beginnt, in dessen Herz im Mikrotemporalen
operierende Verschaltungstechnologien stehen – Verschaltungstechnologien, die genau die Reformulierung
dessen, was Umweltlichkeit heißt, überhaupt erzwingen
(Hörl 2018, 2021).

Der Übergang von der binären Schaltalgebra zur algorithmischen Gouvernementalität – der nach Rouvroy (2013,
2016) und Stiegler (2018) zeitgenössischen Regierungsform,
die, so unsere Auffassung, als ihr zentrales Merkmal genau
auf Technologien der Verschaltung basiert – erfordert
freilich die Neuausarbeitung der Problematik von Relationalität (2). In einem weiteren Schritt (3) muss geklärt
werden, was mit relationalen Technologien der Verschaltung
überhaupt gemeint ist und inwiefern die Verschiebung vom
Schalten auf das Verschalten für eine Theorie medialer
Teilhabe fruchtbar gemacht werden kann. Dabei muss
nach den Möglichkeiten wie auch Bedingungen der Verschaltungen, das heißt nach den (Formen der) Relationen

und/in ihren Wechselwirkungen, nach linearen oder nicht-linearen, reziproken oder rekursiven, determinierten oder rückgekoppelten Beziehungsverhältnissen in ihrer Prozessualität und konkreten Historizität gefragt werden. Robert Stock (in diesem Band) expliziert diesen Bezug auf die Relationen, wenn er den Übergang von Einzel- auf Vielhörer beziehungsweise der Schaltung einzelner zur Verschaltung multipler Entitäten aufzeigt. Dabei werden bereits in den historischen Situierungen wie auch und vor allem mit Blick auf gegenwärtige assistive Digitaltechnologien Macht- und Wissensrelationen sichtbar, die in stärker optimierten Hörregimen spezifische Effekte zeitigen.

Relationen

Im Gefolge der Fortschritte der mathematischen Physik zu Beginn des 20. Jahrhunderts fordert Gaston Bachelard die Anerkennung der Relevanz relationalen Denkens, das er als Essenz der Mathematik begreift. Wissenschaftliche Erkenntnis ist nach Bachelard ohne relationales Denken nicht zu leisten, denn „[a]u commencement est la Relation, c'est pourquoi les mathématiques règnent sur le réel" (Bachelard 1970, 19). Diese Epistemologie der Relationen, die Bachelard als Korrektiv des zu seiner Zeit vorherrschenden substantialistischen naturwissenschaftlichen Denkens versteht, erweist sich in der Konsequenz auch als konstruktiv für die Konzeptualisierung der Individuation des technischen Objekts in Relation zum technologischen Dispositiv, wie sie von seinem Schüler Gilbert Simondon im Rahmen einer „phänomenotechnischen Dezentrierung" der Beobachtung entwickelt wurde (Bontems 2008, 17) und von Mark B. N. Hansen als medientechnische Kritik auf die zeitgenössische digitale Kultur als solche übertragen wurde (Hansen 2021, 35). Die bei Bachelard und Simondon zu konstatierende Priorisierung der mathematischen Relation liest Dieter Mersch wiederum als Grundlage einer „rückhaltlosen mathematischen Zurichtung der Welt und ihrer Dinge" (Mersch 2018, 196), der es entgegenzutreten gilt.

So schlägt er eine strikte begriffliche Trennung zwischen mathematischen Relationen und ihrer Funktion der vor-schriftsmäßigen Zuordnung auf der einen und sozialen oder menschlichen Beziehungen auf der anderen Seite vor, die einen „Bezug stifte[n], welcher unter einem Zug, genauer, dem Zug eines Anderen steht" (ebd., 208, Fußnote 66). Doch jenseits der Entscheidung zwischen einem mathematischen Technizismus auf der einen oder philosophischem Alteri-tätsdenken auf der anderen Seite hat das relationale Denken bereits seit Längerem in der Anthropologie Kon-junktur (vgl. Hörl 2016; Hörl und Tatari 2014; Holbraad und Pedersen 2017).

In diesem Sinne hat die britische Anthropologin Marilyn Strathern mit breiter Ausstrahlung die Mathematik als Hüterin der Relation verabschiedet und das Potenzial der Verwandtschaftslogik für das Denken der Relation auf-gewiesen. Milan Stürmer (in diesem Band) zeichnet die grundlegende Genealogie des nicht-mathematischen Relationsdenken bei Strathern auf, das nicht nur von einem emphatischen Teilhabebegriff begleitet wird, sondern vor allem deutlich macht, wie aus internen Relationen externe (und umgekehrt) werden können. Dabei ist der Begriff der Relation gerade nicht allein in seiner mathematischen, sondern – wie auch im Kontext der von Strathern und Konrad (s. u.) thematisierten Reproduktionstechnologien – auch in seiner epistemologischen Dimension als „the way in which kinship appears and disappears as a cul-tural resource for thinking about relations" (Strathern 2003, 165) zu begreifen. Besonders in der Ethnografie Melanesiens, so konstatiert Strathern, werde ein ausführ-liches „microvocabulary of dissolution" entwickelt (Strathern 1992, 76). Dieses Mikrovokabular der Auflösung beschreibe „processes by which the elements that compose persons are dismantled so that the relationships persons carry can be invested anew" (ebd.). In ihrer 1994 an der University of Cambridge gehaltenen Antrittsvorlesung *The Relation: Issues in Complexity and Scale* zeigt Marilyn Strathern auf, welche Relevanz der seit dem 16. Jahrhundert in Analogie zu Verwandtschaftsbeziehungen (*kinship*) auf Verbindungen unterschiedlicher Art übertragene Begriff der Relation spielt – gleich, ob sich die Aufmerksamkeit auf die „relations between things" oder auf „things as relations" (Strathern 1995, 19) richtet. Wie soziale Ordnungsprinzipien, Interaktionen zwischen Menschen und Regulationsrelationen werden Relationen damit als Systeme betrachtet, die eine Art „second-order"-Manifestationen der primären menschlichen Fähigkeit zur Beziehungsbildung darstellen und somit als eine Art Operationalisierung von Relationen beziehungsweise von Relationierungen verstanden werden (Strathern 1995). Wie Milan Stürmer hervorhebt, zeigt sich genau hier auch die politische Dimension der Strathern'schen *New Kinship Studies*, die ein Denken intrinsischer Relationalität des modernen Individuums erlauben. So setzen wir mit Rekurs auf das relationale Denken, wie es von Strathern entwickelt wurde, gerade keine „genuine Sozialität des Menschen [voraus]" (ebd., 19), sondern ermöglichen ein Verständnis teilhabender Sozialität, wie Strathern es im Konzept der „partible persons" (Strathern 2018, vgl. auch den Begriff der „partibility", Sahlins 2011, 13f) beschreibt, die gerade kein Amalgam von Individualität und Sozialität darstellen: „If it is animated it is by the anticipatory potential of what its parts might enable" (ebd., 241).

Eine vergleichbar innovative teilhabende Sozialität entwickelt die Anthropologin Monica Konrad, die sich unter dem Titel der *Nameless Relations* (Konrad 2005a) mit Sozialität und Beziehungsverhältnissen bei anonymen Samenspenden beschäftigt. Auf diese Weise entstehende techno-soziale Relationen, die gleichermaßen trennend wie verbindend operieren, bezeichnet sie als „paradox of non-relations" (ebd., 238) oder (genetisch-prädiktives) Modellieren von Persönlichkeit (Konrad 2005b), „in which non-relations, rather surprisingly, are shown to be integral social agents" (Konrad 2005a, 243). Im (Beziehungs-)Gefüge der *non-relations* scheinen die Agenten der Verschaltung zugunsten der Ensembles, der Relationierung selbst in den Hintergrund zu treten. Mit den „modes of transilience", definiert als „extending across from one point of support to another" (Konrad 2005a, 49), bringt die Anthropologin zudem eine präemptive Dimension ins Spiel, die davon ausgeht, dass „the substance of transilient relations is made from the anticipation of a future, as yet unknown, kinship whose processual activation sometimes may span several years" (ebd.; vgl. auch Puar 2016). In diesem Zusammenhang spricht Konrad von „a relational non-relation" (Konrad 2005a, 23), im Rahmen derer die Verschaltungen *in being* – *kin* – durch die Anonymität hindurch selbst zu aktiven Mediatoren oder Agenten der Verschaltung werden. „Kin" als Mediator für eine solchermaßen teilhabende Sozialität zu betrachten, bedeutet, den Begriff der Relation immer schon prozessual und als Relation(ierung) von (biologischen, soziokulturellen, technischen und epistemologischen) Relationen (Strathern 2003, 165) zu verstehen, wie er auch über Reproduktionstechnologien hinaus in und durch relationale Verschaltung gefertigt wird.

Relationale Technologien

Auf Basis der Ausführungen von Strathern und Konrad, das Denken beziehungsweise die Produktion von Wissen von einem eher statischen Begriff der Relation zu Prozessen der Relationierung beziehungsweise im Rahmen soziotechnischer Konstellationen weiterzuentwickeln, nehmen wir mit dem unsere Forschungen leitenden Modus der Verschaltung – wie bereits oben angesprochen – die technisch-technologische Dimension und zugleich die unentwirrbare Verwicklung (Burkhardt 2015) zwischen Menschlichem und Technischem in den Blick. Im Versuch, den Sinn technischer Objekte neu zu bestimmen, beschreibt Gilbert Simondon diese Verwicklung als Prozesse der „transduction", „a physical, biological, mental, social operation [...], [...] through which an activity propagates gradually within a domain, by founding this propagation on a structuration of the domain that is realized from one place to the next" (Simondon 2005, 32). Bezugnehmend auf

Simondon betrachtet Hansen die Verflechtungen zwischen menschlichen und nicht-menschlichen Akteur:innen. In *Feed-Forward* fokussiert er die Rekalibrierung menschlicher Erfahrung mit dem Ziel, ihre Überlappungen mit den sie umgebenden (und möglicherweise sie gar umgehenden!) Netzwerken herauszuarbeiten und auf dieser Grundlage gerade die Konstitution von Erfahrung als solcher radikal neu zu fassen. Dies stelle die größte Herausforderung der Medien(-wissenschaft) des 21. Jahrhunderts dar (Hansen 2015, 65): Der Bezugspunkt der präemptiven Praxis (auf eben diese veränderte Zeitlichkeit hat, wie weiter oben aufgezeigt, auch Konrad verwiesen) vernetzter Medien des 21. Jahrhunderts ist mithin nicht das menschliche Bewusstsein, sondern dieses selbst ist als abgeleiteter Effekt der spezifischen medialen Zeitlichkeit zu verstehen. Anstelle der Adressierung rückt so die „implication" (Hansen 2015, 62; an späterer Stelle, 65, auch als „imbrication" bezeichnet) des Menschen in den Fokus, die durch Verschaltung, das heißt durch das auf Basis von Prädiktion operierende gezielte Implementieren und Vermessen menschlicher Intelligenz, Gefühle, und/oder Handlungen in den „Unbestimmtheitsspielraum" (Simondon 2012, 11) und die Operationsweise technischer Systeme möglich zu werden scheint (vgl. auch Puar 2009 sowie „Temporalisieren" in diesem Band). Auf Hansen rekurrierend, problematisiert Marcus Burkhardt Mensch-Maschine-Implikationen, die menschliche Akteur:innen je unterschiedlich implizieren, vereinnahmen, einkalkulieren, verschalten und/oder beanspruchen (Burkhardt 2016). Auf diese Weise – und das wird in den Studien von Markus Spöhrer und Robert Stock deutlich – wird der Mensch, erneut in der Formulierung Simondons, zu einem Element im technischen Ensemble. Spätestens an dieser Stelle wird klar, dass ein spezifisch hardwaretechnisches Verständnis des Begriffs der Schaltung in diesem Kontext ungenügend ist. Vielmehr muss die Frage in verschiedenen Skalierungen gestellt werden, wobei die Ver-Schaltung verschiedene Modi der Verschaltung von Mensch und Umgebung meint. Wenn nun Verschalten als eine besondere Praxis der technischen Konnektivierung verstanden wird, dann macht dies Burkhardt zufolge auch deutlich, dass in diesem Prozess Relationen agieren, die über die Praxis des Implizierens Beziehungen in Nicht-Beziehungen implementieren und sie gegebenenfalls transformieren, was über klassische, von zuvor bestehenden beziehungsweise „voraus-gesetzten" Einheiten ausgehende Netzwerktheorien, hinausgeht (vgl. ebd.). Im Modus der Verschaltung beziehungsweise der Verschaltbarmachung wird Teilhabe relational und stets aufs Neue als Teilhaberelation adressierbar, die es in je spezifischen Fallstudien als ebenso spezifische Modi auszuloten gilt. Mediale Teilhabe versteht sich in diesem Sinne als Ereignis, das sich durch die Produktion weiterer anschlussfähiger Ereignisse reproduziert (Ochsner, Nikolow und Stock 2020). In dieser Hinsicht sind auch die vermeintlichen Teilnehmenden oder die „Objekte medialer Teilhabe" (Ochsner, Otto und Spöhrer 2013) nicht unabhängig von der Situation bestimm- oder voraussetzbar. Sie sind vielmehr als als verwickelte „Akteure in sich wechselseitig bedingenden Vermittlungsprozessen" zu denken, im Rahmen derer „Figurationen oder mediale Inszenierungen von Teilhabe oder Nicht-Teilhabe beziehungsweise Teilhabende oder Nicht-Teilhabende reziprok konfiguriert" (ebd., 6) und erst als solche beschreibbar gemacht werden können.

Dabei geraten vor allem die Digitaltechnologie beziehungsweise „digitale Objekte" in den Fokus der Aufmerksamkeit.[7] Mit Blick auf eine kritische Bestimmung unserer environmentalen Kontrollkultur (Hörl 2021; Zuboff 2018; Fortunati 2014; Terranova 2000; Deleuze 1993) sind digitale Medien als Technologien infrastruktureller, algorithmischer, sozialer, sensorischer und/oder affektiver Verschaltung

---

7   Yuk Hui definiert diese wie folgt: „By digital objects, I mean objects that take shape on a screen or hide in the back end of a computer program, composed of data and metadata regulated by structures or schemas. Metadata literally means data about data. Schemas are structures that give semantic and functional meaning to the metadata [...]" (Hui 2016, 21).

beziehungsweise als Technologien, die die heterogenen Akteur:innen mit- und füreinander disponibel machen (Lipp 2017), zu beschreiben, die mittels bestimmter, unter Umständen die menschliche Wahrnehmung unterlaufender Mess- und Kalkulationsoperationen sowie techno-sensorischer Verschaltungen nicht nur in Beziehung setzen, sondern Beziehungen erst herstellen, sie materialisieren und akkumulieren, operationalisieren und abschöpfen (vgl. hierzu Markus Spöhrer in diesem Band). Diese umfassende, nicht bloß repräsentative, sondern operative Priorisierung von Relationalität kennzeichnet – so der Medientheoretiker Yuk Hui – zum einen digitale Objekte, aber auch die ko-konstitutiven digitalen Umgebungen: „In the digital milieu there is no space but only relations. The primary function of digital technologies, as we can see, is not merely to represent but to materialize and accumulate relations" (Hui 2016, 242f.; vgl. Hörl 2018, 236). Im Übergang von technischen zu digitalen Objekten ist ein Kollaps des „Substanzfetischismus" (Sloterdijk und Heinrichs 2006, 137ff.) zu verzeichnen, von Michel Serres als auf „Kosten der Substanz" (Serres 2002, 198) sich vermehrende Relationen bezeichnet: „[…] one can say that the digital objects are not managed according to a predefined architecture, and indeed, any relevant information can be integrated as part of the digital object whose objectivity becomes less formal, but it would be wrong to claim that it has nothing to do with relations" (Hui 2016, 140).

Die Organisation digitaler Objekte in einem Milieu materialisierter Relationen, die potenziell mit allen anderen Akteur:innen verschaltbar sind beziehungsweise in dem ständig referenzielle Relationen in materielle Formen transformiert werden können, ist dabei ebenfalls als relationaler Prozess zu verstehen, der performativ aus der „Praktik des Verschaltens heterogener materialer, sozialer und affizierender bzw. affektiver Ressourcen hervorgeht" (Dell 2012, 17). Diese Art metareflexiver Verschaltungstechnologien, die über die von Hui thematisierte Verschaltung digitaler Objekte hinausgehen und das Relationale mediatisieren (Fauré 2010), bezeichnen wir als Prozesse medialer Teilhabe. Dabei wird das Digitale nicht lediglich auf vermeintlich technologische beziehungsweise nicht-menschliche oder algorithmisch bedingte Relationierungen oder Verschaltungen reduziert, sondern gleichermaßen durch mit ihnen verwickelte „Techniken" (im Sinne von *techné*) und durch mitunter (nicht-)menschliche Handlungen oder Rahmungen praxeologisch bedingt, konfiguriert und hervorgebracht.

Verschalten ist dabei gerade nicht als einfaches Schalten zwischen a und b, zwischen O und 1, sondern als Techno-logie zu verstehen, die diskursive Relationen materialisiert und ihnen damit in Referenz auf Simondons Kritik des Hyle-morphismus (d. h. der Unterscheidung zwischen aktivem Schöpfersubjekt und passiver Materie nach Aristoteles, siehe Simondon 2012, 224ff.) eine neue Relevanz zuspricht: „At this point, it is probably fair to argue that digital objects dissolve in relations. It is technologies that, based on the principle of hylomorphism, shatter the concept of sub-stance and hylomorphism itself and begin a new epoch of metaphysics. The concretization and materialization of relations give us a new mode of being-in-the-world" (Hui 2016, 142). Im Falle des von Yuk Hui angegebenen Bei-spiels FOAF *(Friend of a friend)* wird dabei das Basisgefüge „Freundschaft" durch die vom Suchenden als Ausgangs-punkt vorgegebene Richtung transformiert (ebd., 133). In Stratherns Leihmutterbeispiel (Strathern 1995) wie auch in der von Konrad (2005a) ins Spiel gebrachten anonymen Samenspende wird das zugrunde gelegte Beziehungsgefüge Elternschaft durch die Reproduktionstechnologie juristisch wie auch – potenziell – emotional verändert.

Die neue Weise des In-der-Welt-Seins, die durch Techno-logien der Verschaltung implementiert wird, bedeutet streng genommen eine neue Weise des Umweltens, die – und das ist die eigentliche Pointe des Eintritts in die Zeit der Verschaltungstechnologien – eine neue, nämlich environmentale, die Steuerung von Potenzialitäten fokussierende Machtform inauguriert. Technologien der Verschaltung spannen das Problem der Potenzialität überhaupt neu auf. Das ist vielleicht ihre präziseste und zugleich weitreichendste Beschreibung. Sie ermöglichen in nie dagewesenem Ausmaß eine Bearbeitung und Bewirtschaftung, Kontrolle, Einhegung und Reduzierung von Potenzialität. Sie treiben aber auch, wie noch zu sehen sein wird, deren Erweiterung durch das Erscheinen eines vollkommen neuen Typus von Potenzialität voran, der mit ihrer Implementierung einhergeht und überhaupt als primordial begriffen werden muss. Diese Eigentümlichkeit zeigt sich besonders in der Bestimmung und Grenze von algorithmischer Gouvernementalität – der Machtform, die durch Technologien der Verschaltung eingerichtet wird. Algorithmische Gouvernementalität greift bei den Relationen an, gestaltet sich als deren Zurichtung und zielt dabei nicht auf die Aktualitäten, sondern auf die Potenzialitäten des Existierens; auf die Steuerung dessen, was getan werden könnte; auf das eindämmende Management des Kommenden, die Organisation des Possiblen. Genau in diesem Sinne haben Antoinette Rouvroy und Thomas Berns die zu beobachtende gouvernementale Umwendung charakterisiert: Algorithmische Gouvernementalität basiert nicht mehr auf der traditionellen Statistik aus dem Geiste der Wahrscheinlichkeit der großen Zahlen, wie sie etwa die Bevölkerungspolitik des 19. Jahrhunderts charakterisiert, sondern auf der algorithmischen Statistik großer Datenmengen, die nunmehr Relationen fokussiert, ein Wissen von den (Kor-)Relationen der Relationen zum Zwecke der Regierung von Relationen generiert und dabei – und das ist der entscheidende Punkt – ein „digitales Wahrheitsregime" (Rouvroy und Berns 2013, 163) des Möglichen inauguriert. Wo es vordem um Prädiktion ging und damit verbunden um eine gewisse Regularität von Verhaltensweisen, die es anzureizen galt, dreht sich die Steuerung nunmehr um Präemption, die überhaupt auf Potenzialitäten und das Handlungsvermögen beziehungsweise die Handlungsmacht als solche vorausgreift und sie vorwegnimmt, was ein ganz

anderes Regime von Antizipation und mithin von Zukünftig-
keit als das bisherige implementiert – mit weitreichenden
Konsequenzen für den Sinn des Möglichen und von
Erfahrung, die unter Bedingungen algorithmischer Gouvernementalität radikal zu verarmen beginnen.[8] Mit dem
Begriff des „Datenbehaviorismus" stellt Rouvroy die neue
antizipatorische Machtform, die sich auf der Reduzierung
des Möglichen errichtet, heraus:

> The focus on anticipation and pre-emption shifts
> targets of ‚power' from actuality, and from the present
> wilderness of facts, to potentiality, to the risks and
> opportunities (which are the *virtual* dimension of
> what is here and now, that is, the portion of irre-
> ducible uncertainty that one has renounced trying to
> render commensurable), the future which it tries to
> tame through anticipative framing of informational
> and physical contexts. ‚Data behaviorism' is thus an
> anticipative coincidence with a ‚real' that it is aimed at
> preventing and which, if the system works properly, will
> thus never happen (this is the case when data mining
> and profiling are used in security scenarios) or with
> a ‚real' with which it will entertain relations of back-
> wards performativity (or feedback loop performativity).
> (Rouvroy 2013, 152f.)

Zugleich wird die eminente Environmentalität dieser präemptiven Macht über das Mögliche attestiert:

> What matters is the possibility of linking any trivial
> information or data left behind or voluntarily dis-
> closed by individuals with other data gathered in
> heterogeneous contexts and to establish statistically
> meaningful correlations. The process bypasses indivi-
> dual consciousness and rationality [...] and produces
> their ‚effects of government' by anticipatively ‚adapting'

8   Für eine ausführlichere Lektüre des Übergangs von der Prädiktion
    zur Präemption, der den Prozess der Kybernetisierung bestimmt,
    sowie zur Form environmentaler Macht siehe Hörl 2021 (insbes. 129ff.),
    ebenso Friedrich et al. 2021, 153.

the informational and physical environment of persons
according to what these persons are susceptible to do
or to wish to do, rather than by adapting persons to
the norms which are dominant in a given environment.
(Rouvroy 2013, 157; vgl. Rouvroy und Berns 2013, 6)

Bernard Stieglers komputationaler Nihilismus, der sein
Spätwerk kennzeichnet, schließt direkt an ebendiese Überlegungen an, wenn es heißt, die algorithmische Gouvernementalität „repose sur une instrumentalisation et une
réticulation physique systématique des relations inter-
individuelles et transindividuelles" (Stiegler 2016, 22). Es
sind die automatischen Technologien der Verschaltung,
die eine Potenzialitäten reduzierende, entmöglichende
Instrumentalisierung von inter- und transindividuellen
Relationen implementieren und uns nach Stiegler in die
Desindividuation, letztlich überhaupt in ein Sein-in-der-Dis-
ruption führen – sein Begriff für die radikal entmöglichende
Situation des vollendeten Nihilismus des „komputationalen
Gestells", in der nichts mehr geschehen, sich nichts mehr
ereignen kann (Stiegler 2018, 53-61).

Gleichwohl ist dies, wie bereits angedeutet, nur die eine
Seite der verschaltungstechnischen Kybernetisierung des
Möglichen, die die schaltlogische Kybernetisierung des
Reellen ablöste. Unter der Hand werden die Ereignislosig-
keit und die Erfahrungsarmut infolge der Subsumption
des Möglichen, wie sie sich infolge des environmentalen
Datenbehaviorismus abzeichnet, schließlich durch eine
grundlegende Verumweltlichung des Möglichen selbst kon-
terkariert beziehungsweise sogar fundiert, die Hansen als
durch die Medien des 21. Jahrhunderts ins Werk gesetzte
„Datenpotenzialität" (Hansen 2015; Hansen 2021) konzeptualisiert. Hansens Medientheorie findet sogar ihren
Dreh- und Angelpunkt in der Potenzialitätsproblematik,
wie sie durch die Technologien der Verschaltung eröffnet
wird. Sie ist, recht besehen, genau um die Differenz
von beschränkter und allgemeiner Potenzialität herum
organisiert; eine Differenz, die nicht irgendeine ist, sondern

die unsere neue, von der Potenzialitätsproblematik
geprägte, sinngeschichtliche Lage anzeigt. In der Freilegung
der Datenpotenzialität als allgemeine Potenzialität,
deren Überschüssigkeit eine Art pharmakologische Ent-
schädigung[9] für die von den Plattformindustrien und
anderen Akteuren environmentaler Macht exekutierte
datenbehavioristische Potenzialitätsbeschränkung darstellt,
liegt auch die eigentümliche konzeptuelle Kraft und der
Optimismus von Hansens Theorieanstrengung. Hansen hat
von der „‚feed-forward' structure of experience" (Hansen
2015, 141) gesprochen, die von den Medien des 21. Jahrhunderts umgesetzt werden würde und eben darin den
Kern der Potenzialitätsproblematik freigelegt. Die Medien
des 21. Jahrhunderts sind, wie oben bereits erläutert, in
erster Linie Medien, die uns mit der Umwelt verschalten und
die menschliche Erfahrung zu einer mehr als bloß menschlichen, aber weniger als total maschinellen Erfahrung
erweitern. Sie lassen uns am sinnlichen Kontinuum der
Welt teilhaben und binden unsere Erfahrungsbildung in die
größeren Netze weltlicher Empfindungen und Ereignisse
ein, die für die gegenstandszentrierte Sinneswahrnehmung
und bewusste Erfahrung höherer Ordnung unzugänglich
sind. Ebendies markiert nach Hansen die „open potentiality
of twenty-first-century media", die er auch „general

9   Positive Pharmakologie ist einer der Schlüsselbegriffe von Stieglers
      Programm einer politischen Ökonomie der Technik, den er ausgehend
      von Derridas berühmter Platon-Lektüre „Platons Pharmazie" aus
      dem Jahre 1968 (Derrida 1995) entwickelt. Die Pharmakologie tritt
      bei Stiegler an die Stelle der Grammatologie und ist deren radikale
      Fortführung. Dabei ist jedes technische Objekt irreduzibel pharma-
      kologisch, d.h. – vom altgriech. *pharmakon* – Gift und Heilmittel
      zugleich. Es ermöglicht Sorge zu tragen und ist zugleich das, worum es
      sich zu sorgen gilt. Die Pharmakologie entwickelt ein positives Wissen,
      das drei – Stiegler nennt sie: organologische - Ebenen – betrifft,
      die unauflösbar zusammengefügt und miteinander verflochten
      sind: die „Ebene der psychosomatischen Organe des psychischen
      Individuums", die „Ebene der technischen und künstlichen Organe
      des technischen Individuums (die ein technisches System bilden)",
      schließlich die „Ebene der gesellschaftlichen Organe wie Institutionen
      und Organisationen aller Art, die soziale Systeme bilden, in denen
      sich die kollektive Individuation konkretisiert" (Stiegler 2011, 143).

potentiality" (Hansen 2015, 70) nennt. Es ist genau diese von der neuen verschaltenden Medienfunktion der Medien des 21. Jahrhunderts erschlossene allgemeine Potenzialität, die instrumentell beschränkt und auf begrenzte Formen ihrer Aktualisierung hin verengt zu werden droht. Diese Spannung markiert den Raum einer Neubeschreibung von Erfahrung in algorithmischen Kulturen:

> Data is quite literally teeming with potentiality, and specifically, with potentiality, that – though part of the settled world – has a speculative relation to experience understood as the experience of consciousness. That is why […] data-mining and data analytics do not simply calculate a preexistent space of possibilities, but literally create new relations and thus new information (new data) as a result of their operation. (Hansen 2015, 142)

Die allgemeine Potenzialität, die durch die Technologien der Verschaltung exponiert, aber in der Folge eben auch beschränkt wird, nennt Hansen „data potentiality" (ebd., 167). „Data potentiality names the potentiality of the actual – a potentiality already *within* the actual – that, however, is not already relative to a particular actualization or actuality-in-attainment." Und, so heißt es etwas weiter, „if it differs from the real potentiality operative in prior technical epochs, it does so by degree: data potentiality gives more access to the ‚total relationality' informing an event, and thus makes it more calculable than ever before, but it does not – and cannot – give total access to that relationality" (ebd., 169). Datenpotenzialität würde, so Hansen, die Vergeblichkeit jedes Versuchs, die Vorhersageschleife zu schließen, begründen und auf die doppelte Quelle von Unbestimmtheit und Neuheit im Kosmos verweisen (ebd., 170). „Data potentiality allows us access to a larger share of the total situation than we have ever had […] [T]he key to this operation of data potentiality is the capacity to access data of worldly sensibility that, with the expansion of computation into the environment, has become a dimension of the

production of such sensibility" (ebd.). Hansens Überlegungen zur Datenpotenzialität schließen direkt an Gilbert
Simondons Begriff des Vorindividuellen als Quelle von
Potenzialität an, dem eine Schlüsselrolle in dessen Neubeschreibung des Individuationsprozesses zukommt. Er hat
dabei die vor-individuelle Potenzialität denn auch einmal,
noch bevor der den Begriff der Datenpotenzialität geprägt
hat, als „wordly potentiality" (Hansen 2012, 52) gedeutet,
die die Medien des 21. Jahrhunderts nicht nur technisch
zugänglich machen, sondern eben auch organisieren
und manipulieren. „Today's media directly impact the
very sensible continuum, the source of potentiality, from
which delimited, agent- or faculty-centered higher-order
experience springs" (ebd., 56). Und genau hier liegt auch
von Anfang an der politische Einsatz der Potenzialitätsproblematik, wie ihn die Verschaltungstechnologien mit sich
bringen: „[T]wenty-first-century media directly *engineer the
potentiality of the pre-individual*" (ebd., 57).

Literatur

Bachelard, Gaston. 1970. *Études*. Paris: J. VRIN.

Bontems, Vincent. 2008. „Quelques éléments pour une épistémologie
des relations d'échelle chez Gilbert Simondon". *Appareil* 2. https://doi.
org/10.4000/appareil.595.

Burkhardt, Marcus. 2015. *Digitale Datenbanken. Eine Medientheorie im Zeitalter
von Big Data*. Bielefeld: transcript Verlag.

Corsín Jiménez, Alberto. 2003. *The Form of the Relation, or Anthropology's
Enchantment with the Algebraic Imagination*. Nichtveröffentlichtes
Manuskript: University of Manchester. https://core.ac.uk/download/
pdf/36160283.pdf.

Deleuze, Gilles. 1993. „Postskriptum über die Kontrollgesellschaften". In
Unterhandlungen, hg. v. Gilles Deleuze, 254–262. Frankfurt am Main:
Suhrkamp.

Dell, Christoph. 2012. *Die improvisierende Organisation: Management nach dem
Ende der Planbarkeit*. Bielefeld: transcript.

Derrida, Jacques. 1995. „Platons Pharmazie". In *Dissemination*, 69–192. Wien:
Passagen.

Engell, Lorenz und Bernhard Siegert. 2020. „Editorial: Schalten und Walten".
Zeitschrift für Kultur- und Medienforschung 11: 5–13.

Fauré, Christian. 2010. „De la mécroissance à l'économie de la contribution en passant par les technologies relationelles". *Les Cahiers*

42

de l'ARCEP 4 (November-Dezember): 4–5. http://www.christian-faure.
net/?s=technologies+relationnelles.

Fortunati, Leopoldina. 2014. „Media Between Power and Empowerment: Can
We Resolve This Dilemma?" *The Information Society* 30 (3): 169–183.

Friedrich, Alexander, Gehring, Petra, Hubig, Christoph, Kaminski, Andreas
und Alfred Nordmann, Hg. 2021. *Konfigurationen der Zeitlichkeit: Jahrbuch
Technikphilosophie.* Baden-Baden: Nomos.

Hansen, Mark B. N. 2012. „Engineering Pre-Individual Potentiality: Technics,
Transindividuation, and 21st-Century Media". *SubStance* 41 (3): 32–59.

———. 2014. „The Operational Present of Sensibility". *The Nordic Journal of Aesthetics* 47: 38–53.

———. 2015. *Feed-Forward. On the Future of Twenty-First-Century Media.*
Chicago: University of Chicago Press.

———. 2017. „The Ontology of Media Operations, or, Where is the Technics
in Cultural Techniques?" *Zeitschrift* für *Medien- und Kulturforschung* 8 (2):
169–186.

———. 2021. „The Critique of Data, or Towards a Phenomenotechnics of
Algorithmic Culture". In *Critique and the Digital,* hg. v. Erich Hörl, Nelly Y.
Pinkrah und Lotte Warnsholdt, 25–73. Zürich/Berlin: Diaphanes.

Haraway, Donna. 1995. „Ein Manifest für Cyborgs. Feminismus im Streit mit
den Technowissenschaften". In *Die Neuerfindung der Natur. Primaten,
Cyborgs und Frauen,* 33-72. Frankfurt/Main/New York: Campus.

———. 2016. *Staying with the trouble: Making kin in the Chthulucene.* Durham,
London: Duke University Press.

Hörl, Erich. 2004. „Parmenideische Variationen. McCulloch, Heidegger
und das kybernetische Ende der Philosophie". In *Kybernetik. The Macy-
Conferences 1946–1943, Essays & Dokumente,* hg. v. Claus Pias, 209–225.
Zürich/Berlin: Diaphanes.

———. 2005. *Die heiligen Kanäle. Über die archaische Illusion der Kommunikation.* Zürich, Berlin: Diaphanes.

———. 2016. „Die Ökologisierung des Denkens". *Zeitschrift für Medienwissenschaft* 14 (1): 33–45.

———. 2018. „The Environmentalitarian Situation. Reflections on the
Becoming-Environmental of Thinking, Power, and Capital". *Cultural Politics*
14 (2): 153–173.

———. 2021. „Critique of Environmentality: On the World-Wide Axiomatics of
Environmentalitarian Time". In *Critique and the Digital,* hg. v. Erich Hörl,
Nelly Y. Pinkrah und Lotte Warnsholdt, 109–146. Zürich/Berlin: Diaphanes.

Hörl, Erich; Tatari, Marita. 2014. „Die technologische Sinnverschiebung.
Orte des Unermesslichen". In *Orte des Unermesslichen. Theater nach der
Geschichtsteleologie,* hg. v. Marita Tatari. 43–64. Zürich/Berlin: Diaphanes.

Holbraad, Martin und Morten Axel Pedersen. 2017. *The Ontological Turn. An
Anthropological Exposition.* Cambridge: Cambridge University Press.

Hui, Yuk. 2016. *On the Mode of Existence of Digital Objects.* Minneapolis: University of Minnesota Press.

Kittler, Friedrich. 1993a. „Real Time Analysis, Time Axis Manipulation". In:
Draculas Vermächtnis. Technische Schriften, 182–208. Leipzig: Reclam.

――――. 1993b. „Vom Take Off der Operatoren". In *Draculas Vermächtnis. Technische Schriften*, 149–181. Leipzig: Reclam.

Konrad, Monica. 2005a. *Nameless relations. Anonymity, Melanesia and reproductive gift exchange between British ova donors and recipients*. New York: Berghahn.

――――. 2005b. *Narrating the New Predictive Genetics: Ethics, Ethnography and Science*. Cambridge, UK: Cambridge University Press.

Lacan, Jacques. 1991. „Psychoanalyse und Kybernetik oder Von der Natur der Sprache" [1955]. In *Das Ich in der Theorie Freuds und in der Technik der Psychoanalyse. Das Seminar von Jacques Lacan Buch III [1954–1955]*, 373–390. Weinheim/Berlin: Quadriga.

Lipp, Benjamin. 2017. „Analytik des Interfacing: zur Materialität technologischer Verschaltung in prototypischen Milieus robotisierter Pflege". *BEHEMOTH. A Journal of Civilisation* 10 (1): 107–129.

Luhmann, Niklas. 2003. *Macht*. Stuttgart: Lucius & Lucius.

Mersch, Dieter. 2013. *Ordo ab chao – Order from Noise*. Zürich, Berlin: Diaphanes.

――――. 2015. „Wozu Medienphilosophie? Eine programmatische Einleitung". *Jahrbuch für Medienphilosophie* (1): 13–48.

――――. 2016. „A Critique of Operativity: Notes on a Technological Imperative". In *Applying the Actor-Network Theory in Media Studies*, hg. v. Markus Spöhrer und Beate Ochsner, 234–249. Hershey/PA: IGI Global.

――――. 2018. „Ökologie und Ökologisierung. Befragung eines kritischen Topos". *Internationales Jahrbuch für Medienphilosophie* 4: 187–219.

Ochsner, Beate. 2018. „AudioVisual Accessibility (Ava) oder: Zur Herstellung prekärer Kommunikationsgemeinschaften". In *Das Mitsein der Medien. Prekäre Koexistenzen von Menschen, Maschinen und Algorithmen*, hg. v. Johannes Bennke, Johanna Seifert, Martin Siegler und Christina Terberl, 121–147. München: Fink.

Ochsner, Beate, Sybilla Nikolow und Robert Stock. Hg. 2020. *Affizierungs- und Teilhabeprozesse zwischen Organismen und Maschinen*. Wiesbaden: Springer VS Wiesbaden.

Ochsner, Beate, Isabell Otto und Markus Spöhrer. Hg. 2013. *Objekte medialer Teilhabe*. Marburg: Schüren (AugenBlick, 58).

Puar, Jasbir K. 2016. „Die Zeit der Prognose. Entwurf einer Geopolitik des Affekts und des Un-/Vermögens". In *Gender & Medien-Reader*, hg. v. Kathrin Peters und Andrea Seier, 557–572. Zürich/Berlin: Diaphanes.

Rouvroy, Antoinette. 2013. „The end(s) of critique. Data behaviourism versus due process". In *Privacy, Due Process and the Computational Turn*, hg. v. Mireille Hildebrandt und Katja de Vries, 142–168. London: Routledge.

――――. 2016. „The Digital Regime of Truth: From the Algorithmic Governmentality to the New Rule of Law". *La Deleuziana* (3), 6–27.

Rouvroy, Antoinette und Thomas Berns. 2013. „Gouvernementalité algorithmique et perspectives d'émancipation. Le disparate comme condition d'individuation par la relation?" *Réseaux* 1: 163–196.

Sahlins, Marshall. 2011. „What kinship is (part one)". *The Journal of the Royal Anthropological Institute* 17 (1): 2–19.

Serres, Michel. 2002. „Der Mensch ohne Fähigkeiten". *Transit* 22: 193–206.

44   Shannon, Claude Elwood. 2000. „Eine symbolische Analyse von Relaisschalt-kreisen [1938]". In *Ein/Aus. Ausgewählte Schriften zur Kommunikations-und Nachrichtentheorie*, hg. v. Friedrich A. Kittler et al., 177–216. Berlin: Brinkmann & Bose.

Siegert, Bernhard. 1993. *Relais. Geschicke der Literatur als Epoche der Post 1751–1913*. Berlin: Brinkmann & Bose.

———. 2003. *Passagen des Digitalen. Zeichenpraktiken der Neuzeitlichen Wissen-schaften 1500–1900*. Berlin: Brinkmann & Bose.

Simondon, Gilbert. 2005. *L'Individuation à la lumière de la notion de forme et d'information*. Paris: Édition Jérôme Millon.

———. 2012. *Die Existenzweise technischer Objekte*. Zürich, Berlin: Diaphanes.

Sloterdijk, Peter und Hans-Jürgen Heinrichs. 2006. *Die Sonne und der Tod*. Frankfurt am Main: Suhrkamp.

Sprenger, Florian. 2019. *Epistemologien des Umgebens: Zur Geschichte, Ökologie und Biopolitik künstlicher environments*. Bielefeld: transcript.

Stiegler, Bernard. 2011. „Allgemeine Organologie und positive Pharma-kologie". In *Die technologische Bedingung. Beiträge zur Beschreibung der technischen Welt*, hg. v. Erich Hörl, 110–146. Berlin: Suhrkamp.

———. 2016. *Dans la disruption. Comment ne pas devenir fou?* Paris: Les Liens qui libèrent.

———. 2018. *Qu'appelle-t-on panser? 1. L'immense régression*. Paris: Les Liens qui libèrent.

Strathern, Marilyn. 1992. „Parts and wholes: refiguring relationships in a post-plural world". In *Conceptualizing society*, hg. v. Adam Kuper, 75–104. London, New York: Routledge.

———. 1995. *The Relation. Issues in Complexity and Scale*. Cambridge, UK: Prickly Pear Press.

———. 2018. „Persons and partible persons". In *Schools and styles of anthro-pological theory*, hg. v. Matei Candea. 236–246. London, New York: Routledge.

Terranova, Tiziana. 2000. „Free Labor: Producing Culture for the Digital Economy". *Social Text* 63 (18.2): 35–58.

Viveiros de Castro, Eduardo. 2015. „Perspektiventausch. Die Verwandlung von Objekten zu Subjekten in indianischen Ontologien". In *Animismus. Revisionen der Moderne*, hg. v. Irene Albers und Anselm Franke, 73–93. Zürich/Berlin: Diaphanes.

Zuboff, Shoshana. 2018. *Das Zeitalter des Überwachungskapitalismus*. Frank-furt am Main, New York: Campus Verlag.

RELATION

ANTHROPOLOGIE

MARILYN STRATHERN

RELATIONALE VERSCHALTUNG

[1]

Relationen Denken: Teilhabe, Verwandtschaft und innere Beziehungen nach Marilyn Strathern

Milan Stürmer

Der in den *New Kinship Studies* und besonders von Marilyn Strathern entwickelte Relationsbegriff wurde meist als Antwort auf den Zusammenbruch der Natur-Kultur-Dichotomie aufgefasst. Der vorliegende Text zeigt eine komplementäre Genealogie des Relationsdenkens bei Strathern auf. Auf der Grundlage von Str> Stratherns komplexer Kritik am Thatcherismus sowie ihrer wegweisenden Aufnahme von Bertrell Ollmans „relationaler" Marxlektüre wird Stratherns Unterscheidung zwischen inneren und äußeren Beziehungen dargestellt. Vor dem Hintergrund der ökonomischen Debatten um relationale Technologien in den 1990er Jahren wird die Frage des Verschaltens als Prozess adressiert, der aus externen Relationen interne und aus internen externe werden lässt.

Eine Generalüberholung der anthropologischen Mathematik der Relationen

1989 tritt Marilyn Strathern in der jährlich in Manchester stattfindenden Anthropologiedebatte als erste Fürsprecherin für einen Antrag auf, der den Begriff der Gesellschaft *(society)* für theoretisch obsolet zu erklären sucht (Strathern 1996a). Während damit selbstverständlich auch Schwierigkeiten adressiert sind, die innerhalb der Disziplin schon seit Längerem verhandelt werden (siehe v. a. Leach 1961; Gellner 2003), ist der Antrag doch zuvorderst als explizite Antwort auf Thatchers berühmtes Diktum – *„There is no such thing as society"* – zu verstehen. In ihrem Vortrag präsentiert Strathern die Preisgabe des Begriffs „Gesellschaft" einerseits als strategischen Rückzug: Der problematische Begriff wird unter den Angriffen des Thatcherismus aufgegeben, um andere Formen von Kollektivität und Organisation besser verteidigen zu können. Doch ist ihre Haltung keine defensive – im Gegenteil: Strathern wendet den Angriff auf den Begriff der Gesellschaft gegen den thatcheristischen Individualismus selbst. Was passiert schließlich mit einer grundlegenden Dichotomie, wenn eine Seite der Differenz plötzlich verschwindet? Den Begriff der Gesellschaft aufzugeben zwingt gleichzeitig dazu, den Begriff des Individuums aufzugeben.

Strathern konzipiert die sich daraus ergebende theoretische Aufgabe als eine Generalüberholung der Mathematik[1] der Anthropologie: Es geht nicht mehr um eine „mathematic of units and a plurality of units" (Strathern 1996a, 77), deren Korrelat sei, dass Beziehungen lediglich als den Einheiten äußerlich erscheinen: „[T]hey appear as secondary ways of connecting things up" (ebd., 51). In ihrer Antwort auf Peter

---

1 Stratherns Verweis auf die Mathematik ist keine Breitseite gegen die Mathematik als solche. Vielmehr geht es der Anthropologin, wie sie an anderer Stelle einräumt, um „numerical metaphors" (Strathern 2005a, xxx).

Wade in der anschließenden Diskussion insistiert sie stattdessen, dass anstelle der Mathematik ganzer Gesellschaften
und individueller Personen „some other way of thinking
relations" gefragt sei (ebd., 77). Während Strathern ihre
These vom *merographic collapse* in *After Nature* (Strathern
1992a)[2] detailliert darstellen wird, schließt sie ihren Antrag
1989 mit folgenden Worten:

> Social relations are intrinsic to human existence,
> not extrinsic. As objects of anthropological study,
> one cannot therefore conceive of persons as indivi-
> dual entities. Sadly, it is our very idea of society that
> has been the culprit. The unfortunate outcome of
> conceiving of society itself as an entity has actually
> been to make relationships seem secondary and not
> primary to human existence. Quite simply, then, we
> have reached the theoretical point of recognizing that
> as a concept ‚society' has come to interfere too much
> with our apprehension of sociality. I move that it be
> despatched as obsolete. (Strathern 1996a, 55)

Dass der Antrag mit 45 Fürstimmen und 40 Gegenstimmen
(sowie 10 Enthaltungen) knapp angenommen wird und die
Mehrheit der anno 1989 versammelten Anthropolog:innen
den Begriff somit für obsolet erklärt, mag als Fußnote in die
Geschichte der Disziplin eingehen. Vielmehr von Interesse
ist für uns allerdings, dass Strathern hier bereits unmiss-
verständlich als politisches Projekt in Stellung bringt,
was die *New Kinship Studies* im Lauf der nächsten 30 Jahre
zunehmend über die Grenzen der eigenen Disziplin hinaus
attraktiv erscheinen lässt: Ein Denken intrinsischer Relationalität, welches das moderne Individuum ebenso wie

2   *After Nature* (Strathern 1992a) versammelt ihre 1989 unter dem
    Titel „After Nature: English Kinship in the Late Twentieth Century"
    gehaltenen *Lewis Henry Morgan Lectures*. Dort heißt es: „We have
    cancelled the power of analogy: the facility to see that individuals are
    defined by society, or that families are analogous both to individuals
    on the one hand and to social communities on the other" (ebd., 145).
    Zu früheren Versionen des Arguments siehe z. B. Strathern (1985).

die algebraische Imagination der Relation einzukassieren scheint (vgl. Corsín Jiménez 2014).

Bereits bei den „großen" Anthropologen der Mitte des 20. Jahrhunderts (darunter Malinowski, Radcliffe-Brown, Evans-Pritchard, Fortes) lässt sich dieses Manöver erkennen, hängt doch der disziplinäre Fokus auf die Verwandtschaft entscheidend damit zusammen, dass die Autoren darauf abzielten, das geordnete Funktionieren kleiner Gesellschaften in Abwesenheit regierender Institutionen zu erklären (siehe Carsten 2004).[3] Verwandtschaft als intrinsische Relation und nicht die Mathematik definierter Einheiten stellt hier die Basis der politischen Struktur dar.[4]

Ein Mikrovokabular der Auflösung

Dass vor dem Hintergrund medialer Teilhabe gerade die Verwandtschaftsbeziehung als kulturelle Ressource,[5] um Relationen zu denken (vgl. „Mediale Teilhabe in Technologien relationaler Verschaltung" in diesem Band), attraktiv erscheint, mag wenig verwundern, liegt die Pointe der *Kinship Studies* (in der hier relevanten Ausprägung) doch gerade darin, Verwandtschaft als „mutuality of being" aufzufassen. „[K]infolk", so Marshall Sahlins' Versuch, die 150-jährige Diskussion der Anthropologie, was denn Verwandtschaft eigentlich sei, auf den Punkt zu bringen, „are persons who *participate* intrinsically in each other's existence; they are members of one another" (Sahlins 2013,

3 „[... A]uthors were attempting to understand the basis for the orderly functioning of small-scale societies in the absence of governmental institutions and states" (Carsten 2004, 10).

4 Gewissermaßen läuft diese Entwicklung parallel zu und verschränkt mit den Entwicklungen der Wissensgeschichte, die sich an dem Problem einer „Geschichte ganzer Gesellschaften" und ihrer Teilbereiche nach dem Wegfallen der Nation und Gesellschaft als zentraler Bezugsgröße abarbeitet (vgl. Sarasin 2011). Ich danke Roberto Nigro für diesen Hinweis.

5 Die Auseinandersetzung mit der Frage kultureller Ressourcen durchzieht Stratherns komplettes Œuvre und lässt sich bereits in einem damals noch unpublizierten Buchmanuskript von 1974 in der Diskussion der „relations as symbols" (Strathern 2016, 253) erkennen.

ix; Hervorhebung durch den Autor).[6] Die Teilhabe am Sein
des/r Anderen als Signatur der so aufgefassten Verwandt-
schaftsvorstellung begründet nicht nur die historische
und kosmologische Varianz der Verwandtschaft aufgrund
unterschiedlicher Weisen, Teilhabe zu denken, sondern
zieht auch eine Reihe begrifflicher Neubeschreibungen[7]
nach sich. Besonders die zeitgenössische melanesische
Ethnografie hat hierfür ihr eigenes „microvocabulary of
dissolution" entwickelt, welches Beschreibungen jener
Prozesse ermöglicht, „by which the elements that compose
persons are dismantled so that the relationships persons
carry can be invested anew" (Strathern 1992b, 76). Statt Verwandtschaftsbeziehung qua Biologisierung als natürliche,
„reaktionsträge Stützpfeiler sozialer Ordnung" (Beck, Hess
und Knecht 2007, 20) zu betrachten, wird hier eine Neubeschreibung der Relation vorangetrieben, die besonders
die neuere melanesische Ethnografie auch außerhalb
ihrer disziplinären Grenzen relevant werden lässt. Mit
dem „Durchbruch der neuen historischen Semantik" der
Ökologie, so Erich Hörl, ist es „insbesondere das jüngere
anthropologische und ethnologische Gegenwissen[, das] die
Relation deterritorialisiert und die Ausarbeitung eines
echten relationalen Ökologismus vorantreibt" (Hörl 2016a,
40). Diese Vermittlung durch das Vokabular der Ethnografie ist hier entscheidend, denn Verwandtschaftsbeziehungen fungieren in diesem Kontext meist nicht als
kulturelle Ressource. Viel eher sind es die ethnografischen
Beschreibungen, die als wissenschaftliche Ressource die
Beschreibungen des Beziehungsreichtums vorantreiben.

Eine zentrale begriffliche Ressource, die die *New Kinship Studies* der relationalen Neubeschreibung nach dem
merographic collapse zwischen Gesellschaft und Natur
(vgl. Strathern 1992a, 135ff. und 167ff.) und jenseits der

---

6   Diese und ähnliche Formulierungen sind häufig zu finden, siehe z. B.
    Victor Turners Beschreibung des Dorflebens der Ndembu von 1957:
    „[T]he dogma of kinship asserts that matrilineal kin participate in one
    another's existence" (Turner 1996, 129).
7   Zur Operation der *Re-Description* siehe Lebner (2017).

Differenz zwischen Gesellschaft und Individuum liefert, ist das „Dividuum". Bereits in seinen frühesten Fassungen (bspw. bei Bastide 1973, 33: „un nœud de participations") ist der Begriff des Dividuums eng an einen emphatischen Begriff der Partizipation geknüpft.[8] Strathern, die weithin als eine der „architects of what has come to be known as the new kinship studies" (Franklin 2019, 112) gilt, liefert die viel zitierte Definition dividueller Personen als „plural and composite site of the relationships that produced them" (Strathern 1988, 13). Sahlins sieht in Stratherns Beschreibung den positiven Inhalt des Begriffs; seine spezielle „anthropological logic" bestehe gerade darin, dass es um den „participatory sense of kinship relations" (Sahlins 2013, 26) gehe. Während bei Strathern das Dividuum explizit wider die Vorstellung des autonomen Individuums entworfen wird, warnt Sahlins allerdings davor, das Dividuum zur universellen Form vormoderner Subjektivität zu stilisieren und mahnt an, die allzu enthusiastische Verwendung des Begriffs jenseits des Felds der Verwandtschaftsbeziehungen zu beschränken.

> Persons may have various relational attributes and thus be linked to diverse others – the way I am related to my students as a teacher and to the Chicago Cubs as a fan – without being united in being with them. (Sahlins 2013, 25)

Auch wenn Sahlins' Kritik im ethnologischen Diskurs verankert ist, ist der Vorwurf auch jenseits disziplinärer Grenzen von Gewicht. Wenn Verwandtschaftsbeziehungen – und zwar gerade jene, die als Teilhabe an der Existenz des/r Anderen gefasst werden – *tout court* als Modell für Relationalität dienen müssen, droht der Begriff selbst jegliche analytische Schärfe zu verlieren. Was ließe sich schon *nicht* als Relation beschreiben (vgl. Viveiros de Castro 2003, auch zit. in Corsín Jiménez 2014; Strathern 1995)? Wie Morten Axel Pedersen in einer viel beachteten Diskussion nicht ohne Süffisanz anmerkte: „[T]he statement that everything

---

8   Für einen frühen Ansatz, der begrifflich stärker auf Transaktion und Einverleiben *(to absorb)* aufbaut, siehe Marriott (1976, 111).

is always relations is simply the myth [...] of ethnography"
(Pedersen in Venkatesan et al. 2012, 79).

Alberto Corsín Jiménez hat gezeigt, wie sehr der Begriff
der Relation zumindest seit der cartesianischen Revolution
den konzeptuellen Apparat der Anthropologie bestimmt
hat (Corsín Jiménez 2014, 5). Dieser Modus des Denkens
der Relation ist Teil der „algebraic imagination" (ebd.) der
Sozialanthropologie, da sich die Rede von Relationen „too
easily to its use and application in logical and pseudo-
logical explanations" (ebd., 29) anböte. Die algebraische
Imagination beschreibt vornehmlich die Tendenz, Analogien
zwischen logischen Relationen und sozialen Beziehungen
zu postulieren (ebd., 31). Trotzdem lässt sich die Sprache
der Relation nicht einfach aufgeben: Wenn die Relation
de facto die ontologische Sprache zur Beschreibung
jeglicher Phänomene wird, dann gilt es vielmehr genau zu
beschreiben, was die Form der Relation ist (ebd.).

Eine erste grundlegende Unterscheidung, die auf der
Suche nach der Form der Relation zu treffen ist, ist jene
zwischen inneren und *äußeren* Beziehungen. Von externen
beziehungsweise internen Relationen zu sprechen heißt,
wie Strathern es 1995 in ihrer Antrittsvorlesung formuliert,
extern von „relations between things" oder intern von
„things as relations"[9] auszugehen (Strathern 1995, 19).
Spätestens[10] seit Stratherns berühmtem Hauptwerk *The
Gender of the Gift* geht über Bertrell Ollmans Marxlektüre
vor dem Hintergrund der Philosophie interner Relationen
(Ollman 1976, 26f.) diese Unterscheidung in ihr Werk

9   Dies ist im Wortlaut auch Ollmans Beschreibung von Marx: „Marx
    conceives of *things* as Relations" (Ollman 1976, 26; Großschreibung
    und Hervorhebung im Original).
10 Die Unterscheidung zwischen internen und externen Beziehungen
    ist selbstverständlich derart grundlegend, dass sie bereits in ihren
    frühsten Schriften zu finden ist – zum Beispiel in der Diskussion der
    komplizierten (internen) Relationen innerhalb eines Clans und den
    Beziehungen zu externen Körpern in ihrer ersten Monografie *Women
    in Between* (Strathern 1972, 285f.). Hier hat der Begriff allerdings
    noch nicht die philosophische Systematik, die sich später mit Ollman
    einschreibt.

ein (Strathern 1988, 169).[11] Auch hier lässt sich eindeutig nachvollziehen, wie sehr die Frage der *social relations* – der gesellschaftlichen Verhältnisse – das Denken der inneren Relation beeinflusst. Nicht nur gründet Ollman seine Marxlektüre zentral darauf, zu zeigen, dass Marx stets nur scheinbar externe Relationen als interne zu offenbaren sucht; vielmehr sei für Marx, für den die Relation „the irreducible minimum for all units […] of social reality" ist, das „subject matter […] not simply society but society conceived of ‚relationally.'" (Ollman 1976, 14) Da so alles lediglich als „cluster of relations" beschreibbar wird, sind es gerade die inneren Relationen, die als einzige das Prädikat „ontologisch" verdienen, insofern jede Veränderung von ihnen notwendig den ganzen Begriff verändert (ebd., 15).[12]

Von dort an zunehmend explizit präsent (vgl. z. B. Strathern 1995, 40, Fußnoten 59 und 60), begründet die Differenz zwischen intern und extern Stratherns Ausführungen oft ohne ausdrücklich genannt zu sein. So findet sich beispielsweise John Searles (1969) Unterscheidung zwischen regulativen und konstitutiven Regeln[13] bei Strathern (1999a) – vermittelt über Emily Martin Aherns Studie der Orakel und Spiele der zentralafrikanischen Azande (Ahern 1982) – hin zu einer Unterscheidung zwischen regulativen und konstitutiven Informationen gewendet: Wissen über die eigenen Verwandtschaftsbeziehungen seien für Euro-Amerikaner:innen (so Stratherns bevorzugte Bezeichnung) nicht als separat von der eigenen Identität zu betrachten; sie sind konstitutive Informationen – das heißt interne Relationen.

---

11 Auch die in der Rezeption oft vernachlässigte begriffliche Unterscheidung zwischen *relation* und *connection*, die Strathern (inkonsequent) entwickelt, findet sich bei Ollman (1976, 15).

12 Die weitaus kompliziertere philosophische Genese dieses Arguments, die, wie Ollman darlegt, zumindest Hegel, Leibniz und Spinoza berücksichtigen muss, ist jenseits des Umfangs dieser kurzen Darstellung.

13 „Regulative rules regulate a pre-existing activity, an activity whose existence is logically independent of the rules. Constitutive rules constitute (and also regulate) an activity the existence of which is logically dependent on the rules" (Searle 1969, 34).

In ihrem jüngst erschienenen Buch *Relations: An Anthro-pological Account* entwickelt sich die Differenz zwischen inneren und äußeren Beziehungen schließlich zu der philosophischen Systematik,[14] die das „conceptual field" der Relationen im weitesten Sinne (Strathern spricht hierbei von Relationen als „generic") aufschließen soll (Strathern 2020, 7). Verwandtschaft ist nun das Gebiet, das Anthropolog:innen am schnellsten als Beispiel für interne Beziehungen ins Feld führen (ebd., 9). Genau der Status der Verwandtschaft als interne Relation ist es, was Sahlins in der Sprache der Teilhabe gefasst sieht: Verwandte partizipieren intrinsisch an der gegenseitigen Existenz. Diese Par-tizipation ist den verwandten Personen nicht nachträglich und kein externes Prädikat, sondern als interne Relation gegeben: „C'est qui est donné d'abord, c'est la participation" (Lévy-Bruhl 1949, 3; siehe auch Sahlins 2013, 33ff.; Hörl 2016b, 98ff.). Auch der Begriff des Dividuums zielt genau auf jene Vorstellung von Person, für die Partizipation immer vorgängig ist.[15]

Von R-Tech zu relationalen Technologien des Verschaltens

Die hier präsentierte komplementäre Genealogie des neuen Relationsbegriffs aus der Frage der gesellschaftlichen Verhältnisse eröffnet unter anderem den Blick darauf, wie prägend die ökonomischen Diskussionen um (geistiges) Eigentum vor dem Hintergrund der netzwerk- und informationstechnischen Entwicklungen der 1990er für die

14 Stratherns Verwendung der Begriffe ist nicht deckungsgleich mit der prominenten philosophischen Debatte um innere und äußere Beziehungen, wie sie beispielsweise im berühmten Disput zischen F. H. Bradley und Bertrand Russell (vgl. Candlish 2007) zutage getreten ist.

15 Es ist kein Zufall, dass eines der zentralen Werke, an denen Ollman sich in seiner Verteidigung der Philosophie interner Relationen abarbeitet, den Titel *Individuals* (Strawson 1959) trägt. Tatsächlich ist die Frage der Individuation eines der zentralen Probleme für die Phi-losophie interner Relationen.

Herausbildung des emphatischen Relationsbegriffs waren. Strathern, die sich extensiv mit der Frage des Eigentums beschäftigt hat (siehe u. a. Strathern 1996b, 1999a, 1999b, 2006), kombiniert in einem viel zitierten Aufsatz Netzwerkanalyse, *Kinship Theory* und *Actor-Network-Theory* (ANT), um Eigentum als Mechanismus zur Begrenzung ausufernder Beziehungsnetzwerke zu begreifen: „[T]echnology might enlarge networks, proprietorship can be guaranteed to cut them down to size" (Strathern 1996c, 531). Kontrastiert mit der Funktion des Eigentums, Beziehungen „abzuschneiden", wird die Rolle der Technologien im Hervorbringen und Kontrollieren[16] immer weiterer Relationen besonders deutlich. Mithin wird die Zentralität der Frage der Technologien in ihren zwischen 1993 und 2008 am *Department of Social Anthropology* in Cambridge gehaltenen Vorlesungen explizt, spricht Strathern doch davon, dass man, um „notions of personhood, affect, power" zu konfrontieren, das Augenmerk auf „technologies of relationships" richten müsse (Strathern 2013, 25). Das in ihren Vorlesungen entwickelte Desiderat, sich bestimmten soziotechnischen Knotenpunkten zuzuwenden, um zu explizieren – wie Strathern in Bezug auf die Rolle der Netztaschen *(bilum)* der Ost- und West-Sepik anmerkt –, wie Technologien der Relation „enable the body to be a carrier: a body plus what it carries, that is, the relational (extended) person" (ebd., 101), wird von Markus Spöhrer im Kapitel „Wer braucht schon Hände?" in diesem Band durch eine Untersuchung des Microsoft Adaptive Controller und den körperlich-sensorischen Zurichtungen in ihrer Verschaltung mit konkreten Spielsituationen genauer adressiert. Für Strathern lässt sich eine „social technology" recht besehen gerade als „technologies of the self that *are* technologies of relationships" (ebd., 25; Hervorhebung durch den Autor) beschreiben.

---

16 Davon zu sprechen, dass Technologien hier lediglich partizipieren, ist nicht ausreichend. In Stratherns Arbeiten zu Reproduktionstechnologien wird deutlich, dass selbst Partizipation „altogether too cozy a phrase" (Strathern 2005b, 206) sei, um diese Vorgänge zu beschreiben.

Während der Begriff mittlerweile beinahe in Vergessenheit geraten ist, waren „relationship-technologies" – kurz: R-Tech – vor allem im ökonomischen Diskurs der 1990er-Jahre virulent. Jeremy Rifkin (2000, 100) und Kevin Kelly (1998, 119) – um zwei prominente Vertreter der Debatte zu nennen –[17] beziehen sich beide auf Michael Schrages Aufruf, „to shift away from the notion of technology managing information and toward the idea of technology as a medium of relationships" (Schrage 1990, 142). Der Ökonom Albert Bressand, Ko-Autor von *La planète relationelle* (Bressand und Distler 1995), schlägt in einem Interview sogar vor, den Buchtitel mit „The R-Tech World" zu übersetzen (Schwartz 1996). Für Bressand geht es bei der „économie techno-relationnelle" (Bressand und Nicolaïdis 1988, 158) um die Rolle der „produit apparaissant comme un médiateur, partiel et évolutif, de relation" (ebd., 146).

In der R-Tech-Diskussion, so lässt sich in Rifkins Übersichtswerk *The Age of Access* (2000) besonders deutlich erkennen, sind bereits zwei der zentralen Topoi präsent, die auch die Überlegungen zu relationalen Technologien der Verschaltung bestimmen. Einerseits ist die Sorge um das Problem des Dividuums in einer Situation, in der „technologies reach out to encompass the whole of a person's life experiences" (Rifkin 2000, 108), wegweisend: Firmen versuchen nicht mehr, einen möglichst großen Anteil des Marktes, der aus unteilbaren Individuuen besteht, zu vereinnahmen, sondern das Individuum selbst „is the market" (ebd., 97), den es zu möglichst großen Teilen zu besetzen gilt. Als „plural and composite site of the relationships that produced them" (Strathern 1988, 13) ist das Dividuum der/die Bressands techno-relationaler Ökonomie angemessenste Kund:in. Entgegen der Kritik am Netzwerkdenken, die dem Bild des Netzwerks vorwirft, die Frage der Zeitlichkeit zu vernachlässigen (für eine solche Kritik siehe Munster 2013), zeigen diese Diskussionen andererseits auch, wie sehr

---

17 Bernard Stiegler etwa verweist für den Begriff der „relational technologies" auf Rifkin (Stiegler 2009, 38).

Zeitlichkeit im Vordergrund steht. Stets wird betont, dass „Relationen" an sich nicht unabhängig von Temporalität entworfen werden können (Rifkin 2000, 192) und der Effekt von R-Tech genau darin bestehe, dass „[c]ontinuous cybernetic feedback" es Firmen ermögliche, „to anticipate and service customers' needs on an ongoing open-ended basis" (ebd., 100).

Trotzdem erschöpft sich die Frage des Verschaltens, wie sie sich uns heute stellt, nicht in den R-Tech-Debatten der 1990er-Jahre. Bei all der Rede von Relation bleibt der Begriff der Relation selbst nämlich der blinde Fleck der von der algebraischen Imagination gefangenen Untersuchungen. Anstelle eines unterschiedslosen Relationsbegriffs kommt nach Strathern hier der Frage nach der Form der Relation und der oben entwickelten Differenz zwischen inneren und äußeren Beziehungen eine entscheidende Rolle zu. Relationale Technologien der Verschaltung, so ließe sich am Schnittpunkt von Strathern und Technikphilosophie sagen, sind genau jene, die innere in äußere und äußere in innere Beziehungen verkehren. Das technische, entäußerte Moment der externen Relationen wird im Zuge der Potenzialitätsproblematik, wie sie in „Mediale Teilhabe in Technologien relationaler Verschaltung" exponiert wird, zum Moment der vorgängigen, inneren Relation gewendet. Die Herausforderung, die Technologien der Verschaltung für ein Denken der Relation darstellen, ist ein Relationsbegriff, der gleichsam das innere und äußere Relationsmoment in sich vereint.

Literatur

Ahern, Emily Martin. 1982. „Rules in Oracles and Games". *Man* 17 (2): 302.

Bastide, Roger. 1973. „Le Principe d'Individuation (Contribution à Une Philosophie Africaine)". In *La Notion de Personne En Afrique Noire: Actes Du Colloque International Sur „La Notion de Personne En Afrique Noire"*, hg. v. Germaine Dieterlen, 33–44. Paris: Editions L'Hannattan.

Beck, Stefan, Sabine Hess und Michi Knecht. 2007. „Verwandtschaft neu ordnen: Herausforderungen durch Reproduktionstechnologien und Transnationalisierung". In *Verwandtschaft machen: Reproduktionsmedizin*

und Adoption in Deutschland und der Türkei, hg. v. Stefan Beck, Nevim Çil, **59**
Sabine Hess, Maren Klotz und Michi Knecht, 12–31. Berliner Blätter 42.
Münster: Lit.

Bressand, Albert und Catherine Distler. 1995. *La Planète Relationnelle*. Paris:
Flammarion.

Bressand, Albert und Kalipso Nicolaïdis. 1988. „Les services au cœur de
l'économie relationnelle". *Revue d'économie industrielle* 43 (1): 141–163.

Candlish, Stewart. 2007. *The Russell/Bradley Dispute and Its Significance for
Twentieth-Century Philosophy*. Houndmills, Basingstoke, Hampshire und
New York: Palgrave Macmillan.

Carsten, Janet. 2004. *After Kinship. New Departures in Anthropology*. Cambridge, UK, New York: Cambridge University Press.

Corsín Jiménez, Alberto. 2014. *The Form of the Relation, or Anthropology's
Enchantment with the Algebraic Imagination*. Unpubliziertes Manuskript.
http://digital.csic.es/bitstream/10261/98307/1/the%20form%20of%20
the%20relation.pdf.

Franklin, Sarah. 2019. „The Anthropology of Biology: A Lesson from the New
Kinship Studies". In *The Cambridge Handbook of Kinship*, hg. v. Sandra Bam-
ford, 107–132. Cambridge, UK: Cambridge University Press.

Gellner, Ernest. 2003. „Concepts and Society [1962]". In *Ernest Gellner: Selected
Philosophical Themes*, 19–45. London, New York: Routledge.

Hörl, Erich. 2016a. „Die Ökologisierung des Denkens". *Zeitschrift für Medienwissenschaft* 14 (1): 33–45.

———. 2016b. „Other Beginnings of Participative Sense-Culture". In *ReClaiming
Participation*, hg. V. Mathias Denecke, Anne Ganzert, Isabell Otto und
Robert Stock, 93–122. Bielefeld: transcript.

Kelly, Kevin. 1998. *New Rules for the New Economy: 10 Radical Strategies for a
Connected World*. New York: Viking.

Leach, Edmund Ronald. 1961. *Pul Eliya: A Village in Ceylon: A Study of Land
Tenure and Kinship*. Cambridge, UK: Cambridge University Press.

Lebner, Ashley. 2017. *Redescribing Relations: Strathernian Conversations on
Ethnography, Knowledge and Politics*. New York: Berghahn.

Lévy-Bruhl, Lucien. 1949. *Carnets*. Paris: Les Presses universitaire de France.

Marriott, McKim. 1976. „Hindu Transactions: Diversity Without Dualism". In
*Transaction and Meaning: Directions in the Anthropology of Exchange and
Symbolic Behavior*, hg. v. Bruce Kapferer. Philadelphia: Institute for the
Study of Human Issues.

Munster, Anna. 2013. *An Aesthesia of Networks: Conjunctive Experience in Art
and Technology*. Cambridge, MA, London: MIT Press.

Ollman, Bertell. 1976. *Alienation: Marx's Conception of Man in Capitalist Society*.
2. Aufl. Cambridge, MA: Cambridge University Press.

Rifkin, Jeremy. 2000. *The Age of Access: The New Culture of Hypercapitalism,
Where All of Life Is a Paid-for Experience*. New York: J. P. Tarcher/Putnam.

Sahlins, Marshall David. 2013. *What Kinship Is – and Is Not*. Chicago: The University of Chicago Press.

Sarasin, Philipp. 2011. „Was Ist Wissensgeschichte?" *Internationales Archiv Für
Sozialgeschichte Der Deutschen Literatur (IASL)* 36 (1).

60

Schrage, Michael. 1990. *Shared Minds: The New Technologies of Collaboration*. New York: Random House.

Schwartz, Peter. 1996. R-Tech. *Wired*, 1. Juni. https://www.wired.com/1996/06/rtech/.

Searle, John. 1969. *Speech Acts. An Essay in the Philosophy of Language*. Cambridge, UK: Cambridge University Press.

Stiegler, Bernard. 2009. „Teleologics of the Snail: The Errant Self Wired to a WiMax Network". *Theory, Culture & Society* 26 (2–3): 33–45.

Strathern, Marilyn. 1972. *Women in Between: Female Roles in a Male World: Mount Hagen, New Guinea. Seminar Studies in Anthropology* 2. London, New York: Seminar Press.

––––––. 1985. „Kinship and Economy: Constitutive Orders of a Provisional Kind". *American Ethnologist* 12 (2): 191–209.

––––––. 1988. *The Gender of the Gift: Problems with Women and Problems with Society in Melanesia. Studies in Melanesian Anthropology* 6. Berkeley/CA: University of California Press.

––––––. 1992a. *After Nature: English Kinship in the Late Twentieth Century. The Lewis Henry Morgan Lectures 1989*. Cambridge, UK, New York: Cambridge University Press.

––––––. 1992b. „Parts and Wholes: Refiguring Relationships in a Post-Plural World". In *Conceptualizing Society*, hg. v. Adam Kuper, 75–104. London, New York: Routledge.

––––––. 1995. *The Relation: Issues in Complexity and Scale*. Cambridge, UK: Prickly Pear.

––––––. 1996a. „For the Motion (1). The Concept of Society Is Theoretically Obsolete". In *Key Debates in Anthropology*, hg. v. Tim Ingold, 50–66. London, New York: Routledge.

––––––. 1996b. „Potential Property. Intellectual Rights and Property in Persons". *Social Anthropology* 4 (1): 17–32.

––––––. 1996c. „Cutting the Network". *The Journal of the Royal Anthropological Institute* 2 (3): 517–535.

––––––. 1999a. *Property, Substance and Effect: Anthropological Essays on Persons and Things*. London: Athlone Press.

––––––. 1999b. „What Is Intellectual Property After?" *The Sociological Review* 47 (1): 156–180.

––––––. 2005a. *Partial Connections*. Lanham: AltaMira Press.

––––––. 2005b. „Postscript: A Relational View". In *Technologies of Procreation: Kinship in the Age of Assisted Conception*, hg. v. Jeanette Edwards, Sarah Franklin, Eric Hirsch, Frances Price und Marilyn Strathern, 205–218. London, UK: Routledge.

––––––. 2006. „Intellectual Property and Rights". *Handbook of Material Culture* 447.

––––––. 2013. *Learning to See in Melanesia: Four Lectures Given in the Department of Social Anthropology, Cambridge University, 1993–2008. Masterclass Series* 2. Manchester: HAU Books.

––––––. 2016. *Before and After Gender: Sexual Mythologies of Everyday Life*. Chicago: HAU Books.

———. 2020. *Relations: An Anthropological Account*. Durham: Duke University Press.

Strawson, Peter Frederick. 1959. *Individuals: An Essay in Descriptive Metaphysics*. London: Methuen & Co.

Turner, Victor W. 1996. *Schism and Continuity in an African Society: A Study of Ndembu Village Life. Classic Reprints in Anthropology*. Oxford, Washington, D. C.: Berg.

Venkatesan, Soumhya, Matei Candea, Casper Bruun Jensen, Morten Axel Pedersen, James Leach und Gillian Evans. 2012. „The Task of Anthropology Is to Invent Relations: 2010 Meeting of the Group for Debates in Anthropological Theory". *Critique of Anthropology* 32 (1): 43–47.

Viveiros de Castro, Eduardo. 2003. And. After-dinner Speech Given at Anthropology and Science. In *The 5th Decennial Conference of the Association of Social Anthropologists of the UK and Commonwealth*.

DIGITALES SPIELEN

GAME CONTROLLER

ACCESSIBILITY

DISABILITY

MICROSOFT ADAPTIVE CONTROLLER

2

„Wer braucht schon Hände?" Teilhabeprozesse digitalen Spielens mit dem Microsoft Adaptive Controller

Markus Spöhrer

Der Beitrag beschreibt die Praktiken der Ermöglichung und Verhinderung digitalen Spielens mit dem Microsoft Adaptive Controller – einem modularen Hub, der für Spieler:innen mit „eingeschränkter Mobilität" entwickelt wurde. Der Adaptive Controller erlaubt individuelle Eingabekonfigurationen und ermöglicht so den Spieler:innen, durch eine wechselseitige Anpassung ihrer Körpertechniken und der Spieldispositive an digitalen Spielsituationen teilzuhaben. Anstatt jedoch von der Unterscheidung en-/disabled auszugehen, die Barrieren oder Defizite entweder im Spieler:innenkörper oder in den Eingabegeräten verortet, verschiebt dieser Beitrag den Fokus auf die Beziehungsgefüge und Konfigurationen, die im Zuge von digitalen Spielpraktiken jene Unterscheidung erst hervorbringt.

If a player does not control the game,
there is no experience. You must
participate to keep the story moving
forward [...]. A video game demands
response. Buttons and joysticks must
be manipulated, paths must be mapped
out, and flaming barrels must be
jumped. Failure to do so means failure
to continue the gaming experience.
— Wysocki 2013, 2

Aus der Perspektive einer Theorie medialer Teilhabe, die die Relationen und Relationalität medialer Konstellationen hervorhebt, erscheinen digitale Spiel-Controller als soziotechnische Knotenpunkte, die in- und exklusorische Mechanismen, Verschaltungen und Effekte im Verlauf digitaler Spielsituationen hervorbringen, mediatisieren und verhandeln. Gegenwärtige Forschung zur *(In-)Accessibility* und zum Controller-Design digitaler Spiel-Controller stellen dem Forschungsvorgang jedoch in der Regel einerseits festgestellte Spieler:innen-Subjekte (*abled* oder *disabled* bzw. kompatibel/inkompatibel; vgl. Parisi 2010; Ellis und Kao 2019) voran und konzipieren andererseits Controller als „starre" technologische Vermittler (Gazzard 2013, 125) und geschlossene Konstante der Hardware (McDonald 2013, 130). Anstelle derartig einseitig gelagerter anthropozentrischer beziehungsweise technikdeterministischer Prämissen exemplifiziert dieser Beitrag einen relationalen Ansatz medialer Teilhabe, der Teilhabe als in Spielprozessen hergestellte und mediatisierte Relationen beschreibt, in denen sich sowohl Teile als auch Teilhabende ko-konstitutiv in digital-ludischen Praktiken verschalten, übersetzen und verfertigen. Es geht hier also nicht um die Beschreibungen einer Interaktivität, „die die in Verbindung stehenden und dann interagierenden Elemente voraussetzt, statt sie zu bestimmen" (Lipp 2017, 66), sondern um die „intra-action, in der Grenzziehungen

zwischen Entitäten (etwa Subjekt und Objekt) erst hervorgebracht werden" (ebd., 88). „Intraaktivität" (Barad zit.
in Lipp 2017, 112) ist beim Gaming dementsprechend eine
spezifische Relationspraxis körperlicher, kognitiver, technischer, diskursiver und technologischer Akteur:innen und
lässt sich – gerade in Hinblick auf Gaming-Accessibility – als
wechselseitiges Disponibelmachen (ebd., 114) verstehen:
eine Übersetzung zwischen Spieler:innen, Eingabe- und
Ausgabegeräten, im Zuge derer die beteiligten Akteur:innen
erst in ihrer Relationierung als spielende/nicht-spielende,
spiel(-un-)fähige oder (in-)kompatible Subjekte/Objekte hervorgebracht werden (ebd., 111). Körperliche, neurologische
oder kognitive „Unfähigkeit" zu spielen lässt sich damit
als Effekt eines prozessual gedachten „Interfacing" (ebd.)
beschreiben, der aus der Verschaltung von Körpertechniken,
den sie bedingenden soziotechnischen Arrangements und
den in und durch sie prozessierten Mediationsoperationen
resultiert (vgl. hierzu auch Malaby 2007).

Die Ein-, An- und Ausschlusspraktiken und deren Effekte,
die über je spezifische Verschaltungen in und mit Gaming-
Arrangements durchgeführt werden können, werden
in diesem Beitrag als *en-/disabling practices* betrachtet.
Exemplifiziert wird das an Verschaltungstechniken des
Tetraplegikers Dennis Winkens, dessen spezifische Gaming-
Setups und *enactments* mit, durch und über den Microsoft
Adaptive Controller unterschiedliche Spielweisen (Ochsner,
Spöhrer und Waldrich 2020) ermöglichen.[1]

Der modulare Ansatz des Microsoft Adaptive Controllers

In den *Game Studies* wurden Game-Controller häufig als
die technologischen *enabler* von digital-ludischer Teilhabe

[1] Die Aussage „Wer braucht schon Hände" im Titel dieses Beitrags
machte Gamer Dennis Winkens in einem YouTube-Video zur
Benutzung des Microsoft Adaptive Controllers (Hyperbole 2020).

verhandelt (Wolf 2003; Kirkpatrick 2009; McDonald 2013).
Inzwischen wurde allerdings vielfach darauf hingewiesen,
dass jene Zentralität und Zugangsfunktion der Eingabegeräte für Spieler:innen mit Körpereigenschaften, die nicht
mit dem standardisierten Design von Controllern wie die
der PS4, Xbox oder Nintendo Switch kompatibel sind, die
Teilhabe am digitalen Spielprozess verwehren und gerade
keine Zugänglichkeit ermöglichen (vgl. Parisi 2017). Wenngleich die Kultur- und Technikgeschichte von Game-Control-
lern eine Vielfalt an Eingabegeräten verzeichnet, so basieren
Game-Controller gegenwärtiger populärer Spielsysteme
nur in Ausnahmefällen nicht auf dem Standard der „Golden
Hands" (Parisi 2015). In Zusammenhang mit Beschwerden
von *disabled gamer communities*, der Disability-Forschung
sowie im Zuge von Diversity- und Inklusions-Marketing
durch marktführende Game-Studios wurde diese (In-)
Accessibility-Problematik normativer Spiel-Controller in
der letzten Dekade zu einem soziopolitischen und ziel-
gruppenrelevanten Diskurs. Dieser Dringlichkeit begegnete
Microsoft 2019 mit der Einführung eines anpassbaren
Controllers, der die lang geforderte universelle *accessibility*
verspricht. Der im Rahmen von Microsofts Initiative
„Gaming for Everyone" eingeführte Adaptive Controller ist
ein offenes Peripheriegerät, das prinzipiell für Spieler:innen
mit „eingeschränkter Mobilität" (Microsoft 2019) entwickelt
wurde. Im Zuge eines partizipativen Designprozesses, in
dem „betroffene" Spieler:innen engagiert wurden, um
Microsoft über entsprechende individuelle körperliche *(dis-)
abilities* und ihre Erfordernisse zu unterrichten (McCauley
und Frankel 2020, 486), wurde ein modularer Baukasten
entwickelt, der heterogene Zugänglichkeitspraktiken zu
digitalen Spieldispositiven ermöglicht. Beim Adaptive Controller handelt es sich um eine Reihe von kombinierbaren
Elementen wie Schaltern und Knöpfen unterschiedlicher
Form und Größe, Halterungen, Joysticks und Pedalen sowie
anderweitigen „Hilfsmodulen" (Microsoft 2019), die zudem
mit weiteren Peripheriegeräten verschaltet werden können.
Die Grundkomponente ist das Basismodul – ein rechteckiger

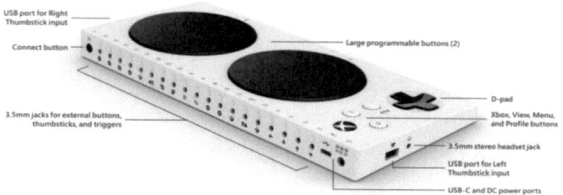

[Abb 1] Das modulare System des Microsoft Adaptive Controllers (Quelle: Braceworks, 2021)

Hub, der eine Vielzahl standardmäßiger Input-Ports aufweist (USB und Klinke) (Abb. 1).

Dieses auf Modularität basierende System ermöglicht individualisierte Konfigurationen und Zusammenstellungen von Eingabemodulen – eine Adaption der technologischen Voraussetzungen an die eigene körperliche und sensorische Beschaffenheit – sowie die Einübung von Eingabetechniken und somit eine individualisierte Herstellung von Teilhaberelationen. Derartige Praktiken medialer Teilhabe werden im Folgenden am Beispiel des Gamers Dennis Winkens exemplifiziert.

Dennis Winkens' Verschaltungstechniken mit dem Adaptive Controller

Der 33-jährige Dennis Winkens, so erfahren wir im Rahmen einer Reihe von Testimonials (Hyperbole 2020; XboxDACH 2019; Blogdot 2019), ist infolge eines Mountainbike-Unfalls vom Hals ab querschnittsgelähmt. Als Tetraplegiker benutzt er zur Steuerung diverser technischer Devices – etwa seines Rollstuhls – hauptsächlich seinen Mund, seinen Kopf, seine Schultern und seine Ellbogen. Auf seinem Blog „Wheely World" (Winkens 2021), in einem YouTube-Video (XboxDACH 2019) und einem Interview auf Blogdot (2019) stellt Dennis Winkens seine Gaming-Setups vor, die er mit dem Microsoft Adaptive Controller sowie einigen kustomisierten Eingabegeräten, Steuerungsmechanismen und Bedienungstechniken an seine individuelle Körper-konfiguration und seine Spielpraktiken angepasst hat. Winkens beschreibt sich als Spieler, der vor seinem Unfall eine Vielzahl an Game-Genres und Gameplay-Mechaniken bevorzugte, die er auf unterschiedlichen Spielkonsolen und Heimcomputern wie dem Nintendo Gameboy oder dem Commodore 64 gespielt hat (XboxDACH 2019).

Nintendo-Systeme werden in der Regel über einen stan-dardisierten, normativen Game-Controller gespielt, der einen Spieler:innenkörper mit zwei Händen und Daumen, eine gewisse Hand-Auge-Koordination und Reaktionsfähig-keit impliziert sowie das freihändige Halten, Balancieren und Stützen des Gameboys beherrscht. Durch die Kabel-gebundenheit generieren ähnlich gestaltete Controller in Relation zum Gaming-Arrangement eine maximale Distanz zu den Outputgeräten beziehungsweise zum räumlich limitierten physischen Handlungsspielraum, in dem der Controller *gehandhabt* wird. Im Falle von Spielen, die über den Controller einen Vibrationseffekt generieren, wird zudem die Wahrnehmungsfähigkeit von taktilen Reizen vorausgesetzt. Spielen mit dem C64 hingegen basiert video-spielhistorisch bedingt auf einer kabelgebunden Maus und dem klassischen Joystick, den die Spieler:innen mit zwei Händen bedienen (vgl. Mosel 2009) – unter Einsatz einer speziellen, heute archaisch wirkenden Körpertechnik. Dabei wird der Joystick auf eine flache Unterlage gelegt und mit der angewinkelten Hand die links oder rechts davon ange-brachten Aktionsbuttons betätigt, während die andere Hand den analogen Stick in verschiedene Richtungen bewegt.

Vor Dennis Winkens' Unfall hatte er diese spezifischen Körpertechniken erlernt, internalisiert und *verkörpert* (vgl. McDonald 2013, 109 und 137). Sie können als normative Form der *enabling practices* verstanden werden, die das C64-Gaming-Dispositiv zurichtet. Das Konzept der *en-/disabling practices*, das im Bereich der von Science and Technology Studies beeinflussten Disability Studies entwickelt wurde, fragt danach, wie in Beziehung stehende Materialitäten,

Körper, Objekte und sensorische Praktiken Räumlichkeiten,
Erfahrungen, Diskurse im Rahmen alltäglicher Handlungen
konfigurieren, bedingen, ermöglichen und verhindern
(Schillmeier 2012). Diese Logik des Hervorbringens von
„Behinderungen" der prozessualen (Re-)Konfiguration
und des apriorischen Nicht-Unterscheidens von In- und
Exklusion ist auch in Karen Barads oben genanntem Konzept
der „intra-action" angelegt:

> Indeed, intra-actions iteratively reconfigure what is
> possible and what is impossible – possibilities do not sit
> still. [...] Possibilities aren't narrowed in their realization;
> new possibilities open up as others that might have
> been possible are now excluded: possibilities are
> reconfigured and reconfiguring. (Barad zit. in Lipp 2017,
> 112)

Auf diese Weise lassen sich vermeintliche *abilities*, *disabilities*
oder *inabilities* nicht als essenzialistische Konzepte oder, wie
im „medical model of disability" der Fall, als voraussetzbare
körperliche oder sensorische Defizite beschreiben, sondern
als in soziotechnischen beziehungsweise medialen Praktiken
hergestellte diskursive Zuschreibungen (Ellis und Kao 2019)
verstehen, die sich als spezifische Spielweisen konzipieren
und differenzieren lassen. Im Zuge der Übung und Erlernung
körperlich-sensorischer *enabling practices* hat Winkens
eine spezifische *gaming literacy* entwickelt. Diese besteht
in der *Hand*habung der soziotechnischen Arrangements
und den normierenden beziehungsweise „ideologischen"
Implikationen derselben (Mosel 2009) in Relation zu seinen
individuellen Körpercharakterisitka (vgl. Parisi 2010; Kirkpatrick 2009, 131ff.). Dieses „kinästhetische Training" (Lipkin
2013, 37) lässt sich als routinierte, disziplinäre Einspielung
von Spieler:innen und Dispositiv verstehen (vgl. Kirkpatrick 2009, 137). Es sind jene „normalen" beziehungsweise
„normativen" soziotechnischen Praktiken und „Kom-
patibilitätstests" (Parisi 2017), die in der Regel – sofern sie
„funktionieren" – „unsichtbar" bleiben und als „natürliche"
Vorgänge (Gazzard 2013, 124) erscheinen, die keine weitere

Beachtung verlangen. Diese „Ausstreichung" (ebd., 108) des Controllers und der darauf bezogenen Körpertechniken sind jedoch ein Konstitutivum digitalen Spielens und genau jene *enabling practice,* welche die vermeintliche Überlagerung von Realraum und operativer Spielwelt herstellt, die als charakteristisch für digitale Spiele gilt (ebd., 137; Kirkpatrick 2009, 135).

Nach seinem Unfall wurden die Relationen von Dennis Winkens' neurologischen und körperlichen Charakteristika zu den internalisierten und verkörperten Spieltechniken und -technologien, wie sie durch den Gameboy oder den Commodore 64 strukturiert werden, verändert, gekappt oder transformiert: „Da gab es eine Pause", sagt Winkens, „weil es noch keine Controller gab, die ich bedienen konnte" (Blogdot 2019). Die von Winkens in langjährigen Übungsspielen erworbene *literacy* stand nun in inkompatibler Relation zu den in ihnen angelegten soziotechnischen Elementen und Verschaltungen: „[...] Gaming war kaum noch möglich. Da es damals kaum Peripherie-Geräte gab, die mehr als einen Mausklick zuließen, musste er sich meistens mit Point and Click-Adventures begnügen" (Blogdot 2019). Das Genre der Point-and-Click-Adventures ist für Dennis Winkens' körperlich-sensorische Charakteristika insofern relevant, da es durch das entscheidungskritische Gameplay weder auf ludisch-diegetischer Ebene zeitkritisch operiert (vgl. Pias 2010, 119ff.) noch mehr als die Betätigung einer Maus benötigt, was zum Beispiel mit Ellbogen, Kopf oder Mund über die Erlernung individueller Körpertechniken in Relation zu den je spezifischen soziotechnischen Arrangements möglich gemacht und routinisiert werden kann.

So lässt sich also nicht notwendigerweise eine essenzialistische Inkompatibilität beschreiben, die entweder im Spieler:innenkörper oder in den technologischen Setups angelegt wäre: „Game bodies will always be mutually constitutive beings given the interactive nature of gaming: games require bodies, and bodies create, play, and watch

games" (Anderson 2017, 31). Vielmehr zeigen sich hier
die spezifischen Teilhaberelationen, die sich durch Übersetzungen und Ins-Spiel-Setzungen von körperlichen,
materiellen, technischen beziehungsweise technologischen
Aspekten ergeben, als *en-/disabling practices*. Es sind
jedoch derartige von Winkens beschriebene Momente des
„Scheiterns" (McDonald 2013, 109; Parisi 2017) – also *disabling
practices* mit und durch die Verknüpftheit der Elemente
des soziotechnischen Spielarrangements –, in denen die
Teilhabe-Konstitua von Spielsituationen sichtbar werden:

> Our sense of participation in events in game fiction is
> bought at the price of a loss of interest in our hands.
> The smooth integration of players into the rough,
> faltering world of gameplay is made possible by an
> excess of energy that passes from the unacknowledged
> tension in the hand into the imaginary relation we have
> with on-screen action. (Kirkpatrick 2009, 127)

In diesem Kontext werden *enabling practices* im Gaming
als Mediationspraktiken verstanden, die die „Illusion der
Nicht-Mediatisierung" begünstigen und den Fokus der
Spieler:innen-Wahrnehmung von der körperlichen Aktivität
(bzw. den Händen) hin zu den audiovisuellen Reizen verlagern (vgl. McDonald 2013, 110). Es sind also hauptsächlich
die „agential cuts" (Lipp 2017, 111), die jene „Ablenkung" vom
Controller und den Händen (vgl. McDonald 2013, 109) verhindern sowie Übersetzungswiderstände (vgl. Callon 1986)
zwischen den Akteur:innen im Spielprozess begünstigen, die
den Effekt einer ein- oder beidseitigen Inkompatibilität von
Spieler:innen und entsprechenden Dispositiven generieren.

Neben dem Adaptive Controller als Hub und Steuerelement
sowie verschiedenen Buttons nutzt Dennis Winkens einen
QuadStick als zentrales Peripheriegerät: „Dieser speziell
für Tetraplegiker entwickelte Controller wird mit dem
Mund bedient. Er verfügt über drei Eingänge, die über eine
Saug-Blas-Steuerung ausgelöst werden, und lässt sich mit
verschiedenen Setups sowohl für das Spielen an Konsole als
auch auf PC konfigurieren" (Blogdot 2019). Da der Adaptive

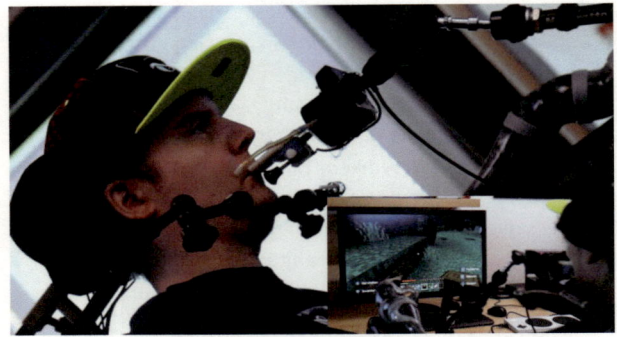

[Abb. 2] Dennis Winkens' sitzendes Setup (QuadStick-Steuerung) (Quelle: XboxDACH, 2019)

Controller es erlaubt, jede mögliche, in den Codes der Spielsoftware implementierte Aktion in einem Spiel auf einen selbst gewählten Ausgang zu verlegen, kann Winkens den QuadStick so belegen, dass jede gewünschte Aktion durch eine bestimmte Blas-Saug-Eingabe ausgeführt wird. So lässt sich zum Beispiel durch Belegung des mittleren Saugbeziehungsweise Blasröhrchens und der individuellen Ausführung entsprechender Mundbewegungen und Atemtechniken eine Avatar-Figur nach rechts oder links bewegen oder die Kameraperspektive entsprechend der Spielsituation verändern (Abb. 2).

Die Einbeziehung des Adaptive Controllers im Sinne eines kontextuell relativ übersetzungsfähigen Akteurs (Callon 1986), der im Spielprozess eine Verteilerfunktion einnimmt, ermöglicht somit Intraaktion: die Neuverteilung und Konfiguration von Relationen, das wechselseitige Disponibelmachen der Anschluss- und Übersetzungsfähigkeit von Akteur:innen sowie deren reziproke Verschaltung. Standardisierte Game-Controller sind in der Regel „geschlossene Einheiten" (Kirkpatrick 2009, 141). Ihre spezifische formale und materielle Zurichtung limitiert den Umfang, die Zusammensetzung und die Ausprägungen der intraaktiven Relationen zwischen nicht-/menschlichen Akteur:innen sowie die damit delegierbaren „inter-related sets of actions"

(McDonald 2013, 110). Wenngleich diese spezifische, materiell verbaute Limitierung und damit die implizierte körperliche Zurichtung standardisierter Game-Controller in gewisser Hinsicht als produktiv und spielkonstitutiv verstanden werden kann, so manifestieren sie sich in Relation zu Winkens' individuellen Körpercharakteristika als „non-negotiable objects" (Kirkpatrick 2009, 141). Hierbei handelt es sich um jene technomateriell bedingten „agentiellen Schnitte" (Lipp 2017, 112), die sich als Widerstandsmomente in *disabling practices* manifestieren. Die Verschaltungen des Adaptive Controllers lassen sich dagegen als eine Ein-richtung und Einspielung kohärenter Ensembles „offener Maschinen" (Simondon 2011) verstehen. Diese Anordnungs- und Relationierungspraktiken ermöglichen es Winkens, „den Unbestimmtheitsspielraum [zu regeln], damit dieser dem bestmöglichen Informationsaustausch angepasst" (ebd., 78) und Intraaktion beziehungsweise digitales Spielen in Gang gesetzt wird.

Mit der grundlegenden Verschaltung des QuadStick mit den belegbaren Ports des Adaptive Controllers und individuell erlernten Mund-Controller-Körpertechniken konfiguriert Winkens Teilhaberelationen, die ihm erlauben, „alles was der Markt zu bieten hat" (Blogdot 2019) zu spielen. So kann Winkens Spielweisen an die je spezifischen Bedingungen des Spieldispositivs anpassen: die Gameplay-Mechaniken des Spiels (z. B. Spiele, die eine hohe Reaktionsfrequenz benötigen, Spiele mit Zentralperspektive oder Sidescrolling-Ästhetik), den Modus des Spiels (kompetitiv oder casual/relaxed), die Dauer der Spielsituation, Bedingungen an die Aufmerksamkeit (ausgiebige Multiplayer-Matches), die technischen Input- und Output-Geräte, die Körperposition und -technik sowie das je spezifische Körperteil, mit dem die Eingabegeräte gesteuert werden.

Derartige Verschaltungen mit dem Adaptive Controller ermöglichen, „dass er seine Figur [den Avatar] mit mini-malen Bewegungen und Kraftaufwand flexibel und reaktionsschnell steuert" (Blogdot 2019). Dabei wechselt

er je nach Anforderung an Dauer und Konzentrations-
fähigkeit zwischen zwei individuell angepassten Setups:
Ein „sitzendes" Setup für kürzere Spiel-Sessions, bei dem
er in seinem Rollstuhl sitzend verschiedene Module wie
den QuadStick mittels Kugelgelenken im 45-Grad-Winkel
am Schreibtisch befestigt und zwei bis vier kleine Buttons,
wie beispielsweise den Micro Light Switch – einen Taster
mit niedrigem Widerstand –, an den Adaptive Controller
anschließt. Zudem verteilt Winkens verschiedene In-Game-
Aktionen auf selbstklebende Buttons, die am Rollstuhl
beziehungsweise unter seinen Ellbogen befestigt werden
und ohne großen Kraft- und Bewegungsaufwand per
Druck ausgelöst werden können. Eine weitere individuelle
Verschaltung zwischen Winkens' Ein- und Ausgabegeräten
und dem Adaptive Controller als zentralem Mediator ist
sein liegendes Setup „für ausgiebige Multiplayer-Matches
und längere Rennstrecken wie in *Forza Horizon*" (Blogdot
2019). Bei *Forza Horizon* handelt es sich um ein Open-World-
Rennspiel, bei dem eine spezielle räumliche Distanz und
Position zum Ausgabegerät – mit direktem Blick auf das
Display – nötig ist, um den Effekt einer Zentralperspektive
zu generieren, die das Sitzen in einem Rennauto simuliert.
Aufgrund der hohen Geschwindigkeit der auf dem Bild-
schirm auftauchenden Objekte, der simulierten Strecken-
anordnungen und der zeitkritischen Natur des Gameplays
– es geht darum, eine möglichst niedrige Streckenzeit zu
erreichen – und des im Multiplayer-Setting kompetitiven
Spielmodus ist ein Setup gefordert, das eine möglichst hohe
Reaktionsgeschwindigkeit ermöglicht. Das soziotechnische
Arrangement erfordert damit eine Verschaltung sensibler
Richtungssteuertasten, bedienbarer Brems-, Schalt-, und
Gas-Buttons sowie eine generelle, dauerhaft reduzierte Dis-
tanz zwischen dem Eingabe-Körperteil (z. B. dem Ellbogen)
und dem Eingabegerät. Zur Verhinderung körperlicher
Ermüdung und unbequemer Körperhaltungen hat Dennis
Winkens einen „parallel zur Decke montierten, höhenver-
stellbaren Curved Ultra Wide-Monitor" (Blogdot 2019) über

Im Liegen ist es so, dass ich den Hauptcontroller direkt über mir habe.

[Abb. 3] Dennis Winkens' liegendes Setup beim Spielen von *Forza Horizon* (Quelle: XboxDACH, 2019)

seinem Bett montiert, den er optimal zur Position seines Kopfes justieren kann (Abb. 3).

Wie auch im sitzenden Setup delegiert der Adaptive Controller den QuadStick als Hauptcontroller, der „je nach Anforderung des Spiels verschiedene elementare Funktionen wie Bewegung sowie Kamerasteuerung ausführt und somit die klassische Navigation mit zwei Sticks ersetzt" (Blogdot 2019). Dabei lassen sich je nach Spielsoftware und über die Menüs der Xbox One die entsprechenden Eingabemodule mit individuellen Befehlen belegen (z. B. Gas, Bremse, links, rechts fahren), die sich jeweils mit speziell entwickelten und erlernten Körpertechniken realisieren lassen. Bei 3D-Shootern wie *Apex Legends*, die höchste Anforderungen an die Reaktionsfähigkeit der Mensch-Controller-Verschaltungen stellen, „schließt Dennis zwei bis vier Buttons, wie den Specs Switch [sensible Buttons mit 3,5 cm Durchmesser], an den Xbox Adaptive Controller an. So kann er reaktionsschnell ausweichen und zielen" (Blogdot 2019). Die Steuerung diverser Buttons über die Ellbogen ist in der im Vergleich zum Sitzen bequemeren horizontalen Liegeposition allerdings erschwert. Winkens behilft sich damit, die Buttons mit einem Schaumstoffüberzug zu polstern, sodass er sie auch im Liegen hinter den Schultern platzieren und mit diesen bedienen kann (vgl. Blogdot 2019).

Fazit

Das Beispiel von Dennis Winkens zeigt, dass die Art und Weise, wie Controller, Buttons und Körpertechniken mit- und zueinander verschaltet werden (Lipp 2017), als situativ bedingter mediatisierter Vorgang zu betrachten ist (vgl. McDonald 2013, 112f.), bei dem das In-Beziehung-Setzen heterogener menschlicher und nicht-menschlicher Akteure zur *enabling practice* wird. Die Verschaltungen mit dem Adaptive Controller zeigen sich schließlich als eine „kontinuierliche Vorbereitung und Einrichtung von Verfügbarkeiten (‚Disponibilitäten')" (Lipp 2017, 113), wodurch der Controller und das „Controlling" nicht lediglich als „Material und Produkt, sondern als fortwährender Prozess der Konstruktion, Verschaltung und (Nach-)Justierung" (ebd.) verstanden werden müssen. Die *dis-/abilities* sind von dieser Prämisse ausgehend Effekte derartiger relationaler Verschaltungen sowie Praktiken der Einspielung. Was aus Game-Design- und Game-Developer-Perspektive häufig als „normale:r Spieler:in" geblackboxt wird, ist somit in seiner real-sozialen Realisierung als spezifisch zugerichtete relationale Verschaltung und als Effekt derartiger prozessualer Einrichtungen von Verfügbarkeiten zu begreifen. Konsequenterweise gibt es keinen „single gaming ‚body', or a body that typifies gaming" (Anderson 2017, 30), der entweder kompatibel ist oder nicht. Wie das oben angeführte Beispiel zeigt, lohnt die Betrachtung von Spielcontroller-Anordnungen in ihren jeweils durch sie und von ihnen generierten Spielsituationen. Aus dieser Perspektive sind Controller nicht lediglich „Intermediäre" (vgl. Latour 2005, 39), die Eingaben der Spieler:innen an den Code des Spielsystems weiterreichen (vgl. McDonald 2013, 130). Vielmehr nehmen sie – neben den Spieler:innen als „Dirigenten" und „wechselseitige Übersetzer[:innen]" (Simondon 2011, 78) ihrer Gaming-Ensembles (Simondon 2011) – die Funktion eines Mediators im digitalen Spielprozess ein: „Mediators transform, translate, distort, and modify the meaning or the elements they are supposed to carry" (Latour 2005, 39). Damit sind Game-Controller nicht lediglich Vermittler, Kontaktzone oder physische Grenzen (vgl. Wolf 2003, 15) zwischen „virtuellen" und „real-sozialen Räumen". Sie generieren diese vielmehr durch die Herstellung einer wahrgenommenen Unterscheidung; eines produktiven „split" (McDonald 2013, 110), dessen mediale Ermöglichungsbedingungen – wozu in normativen Settings hauptsächlich die den Controller haltenden Hände zählen – in den Hintergrund der Wahrnehmung der Spieler:innen rücken müssen (ebd., 110). Auf diese Weise werden die soziotechnischen und spielsystemischen Limitierungen sowie die körperlich-sensorischen Zurichtungen, die der Controller übersetzt, zur Ermöglichungsbedingung, um überhaupt am Spielprozess teilhaben zu können. *Enabling gaming practices* setzen also keine vermeintlich getrennten realsozialen oder virtuellen Räume voraus, die es zu überwinden gilt, sondern eine Relationierungs- und Herstellungspraxis, in der der Controller nicht als bloßer Mittler (McDonald 2013, 109) fungiert, der Zugang gewährt oder verwehrt, sondern in der er zu einer Relationierungsinstanz wird, die in konkreten Spielsituationen emergiert. Der Adaptive Controller ist somit nicht an und für sich ein *enabler* von Teilhabe. Erst seine Verschaltung mit konkreten Spielsituationen übersetzt ihn als *enabling practice*, die *agencies* delegiert, begünstig oder (de-)stabilisiert.

Literatur

Anderson, Sky LaRell. 2017. „The Corporeal Turn: At the Intersection of Rhetoric, Bodies, and Video Games". *Review of Communication* 17 (1): 18–36.

Blogdot. 2019. „Tipps für ein Xbox Adaptive Controller-Set Up für Tetraplegiker". *Blogdot*. https://www.blogdot.tv/tipps-fur-ein-xbox-adaptive-controller-set-up-fur-tetraplegiker/. Letzter Zugriff am 23. April 2023.

Braceworks. 2021. „Xbox adaptive controller first look: A new, necessary gamepad". *Braceworks*. https://www.braceworks.ca/wp-content/uploads/2018/05/xbox-adaptive-controller-annotated-microsoft-e1526656724888.jpg. Letzter Zugriff am 23. April 2023.

Callon, Michel. 1986. „Some Elements of a Sociology of Translation: Domestication of the Scallops and the Fishermen of St. Brieuc Bay". In *Power, Action and Belief: A New Sociology of Knowledge*, hg. v. John Law, 196–233. London: Routledge, Kegan Paul.

78   Ellis, Katie und Kai-Ti Kao. 2019. „Who Gets to Play? Disability, Open Literacy, Gaming". *Cultural Science Journal*, 11 (1): 111–125.

Gazzard, Alison. 2013. „Standing in the Way of Control. Relationships between Gestural Interfaces and Game Spaces". In *Ctrl-Alt-Play: Essays on Control in Video Games*, hg. v. Matthew Wysocki, 121–132. Jefferson, NC: McFarland.

Hyperbole. 2020. „FRAG EINEN GAMER: Dennis über's Zocken ohne Hände". *Hyperbole*. https://www.youtube.com/watch?v=XEmUAh6Qa4w. Letzter Zugriff am 23. April 2023.

Kirkpatrick, Graeme. 2009. „Controller, Hand, Screen. Aesthetic Form in the Computer Game". *Games and Culture* 4 (2): 127–143.

Latour, Bruno. 2005. *Reassembling the Social. An Introduction to Actor-Network-Theory*. Oxford, UK: Oxford UP.

Lipkin, Nadav. 2013. „Controller Controls: Haptics, Ergon, Teloi and the Production of Affect in the Video Game Text". In *Ctrl-Alt-Play: Essays on Control in Video Games*, hg. v. Matthew Wysocki, 34–45. Jefferson, NC: McFarland.

Lipp, Benjamin. 2017. „Analytik des Interfacing: Zur Materialität techno-logischer Verschaltung in prototypischen Milieus robotisierter Pflege". *BEHEMOTH. A Journal of Civilisation* 10 (1): 107–129.

Malaby, Thomas M. 2007. „Beyond Play: A New Approach to Games". *Games and Culture* 2 (2): 95–113.

McCauley, Lindsay und Lois Frankel. 2020. „An Interdisciplinary Framework for Designing Adaptive Snowsports". In *Advances in Industrial Design*, hg. v. Giuseppe Di Bucchianico et al., 484–490. Cham: Springer.

McDonald, Peter. 2013. „On Couches and Controllers: Identification in the Video Game Apparatus". In *Ctrl-Alt-Play: Essays on Control in Video Games*, hg. v. Matthew Wysocki, 108–120. Jefferson/NC: McFarland.

Microsoft. 2019. „Xbox Adaptive Controller". https://wkeww.microsoft.com/de-de/p/xbox-adaptive-controller/8nsdbhz1n3d8. Letzter Zugriff am 23. April 2023.

Mosel, Michael. 2009. „Das Computerspiel-Dispositiv. Analyse der ideo-logischen Effekte beim Computerspielen". In *Gefangen im Flow? Ästhetik und dispositive Strukturen von Computerspielen*, hg. v. Michael Mosel, 153–179. Boizenburg: Werner Hülsbusch.

Ochsner, Beate, Markus Spöhrer und Harald Waldrich. 2020. „Twitching Laborious Play or: How Game-Streaming Changes Modes of Playing". In *Einspielungen: Prozesse und Situationen digitalen Spielens*, hg. v. Markus Spöhrer und Harald Waldrich, 179–206. Wiesbaden: Springer VS.

Parisi, David. 2010. „Game Interfaces as Bodily Techniques". In *Gaming and Simulations: Concepts, Methodologies, Tools and Applications*, hg. v. Management Association, Information Resources, 1033–1047. Hershey/PA: IGI Global.

———. 2015. „A Counterrevolution in the Hands: The Console Controller as an Ergonomic Branding Mechanism". *Journal of Games Criticism* 2 (1). http://gamescriticism.org/articles/parisi-2-1. Letzter Zugriff am 23. April 2023.

———. 2017. „Game Interfaces as Disabling Infrastructures". *Analog Game Studies* 5 (1). https://analoggamestudies.org/2017/05/compatibility-test-videogames-as-disabling-infrastructures/. Letzter Zugriff am 23. April 2023.

Pias, Claus. 2010. *Computer – Spiel – Welten*. Zürich: Diaphanes.

Schillmeier, Michael. 2012. *Rethinking Disability: Bodies, Senses, and Things*. New York: Routledge.

Simondon, Gilbert. 2011. „Einleitung zu *Die Existenzweise technischer Objekte*". *Zeitschrift für Medien- und Kulturforschung* 1: 75–82.

Winkens, Dennis. 2021. *Wheely World*. https://wheelyworld.de/. Letzter Zugriff am 23. April 2023.

Wysocki, Matthew. 2013. „Introduction". In *Ctrl-Alt-Play: Essays on Control in Video Games*, 1–8. Jefferson/NC: McFarland.

Wolf, Mark J. P. 2003. „Introduction". In *The Video Game Theory Reader*, 1–24. Oxon: Routledge.

XboxDACH. 2019. „So nutzt Dennis Winkens den Xbox Adaptive Controller". *XboxDACH*. https://www.youtube.com/watch?v=doi7SdhhrTQ. Letzter Zugriff am 23. April 2023.

HÖRGERÄT

EINZELHÖRER

VIELHÖRER

INDUKTIONSANLAGEN

SCHWERHÖRIGKEIT

NORMALHÖREN

3

Einzelhörer und Vielhörer: Eine historische Situierung von Hörgeräten als Operatoren medialer Teilhabe

Robert Stock

Der Beitrag beschreibt Hörgeräte als technische Objekte und verortet sie als relationale Operatoren vor dem Hintergrund einer Differenzierung von Normalhören und Schwerhörigkeit. Mit einem historischen Fokus wird so der situativen Formierung technosensorischer Konstellationen und medialer Teilhabe nachgegangen. Das Wissensphänomen Schwerhören wird dabei ebenso anhand von Vielhöreranlagen – in Bildung, Kultur und Religion – und Induktionsanlagen skizziert. Somit wird das Konzept des „natürlichen" Hörens hinterfragt und angeregt, die historische Ko-Konstitution von Hören sowie Schwerhörigkeit nachzuzeichnen und diese sensorische Modalität als Effekt von Technologien relationaler Verschaltungen zu problematisieren.

Die Unterscheidung in hörend, gehörlos/taub und schwerhörig ist gegenwärtig nicht nur im westeuropäischen Kontext weit verbreitet. Sie geht auf die biomedizinische Vermessung des Körpers und der Sinne (Fretwell 2020) zurück, die vor allem seit der Mitte des 19. Jahrhunderts vorangetrieben wurde und vielfältige widersprüchliche soziale, politische, technologische wie auch ökonomische Effekte zeitigte (Krebs 2020). Im Folgenden soll im Rahmen dieser Kategorisierungen die Differenzierung verschiedener Hörgrade und des „Hörverlusts" genauer in den Blick genommen und historisch situiert werden.

Die beschriebene Unterscheidung wurde zunächst durch Hörtests und – damit verknüpft – entsprechende technische Apparaturen, wie den Audiometer, möglich. Wichtige Aspekte sind in diesem Zusammenhang die Standardisierung (der Technologien) und die Normalisierung des Hörens (im Frequenzbereich des menschlich Hörbaren). Beide Faktoren sind eng mit der Konzipierung der Telefontechnik als Massenkommunikationsmittel sowie einem/r idealen, hörenden Nutzer:in verknüpft. Indem Hörende und Technik miteinander verbunden werden, entstehen sensorische Relationierungen, die wiederum Praktiken individueller und kollektiver Hörtests wie auch sich historisch verändernde Hörgewohnheiten informieren (Mills 2011a). Untersuchungen der Hals-Nasen-Ohrenheilkunde (Koch 2016) und der Audiologie trugen folglich zu einem Wissen bezüglich hörender und nicht beziehungsweise unzureichend hörender Personengruppen bei. Technische Objekte wie das Audiometer und Verfahren wie der Hörtest produzieren durch die Vermessung sensorischer Fähigkeiten seit circa 1900 neue soziale und technische Relationen (Hui, Mills und Tkaczyk 2020). Mit diesen Differenzierungen verknüpft sich dann ein auf medizinischem Wissen gründendes umfassendes Test- und Kontrollregime. Der Hörtest ermittelt dabei als hörbehindert oder taub markierte Dividuen (Strathern 1988, 13, vgl. Stürmer in diesem Band), die entsprechenden Rehabilitationsmaßnahmen zugeführt werden können. Ihre Versorgung mit einem Hörgerät soll folglich ihre Hörfähigkeit normalisieren und somit inkludierende Effekte bezüglich sozialer und kultureller Teilhabe entfalten (Ochsner, Spöhrer und Stock 2015). Die Formierung solcher medizinisch-technischer Interventionen ging mit der Entstehung der Hörgeschädigtenpädagogik einher (Leonhardt 2019) – wobei in diesem auf Lautsprache fokussierten Handlungszusammenhang die Gebärdensprache und damit taube Kommunikationspraktiken häufig mit der Zuschreibung „taubstumm" marginalisiert wurden und werden (Schmidt und Werner 2019; Werner 2018).[1] Wie sich technische Objekte wie Hörgeräte in diese historischen Prozesse und Settings einschreiben, werden die folgenden Abschnitte ausführen. Das Augenmerk soll dabei nicht nur auf „relations between [medical, Ergänzung des Autors] things" liegen, sondern auch auf „things as relations" (Strathern 1995, 19; siehe Stürmer in diesem Band) – das heißt auf der relationalen Dimension von Hörtechnologien als komplexen Operatoren medialer Teilhabe in spezifischen geschichtlichen, technosensorischen Konstellationen.

Einzelhörer

In der Unternehmensgeschichte von Siemens findet sich eine Anekdote zur Entstehung des Hörgeräts (Zenger 2014). Sie ist hier von Interesse, da dies nicht nur als Meilenstein in der Erfolgsgeschichte der Firma gilt (Weiher 1974, 129), sondern auch den Zusammenhang von Hören und Behinderung sowie Körpern und mobilen Medien in ein neues Licht zu rücken imstande ist. Ingo Zenger berichtet davon in einer Publikation des Siemens Healthineers MedMuseum, die mit „MedHistory Milestones" übertitelt ist: Der schwerhörige Direktor der Deutschen Bank Carl Klönne ist mit dem Physiker August Raps befreundet. Als Leiter des Wernerwerks in der Berliner Siemensstadt gibt Raps seinem Assistenten Louis Weber 1911 den Auftrag, eine Lösung für Klönnes Schwerhörigkeit zu entwickeln. Im Wernerwerk

---

1   Vgl. zu Ansätzen der *Disability Studies* auch den Beitrag von Markus Spöhrer in diesem Band.

wird damals Fernmeldetechnik gefertigt und Weber ist dort mit der Weiterentwicklung von Lautsprechern und Mikrofonen für die entsprechenden Anlagen betraut. Der von ihm zu entwerfende „Schwerhörigenapparat" (Zenger 2018, 33) soll sich von anderen, bereits erhältlichen elektrischen Hörgerätemodellen unterscheiden, die oft groß, schwer und also vorrangig für den stationären Einsatz bestimmt sind. Insofern steht für Weber nicht nur eine gute, verzerrungsfreie Klangqualität des Geräts im Vordergrund, sondern es soll „auch möglichst klein sein, dass es den Hörenden recht wenig belästigte" (Zenger 2018, 33). Die Ansprüche an das von Weber entworfene Phonophor, das ab 1913 in die Serienproduktion ging und damit ähnlichen Geräten der Firma Acousticon (gegründet 1903) Konkurrenz machte (Berger 1970; Hüls 1999; Virdi 2020)[2], waren in der Folge in der Geschichte mobiler (Hör-)Medien ein signifikantes Element: Hier scheinen zum einen die Miniaturisierungsbewegungen, die später durch die Transistor- und vor allem die Digitaltechnologie vorangetrieben wurden, vorweggenommen zu sein (Mills 2011b) und zum anderen, wie im Folgenden ausgeführt, die Elemente der – wenn auch prekär verfassten – technosensorischen Ermöglichungs- wie auch relationalen Regulierungsbedingungen verschoben zu werden.

Was hinsichtlich des Phonophors an dieser Stelle zunächst interessant ist, ist die Art und Weise, wie experimentelle Prozesse, zu überwindende Materialwiderspenstigkeiten (Harrasser 2020) und die Kombination verschiedener Komponenten letztlich in einem Gerät kombiniert wurden, das eine produktive Verbindung mit dem hörenden beziehungsweise besser hörend zu machenden menschlichen Körper eingehen konnte. Dabei ist zwar mit dem französischen Technikphilosophen Gilbert Simondon anzunehmen, dass „[…] der Mensch der ständige Organisator einer Gesellschaft der technischen Objekte [sei], die seiner bedürfen, wie Musiker eines Dirigenten bedürfen" (Simondon 2012, 11).

2   Berger 1970, 233; Hüls 1999, 139; kritisch äußert sich dazu Virdi 2020, 121.

Zugleich muss berücksichtigt werden, dass der Ingenieur als „ständiger Koordinator […] mitten unter den Maschinen [ist], die mit ihm handeln und wirken" (ebd.). Materie ist niemals nur passiv und wird geformt; vielmehr hat sie einen Anteil an der Ko-Evolution der Maschinen, die die „Organisator:innen" beziehungsweise die Ingenieur:innen entwerfen wollen. Materialien, mit denen technische Objekte realisiert werden sollen, sind also durch ihre zum Teil widerspenstigen Übersetzungseffekte neben den Konstrukteur:innen konstitutiv an „Erfindungen" und sogenannten Weiterentwicklungen beteiligt.

Dies wird ebenso an Webers „Schwerhörigenapparat" anschaulich: Der Ingenieur und das Material benötigten „zahlreiche Versuche" (Zenger 2018, 33), um zu einem passablen Resultat zu kommen. Dieses bestand in einem Gerät zum Hören, das ein doppeltes „empfindliches Körnermikrofon" (ebd.), einen Hörer und eine Drei-Volt-Batterie umfasste. Mikrofone und Hörer waren Komponenten aus der Fernmeldetechnik (Vogt 1922). Indem diese Bestandteile bestimmter Ensembles jedoch – wie im Anschluss an Simondon formuliert werden kann – einem „Unbestimmtheitsspielraum" (Schmidgen 2012, 131) unterliegen, der mit erforderlichen und erlaubten Regulationen der offenen Maschine eng zusammenhängt, konnten sie einem neuen Zweck zugeführt werden. Insofern bekamen sie nunmehr die Funktion zugeschrieben, die durch Schwerhörigkeit verunmöglichte mündliche Kommunikation zweier oder mehrerer Menschen technisch zu realisieren.[3] Zugleich kommt der Batterie eine entscheidende Rolle zu. Die Trockenbatterie war 1896 von Paul Schmidt patentiert worden und wurde seit 1906 serienmäßig für den Betrieb von Taschenlampen produziert. Durch Weber wurde sie aus diesem visuellen Zusammenhang herausgelöst und machte nun den Hörapparat mobil, der damit auch an anderen Orten als lediglich in der Wohnung der Nutzenden verwendet werden konnte.

3   Zur Einführung elektrischer Hörhilfen in England vgl. Hüls (1999, 134).

In welcher Weise sich der „Schwerhörigenapparat" von Siemens in kommunikative Praktiken einschrieb und als relationale Technologie Konstellationen medialer Teilhabe prägte, lässt sich hier nicht im Detail nachvollziehen. Es sind jedoch einige Versprechen dokumentiert, die darauf hindeuten, dass große Hoffnungen auf diesen „neuen" mobilen Medien lagen, Probleme des Hörens und sprachlicher Kommunikation technologisch zu lösen. Das zeigt sich auch in der Unternehmensgeschichte von Siemens. So schließt die erwähnte Anekdote damit, dass Louis Weber dem Bankdirektor Klönne verschiedene Geräte zum Experimentieren überließ. Versuche mit Geräten, die mit einem Hörer ausgestattet waren, scheiterten zunächst. Erst ein Doppelhörer schuf Abhilfe: Trotz seiner halbseitigen Taubheit konnte der Direktor mit einem solchen Apparat seinen Gesprächspartner:innen akustisch folgen. Weber notierte dazu: „Ich erinnere mich gern des Tages, als mir Geheimrat Kloenne [sic!] freudig bewegt erzählte, dass er mit Hilfe des neuen Hörapparats wieder seit langer Zeit an einer Gesellschaft teilnehmen konnte" (Zenger 2018, 33). Der Apparat erfüllte also ganz und gar seinen Zweck. Als Mediator – und nicht nur als reiner Überträger – wird er in der Gesprächssituation aktiv, verstärkt durch den „Schallfänger" die sprachlichen Äußerungen der Redenden und überträgt sie an jenen, der schlecht hört und nun wiederum auf das Gesprochene reagieren kann. Die vorher durch die Schwerhörigkeit gestörte Kommunikation konnte situationsgebunden als neu konfigurierte Operationskette (Schüttpelz 2006) wiederhergestellt werden. Das soziale Band wird nunmehr medial geformt, wenn sensorische Wahrnehmung, Kommunikation, soziales Handeln und Hörgeräte im reziproken Zusammenspiel übersetzt (Callon 2006) werden. Menschen mit Hörproblemen werden in einen soziotechnischen Handlungszusammenhang versetzt, in dem Hören sich durch eine verteilte Handlungsmacht herstellt. Dabei wird Hören praktisch verrichtet, indem Mikrofone („Schallfänger") auf Tischen platziert und Hörer an Ohren

[Abb. 1] Dame beim Einkauf (S&H-Preisliste, 1914).
Quelle: Siemens Healthineers Historical Institute

gehalten werden,[4] Batterien die Energieversorgung über-
nehmen und also Relationen zwischen elektroakustischen
Prozessen und neuronalen Aktivitäten gestiftet werden. Die
Nutzer:innen werden in solchen situativen und temporären
Konstellationen medialer Teilhabe nicht nur überhaupt
erst als schwerhörig markiert, sondern mitunter auch als
„Organisator:innen" eines technischen Hörens übersetzt,
„die mitten unter den Maschinen [sind], die mit [ihnen]
handeln und wirken" (Simondon 2012, 11) – auch, wenn sie
dabei möglicherweise einen eingeschränkteren Handlungsspielraum bezüglich dieser Ensembles zugewiesen
bekommen als Personen, die über ein spezielles ingenieurs-
technisches Wissen verfügen.

Die Widerspenstigkeiten, die sich mit diesen Hörapparaten
und der praktischen Arbeit relationaler Hörtechnologien

---

4   Zunächst wurden Telefonhörer, später spezielle Hörer für Hörgeräte,
„Einsteckhörer" sowie individuell anpassbare Otoplastiken verwendet
(Hüls 1999, 149f., 187).

verbanden, können hier lediglich angedeutet werden (Zenger 2018): 1913 bringt Siemens & Halske die Hörhilfe Esha-Phonophor auf den Markt. Eine der Varianten richtet sich an Damen (Hüls 1999, 185): Mikrofon und Batterie sind in einer Art Handtasche untergebracht. Eines der zugehörigen Werbefotos zeigt eine gut gekleidete Dame beim Besuch eines Modegeschäfts. Das Taschengerät steht auf dem Tresen und die Dame betrachtet es, während ihr Arm den Hörer in Nähe des linken Ohrs hält. So entstehen neue Rahmenbedingungen, um eine Kaufentscheidung zu treffen. Andere Ausführungen des Hörgeräts ähneln einer Klappkamera und konnten „unauffällig" am Gürtel getragen werden beziehungsweise sorgten durch einseitige „Einsteckhörer" für diskrete Verwendung – etwa beim Besuch öffentlicher Veranstaltungen (ebd., 183). Schon damals galt also in einem gewissen technisch machbaren Rahmen das Motto „portabel, modisch und vor allem klein", damit die Hörbehinderung möglichst unsichtbar würde (Ochsner und Stock 2015). Das Gerät wurde so in bestimmte, hier vor allem bürgerliche Lebenswelten eingepasst, die zudem recht eindeutige Merkmale vergeschlechtlichter Subjektivität aufwiesen. Durch ihre materielle Beschaffenheit als auch ihre Vermarktung (Weber 2010, 344) wurden die Produktvarianten als männlich oder weiblich konnotiert – wie bereits das Beispiel einer eleganten, aber schwerhörigen Dame von Welt zeigte, die dank des portablen Apparats nun selbstständig auf Einkaufstour gehen kann, oder der Fall eines Schwerhörigen, der als Hobbyfotograf „durchgeht" oder als aufmerksamer Hörer politischer Reden überzeugt (Hüls 1999).

Freilich sind diese Momentaufnahmen vor allem als Versprechen auf eine technische Lösung für verhinderte Kommunikationspraktiken zu verstehen. Von den praktischen Problemen des technischen Schwerhörens, die sich im Alltag stellten – wenn es etwa um die passende Einstellung des Mikrofons ging (Sell 1929), die Batterie nachließ oder es zu laute Hintergrundgeräusche gab (Hüls 1999, 144) etc. – lassen die oben gemachten Beobachtungen nichts erahnen

(Vogt 1934). Es kann aber eine Form technischen Hörens skizziert werden, mit der die Unterscheidung zwischen „normalem" und defizitärem Hören Kontur gewinnt. Diese relationale Konstellierung verschiebt sich mit der Röhrentechnik, die unter anderem in Vielhöreranlagen eingesetzt wurde. Doch bevor dies näher erläutert wird, soll zunächst Schwerhörigkeit als Phänomen genauer erfasst werden.

Schwerhörigkeit als Wissensphänomen

Der Erste Weltkrieg war eine radikale Zäsur, die umfassende Effekte auf alle gesellschaftlichen Bereiche hatte. Nach Kriegsende zeigten sich die Folgen etwa darin, dass Zehntausende Kriegsversehrte in die Städte der Weimarer Republik zurückkehrten (Eckart 2014, 301ff., 380ff.). Es war die Zeit einer „lädierten Moderne" (Harrasser 2016) voll sozialer wie auch politischer Konflikte und Verwerfungen, in der zunehmend auch Konzepte von Rehabilitation und Prothesentechnik im Sinne einer sogenannten „modernen Krüppelfürsorge" (Osten 2004) eine zentrale Rolle zu spielen begannen. Neben Amputationen und Blindheit traten bei den Veteranen Hörschäden als oftmals erst spät diagnostizierte Langzeitfolge auf, wie Krais (1916), Peyser (1916) und Vaux (1945, 103, für USA und England) konstatieren. Der Sozialhygieniker und Lärmschwerhörigkeitsspezialist Alfred Peyser schrieb dazu: „Während plötzlicher Hörverlust im Frieden relativ selten ist, hat der Krieg zahlreiche Fälle von akut entstandener Taubheit durch feindliches, einige durch eigenes Feuer (Rohrkrepierer) gebracht [...]" (Peyser 1923, 400).[5]

Das Phänomen der Schwerhörigkeit (Gerlach 1932) wurde nach 1918 jedoch auch in anderen Bereichen diskutiert, wie unter anderem in Debatten über den „gewerbehygienischen Schutz" der Sinnesorgane im „Ausschuß für

5   Peyser führte zahlreiche Untersuchungen zu den „Gewerbekrankheiten" des Ohres (Peyser 1926, 1928) und zur Prophylaxe industriell verursachter Schwerhörigkeit (Peyser 1911, 1940) durch. Vgl. Whitney (2013). Zu Peyser vgl. auch Hubenstorf und Walther (1994, 25).

Bevölkerungspolitik der Preußischen gesetzgebenden Landesversammlung" (Peyser 1928) zeigen. Des Weiteren befasste sich die Bundesversammlung des Bundes Deutscher Taubstummenlehrer 1919 mit dem Thema der Schwerhörigenbildung sowie der expliziten Abgrenzung der Schwerhörigkeit von Taubheit. Ernst Schorsch (1869–1943),[6] der sich schon vor Kriegsbeginn für die Beschulung von tauben und schwerhörigen Kindern ausgesprochen hatte (Brühl und Schorsch 1914) und am Pflegeamt für wissenschaftliche Weiterbildung der Schwerhörigen aktiv war, trat für eine Differenzierung zwischen „Volltaubheit", „Taubheit mit Hörresten" und „Schwerhörigkeit" ein. Diese Unterscheidung basierte auf einer Feststellung des Hörvermögens durch einen Test zum Sprachverstehen, wobei hochgradige (Umgangssprache am Ohr bis 2,5 m) von mittlerer (2,5 bis 7,5 m) und leichter Schwerhörigkeit (mehr als 7,5 m) unterschieden wurde. Ab der mittleren Schwerhörigkeit (bis 3 m) wurde für die Schüler nicht mehr der Besuch der Volksschule, sondern einer Schwerhörigenschule mit Internat empfohlen. Bei nachfolgenden Kongressen für Heilpädagogik in München (1922, 1924) und Berlin (1927) wurden die Diskussionen über die „Schwerhörigenschule" fortgeführt und über entsprechende Richtlinien für den Unterricht mit Schwerpunkt auf dem von Karl Brauckmann (1862–1938) entwickelten „Jenaer Verfahren" und der Hör-Seh-Methode (Leonhardt 2019, 252) diskutiert. Die Ausbildung Schwerhöriger wurde in den 1920er-Jahren neben den sogenannten Taubstummen-Schulen etabliert.[7]

Wenngleich Schorsch sich bei seinen Ausführungen zur Schwerhörigkeit auf Hörtests mit Sprache bezog, muss bedacht werden, dass die durch medizinisches Wissen und Kontrolle bedingte Unterscheidung von hörend, taub und schwerhörig durch eine über viele Jahrzehnte andauernde experimentelle Erforschung des Hörvermögens seit der

---

6   Zu seiner späteren NS-Nähe vgl. Söderfeldt und Schwanke (2019, 186).

7   Leonhardt (2019) ist in ihrer Darstellung der Hörgeschädigtenpädagogik weniger begrifflich reflektiert, als es die *Deaf History* einfordert (Schmidt und Werner 2019).

Mitte des 19. Jahrhunderts getroffen wurde. Diese schließt unter anderem den Einsatz von Galtonpfeifen zur Feststellung der oberen Hörgrenze (Altersschwerhörigkeit) wie auch die Versuche von Viktor Urbantschitsch (1847–1921) und Friedrich Bezolds (1842–1908) Tests mit der „continuierlichen Tonreihe" ein.[8] Bezold unterteilte die von ihm untersuchten Kinder einer „Taubstummenanstalt" in „1. absolut Taube, 2. im späteren Kindesalter Ertaubte mit in Erinnerung gebliebenen Sprachresten und 3. Taubstumme mit partiellem Hörvermögen" (Bezold 1896, 154). Etwas später beschrieb Karl Brauckmann Hörschäden als eine „vielgliederige Übergangskette", die sich als Spektrum zwischen „normaler Hörschärfe" und „völliger Taubheit" darstellen würde:

> Mit dem Ausdruck Schwerhörigkeit oder Harthörigkeit bezeichnet man eine mehr oder weitgehende Herabsetzung der Hörschärfe. Um die Hörschärfe zu prüfen, bedient man sich ärztlicherseits mannigfacher Methoden. (Brauckmann 1906, 489f.)

Neben den Methoden zur Prüfung des Hörvermögens, die zunächst vor allem auf dem Einsatz von Sprache oder klingenden Objekten wie Pfeifen oder Stimmgabeln basierten, wurden um 1900 zunehmend auch elektroakustische Testverfahren zur Unterscheidung von hörenden, schwerhörenden und tauben Menschen wichtig. Anders formuliert: Diese unterschiedlichen medizinisch-technischen Instrumente trugen im Kontext experimenteller Studien maßgeblich dazu bei, zuallererst Wissen über unterschiedliche Kategorien des Hörens zu produzieren und dann Menschen mit variablem Hörvermögen in diese einzuordnen. So scheint es nur schlüssig, wenn aus diesen Bewegungen auch neue Koalitionen und gesellschaftliche Relationen erwachsen, wie gelegentlich beobachtet wird. Alfred Peyser notiert 1923: „Taubstumme und Schwerhörige haben sich zu Vereinen zusammengeschlossen und

8   Vgl. Bezold (1896, 20f.) und Edelmann (1911). Siehe auch Lucae (1886, 1903), Schmiegelow (1900) und Kroiß (1903).

vertreten gemeinsam ihre wirtschaftlichen, politischen und
sozialen Interessen" (Peyser 1923, 400).

Wie Mara Mills und andere zeigen konnten, waren diese
soziotechnischen Differenzierungsprozesse bezüglich des
Hörens, des Hörvermögens oder -verlusts eng mit der
Etablierung der Telefon- und Fernmeldetechnik verknüpft
(Mills 2011a; Enns 2014; McGuire 2020; Virdi 2020). Diese
Untersuchungen nehmen von einer reinen Technik- und
Fortschrittsgeschichte Abstand und argumentieren im
Gegensatz für eine Ko-Konstitution von Technologien und
Konzepten des Hörens beziehungsweise der Hörbehin-
derung. Das Audiometer, neu entwickelte Hörgeräte wie
auch soziale Prozesse und politische Bewegungen führten
dazu, dass die kommunikativ und kulturell bedeutsame
auditive Sinnestätigkeit mit technischen Komponenten
durchsetzt wurde, sich technosensorische Praktiken der
Kommunikation formten und damit zugleich auch eine Vorstellung des Normalhörens fabriziert wurde.

Vielhörer

Solche Prozesse einer Soziotechnisierung des Hörens
werden auch im Bereich der Schwerhörigenbildung
anschaulich. Neben den „Schwerhörigenapparaten" wurden
Vielhörer relevant, wenn es nicht nur um die Individuation
einer Person und ihrer situativen Übersetzung als „hörend"
ging. Vielhöreranlagen beabsichtigten vielmehr – wie der
Begriff schon nahelegt – eine ganze Reihe schwerhöriger
Individuationen zu prozessieren und räumliche Konstellationen zu verfertigen.

Die Deutsche medizinische Wochenschrift berichtete etwa
1920 von einer neuen Hörhilfe, die bei kulturellen Veranstaltungen und im Bildungsbereich eingesetzt werden
konnte:

> Im wissenschaftlichen Theater der Urania wurde jüngst
> vom Pflegeamt für wissenschaftliche Weiterbildung der
> Schwerhörigen ein von Siemens & Halske hergestellter

elektrischer Vielhörer der Oeffentlichkeit übergeben.
(Anonym 1920, 192)

Anhand dieser fragmentarischen Zeitungsnotiz wird nochmals ersichtlich, dass das Phänomen der Schwerhörigkeit für die Gesellschaft der Weimarer Republik eine gewisse Bedeutung erlangt hatte. Viele Veteranen als auch andere Personen waren durch Hörprobleme belastet, sodass technische Objekte zur Milderung der sozialen Folgen herangezogen wurden – unter anderem eben auch im Kulturbereich.

Wichtig war in dieser Hinsicht zudem das Pflegeamt für die wissenschaftliche Weiterbildung von Schwerhörigen, das 1919 in Berlin gegründet wurde (Plath 1919). Es befasste sich unter anderem mit der Berufswahl und -ausbildung Schwerhöriger (Schorsch 1920), die sich vor allem in den Jahren nach dem Ersten Weltkrieg zunehmend als Problem darstellte. Inwiefern die Arbeit des Pflegeamts erfolgreich war, kann hier nicht genau eingeschätzt werden.[9] Jedoch notierte Alfred Peyser einige Jahre später optimistisch: „Je nach den Erfolgen des Unterrichts, dem Grade der Intelligenz, der optischen Schulung und den Charaktereigenschaften können von Schwerhörigen, Ertaubten und Taubstummen viele aussichtsreiche Berufe ergriffen werden" (Peyser 1923, 400).

Hüls (1999) zufolge geht die Einführung von „Vielhör-Anlagen" auf die Firma Siemens zurück. Angesichts der „apparative[n] Betreuung von Gemeinschaftseinrichtungen schwerhöriger Menschen" hatten Ingenieure und Techniker des Berliner Herstellers Anfang der 1920er Jahre elektrische Hörgeräte in einer solchen Weise miteinander verbunden, „[...] dass in Schulen, Kirchen und Hörsälen zu Zwecken der Lehre, der Hörerziehung oder auch nur der Unterhaltung ein gemeinsames Hören möglich wurde" (ebd., 190). Hüls schreibt weiter:

---

9   Zur Arbeit des Pflegeamts vgl. Kulemeyer (1933, 84, 115).

Ab 1928 werden sie [die Vielhörer-Anlagen] in Kirchen eingesetzt, nachdem sie mit Verstärkern, die Rundfunkröhren enthielten, leistungsfähiger gemacht worden sind. Ab 1932 werden sie in Zusammenarbeit mit der Klangfilm GmbH, der führenden deutschen Firma auf dem Gebiet der Lichttontechnik, in bestimmten Filmtheatern eingesetzt. Dazu nutzte man die vorhandenen Röhrenverstärker in den Vorführräumen, die mit bestimmten Sitzplätzen im Saal verbunden waren, welche über Steckverbindungen für Kopfhörer und Lautstärkeregler verfügten. (Hüls 1999, 192)

Auch wenn zu diesem Zeitpunkt nicht im Detail erläutert werden kann, auf welche Weise diese Anlagen in kulturellen Einrichtungen wie Kinos und Theatern sowie Kirchen und Schwerhörigenvereinen zum Einsatz kamen und welche Schwierigkeiten und Störungen bei der Nutzung auftraten, so können doch einige Überlegungen zu dieser Art technosensorischer Hörkonstellation angestellt werden (vgl. Siemens-Reiniger-Veifa 1927). Ausgehend von der Telefon- und Fernmeldetechnik wird das einzelne Hörgerät in einen Verbund eingesetzt. Es dient damit nicht mehr als individuelle Komponente für private Konversationen, sondern transformiert und übersetzt – gewissermaßen im Sinne Callons – eine (massenmediale) Anordnung, in der ein:e Sprecher:in zu vielen spricht (Callon 2006). Das architektonisch wie auch technisch bedingte Arrangement der Predigt, des populärwissenschaftlichen Urania-Vortrags oder des theatralischen Monologs wird folglich in einer Weise adaptiert, die auch eine Verbindung zu jenen erlaubt, die als schwerhörig markiert werden. Somit werden temporäre mediale Teilhabesituationen kreiert, in denen sowohl die Nutzenden von Schwerhörigenapparaten durch die Relationen des Vielhörers potenziell individuiert werden (da sich ihre Geräte auf größerer Distanz zu den Sprechenden als nutzlos erweisen), als auch jene, die schwerhörig sind, sich aber aus unterschiedlichsten (beispielsweise finanziellen) Gründen nicht im Besitz eines Geräts zum Hören befinden. Dabei wird denen, die die

[Abb. 2] Vielhöreranlage in der Neumünsterkirche in Zürich (1927).

Quelle: Siemens Healthineers Historical Institute

[Abb. 3] Vielhöreranlage in einem Vortragssaal (1927).

Quelle: Siemens Healthineers Historical Institute

Vielhöreranlage als Schwerhörige übersetzt, ein spezifischer Platz zugewiesen. Im Gegensatz zur modischen Handtasche oder zum Gürtelaccessoire wird die Schwerhörigkeit hier nämlich qua Sitzordnung und aufgesetztem Kopfhörer angezeigt und somit eine technosensorisch verfasste

Zurichtung hörend gemachter Subjekte ins Bild gerückt (vgl. Abb. in ebd., 190). Damit verbindet sich zugleich eine relationale Verschaltung der Hörenden und der Anlage mit den architektonischen Gegebenheiten, wodurch die soziotechnische Anordnung zudem simultan räumlich akzentuiert, ja eingeschrieben wird.

Hörende beziehungsweise hörige Individuationen durch Vielhöreranlagen fanden zudem Eingang in die schulische Bildung hörbehinderter Kinder. In der Nürnberger „Taubstummenanstalt" wurde etwa ein „Anstaltskino" eingerichtet und Mitte der 1920er Jahre für die Schüler:innen mit Hörrest eine „Vielhöreranlage" installiert (Forum Nürnberger Werkstätten 2016).[10] In diesen Anordnungen galt es, die Schüler:innen mit der Stimme des Lehrers zu verbinden. Dem Hören wurde in dieser schulischen und bildungspolitischen Situation absolute Priorität eingeräumt, da davon ausgegangen wurde, dass nur so die lautsprachlichen Kompetenzen ausgebildet beziehungsweise verbessert und also eine „hörige" gesellschaftliche Integration herbeigeführt werden könnte.

Miniaturisierung und Induktionsanlagen

Die Anordnung des Vielhörers – wie auch die Gestaltung der Hörgeräte – wird in der Bundesrepublik in der zweiten Hälfte des 20. Jahrhunderts durch die Transistortechnologie und den damit verbundenen Miniaturisierungsschub modifiziert (Wieland 1961; Starke 1955, 1965).[11] Die portablen „Kästchen-Geräte" wurden zu Kopfgeräten umgestaltet – etwa als Hörbrille oder Hinter-dem-Ohr-Gerät (Wieland 1962). Die Transistoren benötigten wenig Platz und so konnten weitere Komponenten im Gerät untergebracht werden. Dazu zählten unter anderem automatische Volumen-Controller und Spulen. Letztere dienten auch beim Telefonieren als Unterstützung, indem sie ein induktives

10   Vgl. Leonhardt (2019, 247).
11   Zur Situation der Gehörlosenpädagogik und deren technischer Ausstattung in der DDR vgl. Werner (2015, 14f.).

Hören ermöglichten (Wieland 1962, 120). Vielfach fand das
sogenannte Induktionshören beim Hören – und Sehen –
von Rundfunk- oder Fernsehbeiträgen Anwendung. Eine
„einfache[…] Drahtschleife" (ebd.) schuf bereits die Voraussetzungen für diese Hörpraktik. Solche elektroakustischen
Rahmungen eröffnen auch weitere Relationierungen
für hörende Vergemeinschaftungen – also sensorische
Ensembles, die sich im Zuge von Technologien relationaler
Verschaltungen formieren. Die Teilhabe schwerhöriger
Menschen konnte medial und technologisch reorganisiert
werden und es wurde auf diese Weise eine neue Form des
Hörens prädiziert, wie Wieland ausführt:

> Derartige [Induktions-]Schleifen sind schon an den
> Tonfilmapparaturen in vielen Kinos angebracht. Auch
> Kirchen, Versammlungsräume und Theater benutzen
> schon induktive Anlagen für die Schwerhörigen. Diese
> Anlagen sind im Gegensatz zu den seit Jahrzehnten
> bekannten Vielhöreranlagen für den Schwerhörenden
> nicht mehr platzgebunden. Er kann also im Theater
> seinen Platz wählen wie er will. (Wieland 1962, 120)

Es wird deutlich, dass Induktionsanlagen sensorische
Teilhabeprozesse in spezifischer Form prozessieren. Durch
das Induktionshören werden Schwerhörige nicht nur als
solche ausgewiesen, sondern auch zusammen in einer
hörenden Gruppierung – als ausgeschlossene Eingeschlos-
sene (Scholz 2006) – individuiert. Potenziell wird in Aussicht
gestellt, dass eine situative Verfertigung von Hören unter
bestimmten soziotechnischen Rahmungen möglich wird,
wobei ein individuelles Hörtraining die Voraussetzung
dafür bildete (Beckmann 1959). Ein entscheidender Aspekt
besteht darin, dass im Gegensatz zu den kabelgebundenen
Anlagen Schwerhörige nun ungeachtet ihres technologisch
bedingten Hörens flexibler im Veranstaltungsraum platziert
werden konnten. Sie mussten während der Versammlung,
des Gottesdiensts, Theaters oder Films nicht mehr den Platz
an stationären Apparaturen einnehmen, sondern konnten
ihre Plätze frei wählen – etwa neben hörenden Freunden

oder Familienmitgliedern. Der Kopfhörer als markierendes Erkennungszeichen jedoch blieb.

Ausblick

Aus den oben gemachten Überlegungen wird deutlich, dass Hörgeräte nicht in erster Linie und lediglich als schaltbare Entitäten (Kittler 1993) zu begreifen sind – im Sinne von: einschalten, und das Hören beginnt. Hinsichtlich des Versprechens auf gelingende Kommunikationspraktiken wurde der Einzelhörer als Form technischen Hörens beschrieben. Die Implikationen solcher elektroakustisch basierter Technologien relationaler Verschaltung werden etwa angesichts der Unterscheidung von „normalem" und defizitärem Hören greifbar. Die Formierung des historischen Wissensphänomens Schwerhörigkeit verbindet sich, so wurde zweitens argumentiert, jedoch mit weiteren Konkretisierungen technischer Hörobjekte. Der Vielhörer verschaltet nicht nur schwerhörige Körper und komplexe Anlagen, sondern auch Architekturen – im Bereich Bildung, Religion und Kultur –, wobei die umfangreichen politischen Konsequenzen solcher ambivalenter Inklusionsversuche hier nur angedeutet werden konnten. Miniaturisierte Geräte und Induktionsanlagen artikulierten und flexibilisierten Relationen von Hören und technologischen Konstellationen in bestimmter Weise, doch werden dabei das medizinische Wissen und die Differenzierungen von Hören und Schwerhören weiterhin eingeschrieben.

Technische Objekte wie Hörgeräte lassen sich folglich als relationale Technologien der Verschaltung auffassen, durch die und mit denen vielfältige (Macht-)Relationen potenziell möglich werden. Namentlich solche zwischen Medizin und Ingenieurswissenschaften, zwischen behandelnden Mediziner:innen und Patient:innen, zwischen Hilfsmittelökonomie und Hörgerätenutzenden – wobei zudem Differenzierungen sowie Hierarchisierungen von Wissenskategorien wie schwerhörig und gehörlos relevant werden (Werner 2020, 30f.). Dies gilt nicht nur für die hier angeführten historischen Situierungen, sondern ist mit Blick auf gegenwärtige digitale Technologien und deren komplexe Implikationen für optimierte Regime und Techniken des Hörens einzuordnen (Schillmeier, Ochsner und Stock 2022). Mit Strathern lässt sich festhalten, dass Hörgeräten ein „relationales Potenzial" (Strathern 1995, 24) eignet. Ähnlich wie digitale Technologien scheinen analoge Hörgeräte „[...] to amplify people's experiences, options, choices. But at the same time they also amplify people's experiences, options and choices in relation to themselves" (Strathern 1992, x). Die von Strathern aufgeworfene Frage einer Vervielfältigungs- beziehungsweise Erweiterungslogik wurde in diesem Beitrag mit Bezug auf Einzelhörer und Vielhöreranlagen verdeutlicht. Zugleich werden Formen soziotechnischen Hörens im Kontext lautsprachlicher Normalisierungsimperative problematisierbar, denn die Möglichkeiten und Zumutungen durch einen technologischen *fix* – das heißt ein Reparieren körperlicher Defizite – implizieren heterogene, kontroverse und prekäre technosensorische Konstellationen medialer Teilhabe. Doch bleibt unbestreitbar, dass Technologien „may open up new relational possibilities" (Strathern 1992, xii). Es geht folglich um eine kontinuierliche und auch weiterhin relevante Analyse temporärer, sich kontinuierlich verschiebender Anordnungen von – historischen wie auch zukünftigen – Hörtechnologien, die sich aus dem wechselseitigen Relationieren heterogener Entitäten und Sensorik ergeben und die in vielschichtige und auch politisch wirksame Macht- und Wissensoperationen eingebunden sind.

Ich bedanke mich beim Siemens Healthineers Historical Institute für die freundliche Genehmigung, in diesem Aufsatz Abbildungen aus ihrem Archiv zu verwenden.

Literatur

Anonym. 1920. *Deutsche medizinische Wochenschrift* 46 (1).

Beckmann, G. 1959. „Die erweiterte Anpassung elektrischer Hörgeräte mittels stationären Hörtrainings." [Increased improvement of electric hearing aids by means of systematic acoustic training of the patient]. *Deutsche medizinische Wochenschrift* 84 (23): 1059–1061. doi:10.1055/s-0028-1113723.

Berger, Kenneth W. 1970. *The Hearing Aid: Its Operation and Development.* Detroit: National Hearing Aid Society.

Bezold, Friedrich. 1896. *Das Hörvermögen der Taubstummen m. bes. Berücks. d. Helmholtz'schen Theorie, d. Sitzes d. Erkrankg u. des Taubstummen-Unterrichts: F. Ärzte u. Taubstummen-Lehrer v. Dr. Friedrich Bezold, Prof. ... an d. Univ. München.* Wiesbaden: J. F. Bergmann.

Brauckmann, Karl. 1906. „Schwerhörigkeit im Kindesalter". In *Encyklopädisches Handbuch der Pädagogik 4: Handelsschulen – Klassenoberster,* 489–500. Langensalza: Beyer.

Brühl, Gustav und Ernst Schorsch. 1914. *Die Fürsorge der Stadt Berlin für schwerhörige und taube Schulkinder.* Leipzig: Leopold Voss.

Callon, Michel. 2006. „Einige Elemente einer Soziologie der Übersetzung: Die Domestikation der Kammmuscheln und der Fischer der St. Brieuc-Bucht [1986]". In *ANThology. Ein einführendes Handbuch zur Akteur-Netzwerk-Theorie,* hg. v. Andrea Belliger und David J. Krieger, 135–174. Bielefeld: transcript.

Eckart, Wolfgang U. 2014. *Medizin und Krieg: Deutschland 1914–1924.* Paderborn: Schöningh.

Edelmann, M. T. 1911. „Die Bezoldsche Tonreihe". In *Leitfaden der Akustik für Ohrenärzte,* hg. v. M. T. Edelmann, 42–49. S. Karger AG.

Enns, Anthony. 2014. „The Human Telephone: Physiology, Neurology, and Sound Technologies". In *Sounds of modern history: Auditory cultures in 19th-and 20th-Century Europe,* hg. v. Daniel Morat, 46–70. New York, Oxford: Berghahn.

Feldmann, Harald 1983. „Development of diagnostic hearing tests". *Audiology: official organ of the International Society of Audiology* 22 (4): 393–403. doi:10.3109/00206098309072799.

———. Hg. 1960. *Die geschichtliche Entwicklung der Hörprüfungsmethoden. Kurze Darstellung und Bibliographie von den Anfängen bis zur Gegenwart. Zwanglose Abhandlungen aus dem Gebiete der Hals-Nasen-Ohren-Heilkunde* 5. Stuttgart: Thieme.

———. Hg. 2003. *Bilder aus der Geschichte der Hals-Nasen-Ohren-Heilkunde.* Heidelberg: Median.

Forum Nürnberger Werkstätten. 2016. „Geschichte der Menschen mit Behinderung in Nürnberg". http://www.forum-nuernberger-werkstaetten. de/fileadmin/Dokumente/Ausstellung_Geschichte_der_Menschen_mit_ Behinderung.pdf.

Fretwell, Erica. 2020. *Sensory experiments: Psychophysics, race, and the aesthetics of feeling.* Durham: Duke University Press.

Gerlach, Hans. 1932. *Die Schwerhörigkeit: Ihre Entstehung, Beurteilung u. Besserung in wiss. u. allgemeinverständl. Darstellung. Ärztliche Ratschläge* 31. Leipzig: Kabitzsch.

Harrasser, Karin. Hg. 2016. *Prothesen: Figuren einer lädierten Moderne.* Berlin: Vorwerk 8.

———. 2020. „Parahumane Konstellationen von Körper und Technik. Aktive Anpassung und tumultöse Partnerschaften". In *Affizierungs- und Teilhabeprozesse zwischen Organismus und Maschinen*, hg. v. Beate Ochsner, Sybilla Nikolow und Robert Stock, 143–153. Wiesbaden: Springer Fachmedien Wiesbaden.

Hubenstorf, Michael und Peter T. Walther. 1994. „Politische Bedingungen und allgemeine Veränderungen des Berliner Wissenschaftsbetriebes 1925–1950". In *Exodus von Wissenschaften aus Berlin: Fragestellungen – Ergebnisse – Desiderate; Entwicklungen vor und nach 1933*, hg. v. Wolfram Fischer, 5–100. Forschungsbericht / Akademie der Wissenschaften zu Berlin 7. Berlin, New York: de Gruyter.

Hui, Alexandra, Mara Mills und Viktoria Tkaczyk. Hg. 2020. *Testing Hearing: The Making of Modern Aurality.* Oxford University Press.

Hüls, Rainer. 1999. *Die Geschichte der Hörakustik. 2000 Jahre Hören und Hörhilfen.* Heidelberg: Median.

Kittler, Friedrich. 1993. „Vom Take Off der Operatoren". In *Draculas Vermächtnis. Technische Schriften.* Leipzig: Reclam, 149–181.

Koch, Dirk. 2016. *HNO Fragen und Antworten.* Berlin, Heidelberg: Springer.

Krais, Felix. Hg. 1916. *Die Verwendungsmöglichkeiten der Kriegsbeschädigten in der Industrie, in Gewerbe, Handel, Handwerk, Landwirtschaft und Staatsbetrieben.* Stuttgart: Krais.

Krebs, Stefan. 2020. „Hören". In *Technikanthropologie: Handbuch für Wissenschaft und Studium*, hg. v. Martina Heßler und Kevin Liggieri, 551–555: Nomos.

Kroiß, Karl. 1903. *Zur Methodik des Hörunterrichts: Beiträge zur Psychologie der Wortvorstellung; Vorträge.* Wiesbaden: Bergmann.

Kulemeyer, Walter. 1933. *Das schwerhörige Kind als medizinisches, psychologisch-pädagogisches und soziales Problem.* Halle: Marhold.

Leonhardt, Annette. 2019. *Grundwissen Hörgeschädigtenpädagogik: Mit 100 Übungsaufgaben und zahlreichen Abbildungen und Tabellen.* UTB Sonderpädagogik 2104. München: Ernst Reinhardt Verlag.

Lucae, August. 1886. „Kritisches und Neues über Stimmgabeluntersuchungen". *Archiv f. Ohren- Nasen- u. Kehlkopfheilkunde* 23 (2–3): 122–132. doi:10.1007/BF01892470.

———. 1903. „Ueber den diagnostischen Werth der Tonuntersuchungen mit besonderer Berücksichtigung der Bezold'schen ‚continuirlichen Tonreihe' und der von mir geübten Untersuchungsmethode". *Archiv f. Ohren- Nasen- u. Kehlkopfheilkunde* 57 (3–4): 205–230. doi:10.1007/BF01808641.

McGuire, Coreen. 2020. *Measuring difference, numbering normal: Setting the standards for disability in the interwar period. Disability History.* Manchester: Manchester University Press.

Mills, Mara. 2011a. „Deafening: Noise and the Engineering of Communication in the Telephone System". *Grey Room* 43 (7): 118–143. doi:10.1162/GREY_a_00028.

———. 2011b. „Hearing Aids and the History of Electronics Miniaturization". *IEEE Annals of the History of Computing* 33 (2), 24–45. doi:10.1109/MAHC.2011.43.

Ochsner, Beate und Robert Stock. 2015. „Neuro-Enhancement. Digitaler Lifestyle und Musikgenuss mit einem Cochlea-Implantat". In *Überwindung der Körperlichkeit. Historische Perspektiven auf den künstlichen Körper*, hg. v. Dominik Groß und Ylva Söderfeldt, 123–136. Kassel: Kassel University Press.

Ochsner, Beate, Markus Spöhrer und Robert Stock. 2015. „Human, Non-Human, and Beyond: Cochlear Implants in Socio-Technological Environments". *Nanoethics*: 1–14. doi:10.1007/s11569-015-0242-1.

Osten, Philipp. 2004. *Die Modellanstalt: Über den Aufbau einer „modernen Krüppelfürsorge", 1905–1933*. Frankfurt am Main: Mabuse.

Peyser, Alfred. 1911. „Die gewerblichen Erkrankungen und Verletzungen des Gehörs bei den Industriearbeitern, mit besonderer Berücksichtigung der Schädigungen durch Betriebslärm". *Archiv für Soziale Hygiene mit besonderer Berücksichtigung der Gewerbehygiene und Medizinalstatistik* 6: 143–164.

———. 1916. „Gehörverletzungen im Stellungskriege und ihre Behandlung beim Truppenteil". *Deutsche medizinische Wochenschrift* 42 (2): 40–43. doi:10.1055/s-0028-1134916.

———. 1923. „XVII. Hals-, Nasen-, Ohrenleiden". In *Soziale Pathologie: Versuch einer Lehre von den sozialen Beziehungen der Krankheiten als Grundlage der sozialen Hygiene*, hg. v. Alfred Grotjahn. 3., neubearb. Aufl., 390–400. Berlin: Springer.

———. 1926. „Gewerbekrankheiten des Ohres". In *Gewerbehygiene und Gewerbekrankheiten*, hg. v. A. Alexander, E. Beintker, R. Bernstein, H. Betke et al., 563–570. Berlin, Heidelberg: Springer Berlin Heidelberg.

———. 1928. „Gewerbliche Ohrenschädigungen und ihre Verhütung". In *Gewerbliche Ohrenschädigungen und ihre Verhütung*, hg. v. Afred Peyser und A. H. Maué, 1–23. *Beihefte zum Zentralblatt für Gewerbehygiene und Unfallverhütung* 8. Berlin, Heidelberg; Springer Berlin Heidelberg.

———. 1940. „Zur Methodik einer otologischen Prophylaxis der industriellen Lärmschwerhörigkeit". *Acta Oto-Laryngologica* 28 (5): 443–462. doi:10.3109/00016484009129621.

Plath, Konrad. 1919. *Das Pflegeamt der Stadt Berlin für die wissenschaftliche Weiterbildung der Schwerhörigen, seine Entwicklung und seine Ziele*. Berlin: Verlag d. Pflegeamts.

Schillmeier, Michael, Beate Ochsner und Robert Stock. Hg. 2022. *Techniques of Hearing: History, Theory and Practices*. London: Routledge.

Schmidgen, Henning. 2012. „Das Konzert der Maschinen. Simondons politisches Programm". *Zeitschrift für Medien- und Kulturforschung* (2): 117–134.

Schmidt, Marion und Anja Werner. 2019. „Einleitung". In *Zwischen Fremdbestimmung und Autonomie: Neue Impulse zur Gehörlosengeschichte in*

Deutschland, Österreich und der Schweiz, hg. v. Marion Schmidt und Anja
Werner, 9–47. Bielefeld: transcript.

Schmiegelow, E. 1900. „Eine neue Methode, die Quantität des Hörvermögens
vermittelst Stimmgabeln zu bestimmen". *Archiv f. Ohren- Nasen- u. Kehlkopfheilkunde* 50 (1–2): 32–44. doi:10.1007/BF01971189.

Scholz, Leander. 2006." Anrufung und Ausschließung. Zur Politik der
Adressierung bei Heidegger und Althusser". In *Die Listen der Evidenz*, hg. v.
Michael Cuntz, Barbara Nitsche, Isabell Otto und Marc Spaniol, 283–297.
Mediologie 15. Köln: DuMont.

Schorsch, Ernst. 1920. *Berufswahl und Berufsberatung der Schwerhörigen:
Pflegamt für die wissenschaftliche Weiterbildung der Schwerhörigen.* Berlin:
Pilz.

Schüttpelz, Erhard. 2006. „Die medienanthropologische Kehre der Kulturtechniken". *Archiv für Mediengeschichte* (6): 87–110.

Sell, Helmut. 1929. Schwerhörigkeit und Hörgeräte. *Blätter für die Wohlfahrt
der Gehörlosen* (4).

Siemens-Reiniger-Veifa. Gesellschaft für medizinische Technik mbH. 1927.
Vielhöreranlagen für Schwerhörige in Kirchen und Vortragssälen. Berlin.

Simondon, Gilbert. 2012. *Die Existenzweise technischer Objekte.* Schriften
des internationalen Kollegs für Kulturtechnikforschung und Medienphilosophie, Bd. 11. Zürich: Diaphanes.

Söderfeldt, Ylva und Enno Schwanke. 2019. „Die ‚Lex Zwickau'. Zwangs-
sterilisierungsdebatten in der Gehörlosenbewegung". In *Zwischen
Fremdbestimmung und Autonomie: Neue Impulse zur Gehörlosengeschichte
in Deutschland, Österreich und der Schweiz*, hg. v. Marion Schmidt und Anja
Werner, 153–190. Bielefeld: transcript.

Starke, C. 1955. „Der Transistor als Verstärkerelement für Hörhilfen".
Frequenz 9 (1): 1–15. doi:10.1515/FREQ.1955.9.1.1.

———. 1965. „Hörgeräte". *Biomedizinische Technik/Biomedical Engineering* 10
(1–4): 21–28. doi:10.1515/bmte.1965.10.1-4.21.

Strathern, Marilyn. 1988. *The Gender of the Gift: Problems with Women and
Problems with Society in Melanesia. Studies in Melanesian Anthropology* 6.
Berkeley: University of California Press.

———. 1992. „Foreword: The Mirror of Technology". In *Consuming technologies:
Media and information in domestic spaces*, hg. v. Roger Silverstone und Eric
Hirsch, vii–xii. London, New York: Routledge.

———. 1995. *The relation: Issues in complexity and scale.* Cambridge, UK: Prickly
Pear Press.

Vaux, Powrie. 1945. „The Rehabilitation of Military Aural Casualties". *American
Annals of the Deaf* 90 (2): 99–120. http://www.jstor.org/stable/44391892.

Virdi, Jaipreet. 2020. *Hearing happiness: Deafness cures in history. Chicago
Visions and Revisions.* Chicago: The University of Chicago Press.

Vogt, Gustav. 1922. *Fernsprecher und Schwerhörigkeit: Mit 12 Abb. Gustav Vogt's
Schwerhörigen-Bibliothek* 1. Berlin: Gaspary, Hephata Verl.

———. 1934. *Lebensbilder bedeutender Schwerhöriger.* 2. Aufl. *Gustav Vogts
Schwerhörigen Bücher* 4. Berlin: Vox.

Weber, Heike. 2010. „Head Cocoons: A Sensori-Social History of Earphone Use in West Germany, 1950–2010". *The Senses and Society* 5 (3): 339–363. doi:10. 2752/174589210X12753842356089.

Weiher, Siegfried von. 1974. *Berlins Weg zur Elektropolis: Technik- und Industriegeschichte an der Spree. Mit einem Beitrag von Gottfried Vetter*. Berlin: Stapp; Berlin & München Siemens.

Werner, Anja. 2015. „„Die gehörlosen Menschen sollen auch begeistert am Aufbau des sozialistischen Vaterlandes teilnehmen': Gehörlosenpädagogik in Ostdeutschland, 1945–1990". *Das Zeichen. Zeitschrift für Sprache und Kultur Gehörloser* (99): 6–21.

———. 2018. „Lautsprache, Gebärdensysteme oder Gebärdensprache? Sprache und Partizipation bei unterschiedlichen Formen von Hörschädigungen". In *Sprache und Partizipation in Geschichte und Gegenwart*, hg. v. Bettina M. Bock und Philipp Dreesen, 193–210. Tübingen: Buske.

———. 2020. „Hörgeschädigte Menschen als Patienten in der DDR: Eine Spurensuche aus medizinhistorischer Sicht". In *Volkseigene Gesundheit: Reflexionen zur Sozialgeschichte des Gesundheitswesens der DDR*, hg. v. Markus Wahl, 27–70.

Whitney, Tyler. 2013. *Spaces of the Ear: Literature, Media, and the Science of Sound, 1870–1930*. Promotionsschrift, Graduate School of Arts and Sciences, Columbia University.

Wieland, G. 1961. „Die Entwicklung der Hörhilfen". *Biomedizinische Technik/ Biomedical Engineering* 6 (3): 130–134. doi:10.1515/bmte.1961.6.3.130.

———. 1962. „Ein medizinisches Hilfsmittel als Wegbereiter einer zukunftsreichen Industrie". *Elektromedizin* 7 (2): 120–121. doi:10.1515/ bmte.1962.7.2.120.

Zenger, Ingo. 2014. *Die Geschichte der Siemens-Hörsysteme. MedHistory milestones*. München, Berlin: Siemens Aktiengesellschaft.

———. 2018. „Mobile Headset anno dazumal? Kampf der Taubheit". https:// www.medmuseum.siemens-healthineers.com/museumsgeschichten/ hoergeraete-historisch.

MODALITÄT 2: TEMPORALISIEREN

Temporalisieren. Teilhabe-Versprechen und Zeitökonomien

Isabell Otto, Urs Stäheli

Mediale Teilhabe ist ein prozessuales, wechselseitiges Hervorbringen von Adressierbarkeit und Gemeinsamem in soziotechnischen Machtgefügen. In der Temporalität dieses Hervorbringens wird Teilhabe als ein relationaler Prozess beschreibbar. Wir verstehen Temporalisieren somit als Mediatisierung und Organisieren von Zeit in medialen Infrastrukturen, in denen ein Teilhaben (auch in seiner Unmöglichkeit) besonders kenntlich und somit beobachtbar wird (Lohmeier, Kaun und Petzold 2020). Idealisierte Modelle medialer Teilhabe, die für gegenwärtige Zeitdiagnosen der Beschleunigung charakteristisch sind (Rosa 2005), gehen von der Vorstellung unmittelbarer und präsenter Kommunikation aus. In ihnen wird die Vielstimmigkeit und Arhythmizität des Sozialen mit einem Pfingstmodell (Serres 2019 [1987]) gelungener Kommunikation über- wunden: Entweder gelingt der Teilhabeprozess als voll- kommene Kommunikation oder er misslingt als Ausschluss von Kommunikation. Teilhabe wird in diesen Imaginären als medientechnisch ermöglichter und garantierter Zustand gefasst; als Schaffung eines Gemeinsamen, das zwar infrastrukturell verfasst ist und doch gleichzeitig von dieser Verfassung in seinem Gelingen absehen kann. Aus- gespart wird damit die Zeitlichkeit des Teilhabens, die selbst durch mediale Infrastrukturen geprägt ist: Wenn einmal der Zugang (vgl. „access economy", Rifkin 2001) zu einer medialen Erfahrung erlangt wurde, gilt dieser als glücklich überwunden. Entsprechend ist die mediensoziologische Teilhabeforschung (Delwiche und Handerson 2013; Chilvers und Kearnes 2016) auch damit beschäftigt, Zugangshinder- nisse zu identifizieren und zu beseitigen, um so vollständige Teilhabe schaffen und garantieren zu können. Diese Idee spiegelt sich in den erwähnten Vorstellungen einer

Echtzeitkommunikation wider, für die geglückte Teilhabe bedeutet, zum Beispiel Zugang zu einem kontinuierlichen Stream zu haben.

Wenn wir von Temporalisieren sprechen, so muss vorausgeschickt werden, dass die Idee einer kontinuierlichen Zeit auf dem Prüfstand steht – und zwar nicht bloß als ideologiekritisches Aufdecken der Illusion von unmittelbarer Echtzeit (einer „real" time, die durch ihre „realness" geradezu ihre Temporalität verlieren würde; vgl. Denecke in diesem Band), sondern auch, um die Multiplizität temporaler Prozesse sichtbar zu machen, welche mediale Teilhabe ermöglichen und strukturieren. Dies bedeutet zudem, dass Teilhabe nicht im Rahmen einer binären Ein/Ausschluss-Logik (z. B. als anwesend/abwesend) oder (allein) mit räumlichen Metaphern des Zugangs gedacht werden kann. Teilhabe wird damit weniger als Überschreiten einer Schranke, sondern vielmehr als zeitlich organisierte und rhythmisierte Ereignisketten in je spezifischen Kontexten gedacht, die durch mediale Infrastrukturen wiederholbar und kalkulierbar werden. Unter Temporalisieren verstehen wir in diesem Zusammenhang die soziotechnische Formierung, Ausdifferenzierung, Vervielfältigung und Konflikthaftigkeit der Zeitlichkeit des Teilhabens.

Wir untersuchen unterschiedliche Formen des Temporalisierens anhand von Fallbeispielen, die von Couple-Apps über On-Demand-Streaming bis zu Empfehlungssystemen reichen. Diese Vorgehensweise macht deutlich, dass es nicht den einen privilegierten Gegenstand gibt, um Formen des Temporalisierens zu untersuchen, sondern es notwendig ist, die Vielfalt digitaler Praktiken, Devices und Vernetzungstechniken zu berücksichtigen. Anstatt von einem allgemeinen Begriff der Temporalisierung auszugehen, stehen drei theoretisch informierte Fallstudien im Vordergrund, die jeweils unterschiedliche Aspekte von Teilhabebeziehungen und Temporalität hervorheben: Die erste Fallstudie beschäftigt sich mit einer App für Paare, um zeitliche Prozesse des Managements gemeinsamer

Zeit und der Herstellung einer dauerhaften Paarbeziehung
herauszuarbeiten; zwei weitere Fallstudien widmen sich der
Verzahnung von medialen Infrastrukturen mit Praktiken am
Beispiel des On-Demand-Streamings (Netflix und Spotify).
Anhand dieser Fallstudien gewinnen wir konzeptuelle Bau-
steine für die Analytik eines temporalen Organisierens,
das mediale Teilhabe als relationalen Prozess beschreibbar
macht. Unser Vorgehen ist daher exemplarisch strukturiert,
indem wir an und mit den Fallstudien Begrifflichkeiten
zur Erfassung der Temporalität von Teilhabe zu gewinnen
versuchen. Jeder dieser Fälle steht damit nicht nur für ein
für mediale Teilhabeprozesse zentrales empirisches Feld,
sondern auch für eine begriffliche Problemstellung.

Die Studie zu Apps für Paare am Beispiel von Between
widmet sich der zeitlichen Verwaltung und Produktion von
Paarzeiten und somit der Temporalisierung in der soziotechnischen Konfiguration von Teilhabebeziehungen zwischen
zwei Smartphones und ihren Nutzer:innen (siehe Ganzert
in diesem Band). Couple-Apps sind, ausgehend von ihren
Temporalisierungen, besonders aufschlussreich für die
Untersuchung von Teilhabebeziehungen, insofern hier die
zur Fabrikation einer romantischen Vorstellung von Teilhabe
erforderlichen Zeitökonomien gut beobachtbar werden.
Indem Between lineare Verläufe durch Visualisierung hervorbringt, eine gemeinsame Vergangenheit dokumentiert
und Ereignisse als planbare Zukunft auf Smartphone-Dis-
plays sichtbar macht, wird das Versprechen einer kontinuierlichen, synchronisierten gemeinsamen Zeit auf-
rechterhalten. Die App stellt die Teilhabe am Leben des/
der Partners:in in Aussicht, indem sie Paarbeziehungen
mit Methoden des Zeitmanagements (Instant Messaging,
Terminpläne, Erinnerungen an wichtige Ereignisse) definiert
und koordiniert. Entscheidend ist, wie die Operationen
der App und die Praktiken der Nutzer:innen auf Smart-
phone-Displays kenntlich werden und so das Versprechen
medialer Teilhabe in Zeitplänen, Nachrichten und Bildern
sichtbar machen. Zeitökonomien beziehen sich somit auf die

technische Infrastruktur, die Visualisierung von Temporalität und die jeweiligen Nutzungspraktiken.

Stehen in der ersten Fallstudie digitale Interfaces und die dadurch ermöglichten Praktiken der Teilhabe an einem gemeinsamen Alltag im Vordergrund, fokussieren die beiden folgenden Fallbeispiele zum On-Demand-Streaming die medialen Infrastrukturen von Teilhabe als Aspekte spezifischer Zeitökonomien, wodurch die Herstellung sowie das Fehlschlagen von zeitlicher Kalkulierbarkeit wichtig werden. Streaming interessiert uns deshalb, weil diese Technologien mit der Vorstellung einer unmittelbaren Teilhabe an einem Datenstrom verbunden sind, gleichzeitig aber auf komplexen Verfahren der medientechnischen Kalkulation beruhen – einer Kalkulation jedoch, die einerseits mit dem Alltag der User:innen rechnet und andererseits in deren kalkulative Praktiken eingelassen ist. Am Beispiel des On-Demand-Streamings (Netflix) untersuchen wir, wie auf mikrotemporaler Ebene (Ernst 2012, 2014) ein kontinuierlicher Teilhabe-Stream hergestellt wird. In Bezug auf die Modalität Temporalisieren nehmen wir das Buffering von Filmen zum Anlass, um die zeitliche Dimension der Übertragung und (Zwischen-)Speicherung von Daten zu beschreiben. Im Vordergrund steht das Zeitmanagement der medientechnischen Infrastruktur, worüber eine geregelte Verarbeitung und Übertragung der Datenpakete hergestellt werden soll. Demnach bezeichnet Teilhabe hier neben dem Schauen von Filmen selbst die Gesamtheit der medialen Operationen, die für das als ununterbrochen wahrgenommene Abspielen von Filmen verantwortlich zeichnen.

Die Analytik des *Momenting* widmet sich aus einer kultur- und mediensoziologischen Perspektive nicht der Frage, *warum*, sondern *wie* stabile und treue Enrollments (Callon 2006) wie die „*captivation*" (Seaver 2018, 7; Herv. i. O.) von Hörer:innen in gemeinsame, technokulturell infrastrukturierte und infrastrukturierende Interaktionen mit Musik-Streaming-Plattformen (MSP) und ihren algorithmischen Empfehlungssystemen (Musik-RS) gelingt. Der analytische Einsatzpunkt der *Temporalitäts-ökonomie* des Momenting, das heißt des Timings (Adam 1995) zwischen Streaming-Technologien, Empfehlungs-systemen und Hörer:innen und alltäglichen Hörpraktiken, versucht, traditionelle Unterscheidungen zwischen Kultur und der Materialität von Technologien zu unterlaufen (vgl. Kassung und Macho 2013, 15) und durch die prekäre Ereignishaftigkeit der Teilhabe ein funktionalistisches Ver-ständnis von Zeitökonomie zu vermeiden. Selbst wenn Streaming-Technologien wesentlich mit der Berechenbar-keit zukünftiger Teilhabe beschäftigt sind, bedeutet dies nicht, dass Teilhabe quasi-automatisch nur als maschineller und mikrotemporaler Prozess zu denken wäre. Vielmehr ist diese selbst prekär, denn Momenting bezieht sich immer auf eine heterogene Assemblage unterschiedlicher Zeitlich-keiten, wodurch trotz der technischen Versuche, Zukunft voraussehbar und kontrollierbar zu machen, diese selbst erst situativ geschaffen werden muss. Dazu gehören nicht zuletzt unterschiedliche Formen des *attachments* und der dadurch benötigten wie auch produzierten Fähigkeiten der User:innen (vgl. Gomart und Hennion 1999). Die Studien zum Streaming erweitern auf diese Weise auch die klassische Frage nach den Teilhabenden. Zur durch Teilhabeprozesse zu lösenden Frage wird nun, wie unterschiedliche mensch-liche und nicht-menschliche Akteur:innen nicht nur am gleichen Ort, sondern auch rechtzeitig versammelt werden können.

Die drei exemplarischen Fälle haben wir ausgewählt, weil durch sie Temporalisieren in unterschiedlichen Formen als ein *doing* verstehbar wird, das wesentlich durch seine Infrastrukturen geprägt ist. Damit geraten sie nicht nur als räumliche Strukturen, sondern auch in ihrer Leis-tung, Zeit zu vermitteln und zu konfigurieren, in den Blick (Appel, Anand und Gupta 2018). Zum einen werden Zeitlich-keiten durch die Operationsweisen und Affordanzen von Infrastrukturen geprägt – wir können hier von „Infrastrukturierungen des Temporalen" sprechen –, die ebenso Smartphones wie Netzwerktopologien einschließen, und von „Temporalisierungen von Infrastrukturen". Damit betonen wir die Prozesshaftigkeit der „Temporalitäten von Infrastrukturen" (Volmar und Stine 2021).

Bereits die frühen Infrastrukturstudien haben sich gegen eine statische Konzeption gewandt, indem sie Praktiken des Infrastrukturierens betonten (Star und Bowker 2002). Eine Konsequenz dieser Position ist, dass auf eine Trennung zwischen einer fixierten materiellen Infrastruktur und auf diese bezogene Praktiken verzichtet wird, um so die Materialität von Infrastrukturen nicht als stabil zu verstehen. Begreift man Infrastrukturen als *doing*, bedeutet dies nicht primär, dass Akteur:innen mit und auf diese bezogen handeln, sondern es heisst vielmehr, die Prozesshaftigkeit von Infrastrukturen zu erfassen. Die infrastrukturellen Mikrotemporalitäten im Buffering mögen zwar der menschlichen Erfahrung von Teilhabeprozessen nicht unmittelbar zugänglich sein, strukturieren diese aber dennoch. So beruht zum Beispiel die Erfahrung von „Echtzeit" auf komplexen medialen Infrastrukturen, die selbst wiederum temporal aufeinander abgestimmt werden müssen. Gerade unter der Bedingung digital vernetzter Medien, so unsere Annahme, ist jede kulturtechnisch gewährleistete Strukturierung von Zeit (durch Uhren, Taktungen, Zeitpläne) nur vorübergehend stabil (Mackenzie 2001). Verbindliche Zeitordnungen und somit Teilhabebeziehungen als ein gemeinsames beziehungsweise synchronisiertes Interagieren „innerhalb der Zeit" (Macho 2003, 190; vgl. Kassung und Macho 2013) sind Idealvorstellungen, die sich situativ ausgestalten und beständig mit Störungen, Ausschließungen und dem Bedarf fortlaufender „Synchronisierungsarbeit" (Nassehi 2008, 307) konfrontiert sind. Für Teilhabeprozesse relevante temporale Kategorien wie „Echtzeit" oder „Rechtzeitigkeit" fußen denn auch nicht auf einer immer schon gegebenen linearen und homogenen Zeitlichkeit, sondern erfordern eine beständige, häufig nicht wahrnehmbare distribuierte Arbeit der temporalen Homogenisierung. Empirisch haben sich die Fallstudien

mit medientechnischen Dokumenten beschäftigt, um
anhand dieser die Verhandlung und Konzipierung von für
Nutzer:innen nicht wahrnehmbaren Zeitlichkeiten herauszuarbeiten. Damit ist zwar gewiss kein „direkter" Zugriff auf
mikrotemporale Prozesse möglich, aber doch auf ihre Diskursivierung und Modellierung.

Mit Hom (2018) ließe sich also sagen, dass die Linearität
von Temporalitäten nicht naturalisiert vorauszusetzen,
sondern als Versuch zu begreifen ist, diese einheitlich (z. B.
metrisch) zu gestalten – sie also in unserem Sinne in eine
Zeitökonomie einzufügen, damit sie zu ihrer nachträglichen
Grundlage werden kann. Das Konstrukt einer linearen
Zeitlichkeit wird somit vervielfältigt und verzweigt sich;
unterschiedliche Zeitlichkeiten schichten sich übereinander,
was wiederum neue Operationen der Handhabung und
Verarbeitung von Daten und somit neue Praktiken des
(Nicht-)Teilhabens herausfordert. Aber auch hier gilt wieder,
dass diese „technischen" Zeitlichkeiten nur rückwirkend
als solche analytisch isoliert werden können. Fortlaufend
müssen temporal organisierte mediale *attachments*
geschaffen und auch wieder aufgelöst werden (Hennion
2011). Wir möchten auf Grundlage unserer Fallstudien zwei
konzeptuelle Aspekte des Temporalisierens hervorheben:
zum einen die Frage nach der Temporalisierung des Gemeinsamen in Teilhabeprozessen (1), zum anderen die Frage nach
der Homogenisierung von Zeitlichkeit im Rahmen von „Zeitökonomien" (2).

(1) Wenn Teilhabe mit der Herstellung eines Gemeinsamen,
das selbst über keine Identität verfügt, zu tun hat, dann
interessiert uns gerade dessen zeitliche Struktur: die Übersetzung, Bearbeitung und Diskursivierung heterogener
Zeitlichkeiten zur Erzeugung von Homogenisierung und
Unmittelbarkeitseffekten der Teilhabe. Teilhabe beruht
noch vor der häufig räumlich gedachten Versammlung
heterogener Akteur:innen auf prekären Synchronisierungs-
leistungen, die solche Kollektivierungen (im Sinne von
Latours Kollektivitäten, 2007) erst erlauben – und zwar nicht

primär im Sinne einer gleichzeitigen Anwesenheit, sondern einer kollektiven Logik der Rechtzeitigkeit. So gilt es, auch den Begriff des Gemeinsamen – der Problemdiagnose von Sharma (2014) in Bezug auf den räumlichen Bias von Öffentlichkeitsbegriffen folgend – zu temporalisieren, um dieses nicht auf Semantiken des Räumlichen (z. B. Arena oder Plattform) zu reduzieren (vgl. auch Marres und Lezaun 2001). Die Herstellung des Gemeinsamen gestaltet sich dabei durch Praktiken des Temporalisierens, die in sozio-technischen Milieus situiert und von je spezifischen ökonomischen Machtbeziehungen beziehungsweise Wissensordnungen durchzogen sind. „Herstellung" bedeutet dabei allerdings nicht die Schaffung einer sich selbst präsenten Gemeinschaft, wovon die frühen Netzdiskurse (Rheingold 2002; Turkle 1998) geträumt haben und die in den euphorischen Beschreibungen des Arabischen Frühlings als digitale Revolution aktualisiert wurden (Shirky 2011).

Zentral wird nun das Versprechen des Gemeinsamen – aber nicht als quasi-ontologischer Begriff einer unmöglichen Gemeinschaft, wie sie zum Beispiel Jean-Luc Nancy entworfen hat. Versprechen des Gemeinsamen, die insbesondere in der Produktwerbung von Smartphone-Apps zu beobachten sind, lassen sich zwar im Anschluss an poststrukturalistische Denkweisen dekonstruktivistisch analysieren. Diesbezüglich sind Vorstellungen von Ko-Präsenz als ein fortlaufendes „Entwerken", als Aufschub von Sinnfiguren einer gemeinschaftlichen Einheit beziehungsweise einer präsenzlogisch niemals „gegebenen" Zeit zu beschreiben (Nancy 1988; Derrida 1993; Khurana 2011). Gerade die in Apps wirksame Symbolisierung von Synchronie ist als wirksame und folgenreiche Idealisierung zu verstehen, die Zäsuren, Aufschübe und unvereinbare Pluralität in der Verfertigung gemeinsamer Zeiten unsichtbar hält, linearisiert und homogenisiert (Tholen 1999; Wood 2001). Poststrukturalistische Denkweisen dienen dabei als Impulsgeber für die Analyse von Praktiken: Es geht uns nicht darum, eine vermeintlich eigentliche Zeit jenseits des Interfacing aufzudecken, sondern um die Analyse eines praktischen Aufschubgeschehens, das über infrastrukturelle Grundlagen und entsprechende Imaginationen hergestellt werden muss. Empirisch interessiert nun, wie das Aufschieben beziehungsweise das Versprechen von Unmittelbarkeit selbst funktioniert. Man denke hier etwa an die Organisation des zeitlichen Aufschubs im Buffering. Auf paradoxe Weise muss der Aufschub selbst medientechnische (A-)Synchronisierungs- arbeit – und damit Vergemeinschaftung – leisten, ohne das Gemeinsame im Sinne einer unvermittelten Relationierung erreichen zu können. Im Laufe der Auseinandersetzung mit Plattformen, Apps und soziotechnischen Interaktionen hat sich gezeigt, dass eine poststrukturalistisch informierte Perspektive die Pluralität soziotechnischer Temporalitäten nicht vollständig erfassen und detailliert beschreibbar machen kann. Der Fokus auf das stets uneingelöste Ver- sprechen als eine Modalität medialer Teilhabe wurde somit um die Perspektive auf die heterogenen Vorgänge des Temporalisierens ergänzt und erweitert. In der Fallstudie von Ganzert bietet das Versprechen (hier bezogen auf eine Teilhabe am Alltag des/der Partners:in) jedoch nach wie vor einen wichtigen Analysefokus.

Das Versprechen von Teilhabe in soziotechnischen Arrangements des Smartphones ist eng an Vorstellungen eines rechtzeitigen, passenden Zusammentreffens oder einer medialen Ko-Präsenz (Linz und Willis 2011) gebunden. Solche Versprechen stabilisieren sich durch eine affektive Relationierung von User:in und Device, aus der die Vor- stellung einer reibungslosen *(seamless)* Sychronisierbarkeit mit anderen Geräten und User:innen hervorgeht. Die Ana- lyse von Ganzert untersucht ausgehend von Display-Ope- rationen diese Teilhabeversprechen in affektiven Smart- phone-User:innen-Relationen und stellt dem die detaillierte Beobachtung von App-Funktionen und -Visualisierungen gegenüber. Wenn von der Temporalisierung von Smart- phone-Praktiken gesprochen wird, bezieht sich das auf die vielfältigen heterogenen und partialen soziotech- nischen Interaktionen, die von idealisierten Vorstellungen von Partizipation, wie sie vor allem in der App-Industrie propagiert werden, überlagert sind beziehungsweise die als infrastrukturelle Bedingung von homogenisierten Zeitvorstellungen fungieren. Die Analyse interessiert sich für die zeitliche Organisation und Strukturierung von gemeinsamen Zeiten in und durch Smartphone-Praktiken.

Die Bindung zwischen den pluralen Mediationen des Smartphones und seiner User:in lässt sich mit dem Begriff *attachment* auch in temporaler Hinsicht näher bestimmen. Er erweist sich nicht nur für die Relation Smartphone – User:in als aufschlussreich, sondern auch für die Hervorbringung von User:innen-Verhalten in Empfehlungssystemen (vgl. Drusell in diesem Band). *Attachment* bezieht sich dabei auf ein heterogenes Feld affektiver Bindungen und umfasst emotionale, aber auch physische Verbundenheit. *Attachments* bezeichnen dynamische Ereignisse der Verbundenheit beziehungsweise Verbindung mit den Dingen, an denen wir hängen, von denen wir abhängen oder mit denen wir zusammenhängen. Gomart und Hennion beziehen den Begriff auf eine Relationierung, die vor dem Dualismus zwischen Subjekt und Objekt ansetzt. *Attachments* richten Subjekte und Objekte in einer Offenheit aneinander aus, die eine beständige Arbeit am Subjekt ebenso wie am Objekt notwendig macht: „[H]uman activity is ‚made possible', ‚potentialized', ‚conditioned' by the activity of drugs or the pull of music. The *conditioning* of the amateur by cocaine or Bach's partitas requires that she meticulously *establish conditions*: active work must be done in order to be moved" (Gomart und Hennion 1999, 227; Herv. i. O.). Die Verfertigung von *attachments* bedarf also einer ständigen Wiederholung dieser Arbeit an offenen Objekten und offenen Subjekten, die in einer Pluralisierung von Relationen resultiert, mit der eine fortlaufende Differenzierung und Verschiebung ebenso von Subjekt und Objekt wie ihrer Verbundenheit einhergeht (Hennion 2011).

Betrachten wir das *attachment* von Smartphone und Nutzer:in nun als eine in diesem Sinne öffnende und

transformierende Weise, in der ein/e Nutzer:in in einer fort-
laufenden „Relationierungsarbeit" sein/ihr Gerät verwendet und es in seinen/ihren körperlichen Nahbereich (Kaerlein 2018) eintreten lässt, so ist entscheidend, dass ein Smartphone mit zahlreichen seiner Apps und seinen differenten medialen Vollzügen als ein Mittler des sozialen Netzes des/der Nutzers:in fungiert (Linz 2008). Ganzerts Fallstudie zeigt, dass die Relationierungsarbeit in ihrer Orientierung an App-(Werbe-)Versprechen auf die Zukunft gerichtet ist und sich somit ähnlich antizipierend gestaltet wie die Produktion von User:innen-Verhalten in Empfehlungssystemen (vgl. Drusell in diesem Band). Die medialen Dimensionen des Smartphones erschöpfen sich keineswegs in der affektiven Relationierung von User:in und Gerät. Die wechselseitige Bindung zwischen offenem Objekt und offenem Subjekt ist zentral für die Verfertigung eines sozialen Gefüges, das sich in den teletechnischen Austauschprozessen des Geräts herausbildet. Das heißt, auch für die Hervorbringung eines Gemeinsamen *(common)* und für Relationen der medialen Teilhabe ist von einer Temporalisierung des *attachment* und somit von einer Pluralisierung soziotechnischer Interaktionen auszugehen, wie in Ganzerts Fallstudie zu Apps für Paare und in Drusells Analyse von Empfehlungssystemen diskutiert. Die Inanspruchnahmen seitens des Geräts und seiner Anwendungen können zudem zu Affizierungen führen, die der vorgesehenen Nutzung widersprechen. So sind auch Abwahlmöglichkeiten, Zugriffseinschränkungen etc. Teil der Aushandlung in Teilhabeprozessen und auch hier schreiben sich Temporalisierungen in die Strukturierung medialer Teilhabe ein, die es ernst zu nehmen gilt. Die mediale Teilhabe an digital vernetzten Gemeinschaften, die das Smartphone durch seine Mit-Teilungen – Nachrichten, aber auch Geodaten oder Bluetooth-Signale – ermöglicht, setzt somit an der affektiven Bindung eines/r Users:in zu ihrem Device an. Entwürfe von Communities mit ihren Aufforderungen, kopräsentisch Teil zu sein, mitzumachen, dabei zu sein, wie

sie in Social-Media-App-Werbungen zu finden sind, greifen diese Potenzialität des Gemeinsamen auf.

(2) Unser zweiter Fokus ist die Analyse von Temporalisierung als eine Zeitökonomie, die wir am Beispiel des On-Demand-Streamings untersuchen. Standen bei der Verfertigung des Gemeinsamen Praktiken des Zeitmanagements im Vordergrund, geht es nun um eine soziotechnische Zeitökonomie, welche die Voraussetzung für jedes Zeitmanagement ist. Zeitmanagement fasst Zeit als eine zu verwaltende Ressource auf. Wir beschäftigen uns eingehend mit der Frage, wie diese Zeitressource hergestellt wird. Zeitökonomie verstehen wir (in Analogie zur Unterscheidung zwischen dem Politischen und Politik; vgl. Laclau und Mouffe 1991; Rancière 2006) in einer Doppelbewegung: zum einen als die Herstellung von Ökonomizität (im Sinne eines Zeitraums der Kalkulierbarkeit), zum anderen als Praktiken der Kalkulation innerhalb dieses Zeitraums. Diese Doppelung erlaubt es uns, eine enge ökonomistische Fassung von Zeitökonomie zu vermeiden, da die Austausch- und Kalkulationsprozesse nicht innerhalb eines immer schon vorausgesetzten, gegebenen Raums stattfinden (eine Annahme, die auch viele Theorien des Plattformkapitalismus kennzeichnet), sondern die Dekonstitution dieses nun nicht mehr nur räumlich als Arena oder Plattform gedachten Zeitraums umfassen. Wir verfolgen diese Fragestellung nicht als ontologische (ein Problem, das gerade auch die Diskussion zur Politik und dem Politischen kennzeichnet; exemplarisch dazu Marchart 2013), sondern sehen solche Dekonstitutionsprozesse (analog zur oben diskutierten Arbeit des Aufschubs) als empirisches medienhistorisches Analysefeld. Dazu ist zweierlei notwendig: einerseits die Analyse heterogener digitaler Infrastrukturen, durch welche sich die konstitutive Ökonomisierung vollzieht. Auf dieser Ebene stehen die aufwendigen Synchronisierungs- und Koordinationsformen im Vordergrund, mithilfe derer die Möglichkeit für ein ökonomisches Operieren geschaffen wird. Andererseits deren imaginative Effekte, durch die Zeitökonomien naturalisiert

werden – beispielsweise durch die Schaffung von Kontinui-_
tätseffekten (vgl. die obigen Analysen zur Flow-Metapher
bei Bufferingprozessen).

Die Fallstudien zu Empfehlungssystemen (vgl. Drusell) und
zum Buffering (vgl. Denecke) analysieren zwei temporale
Modi solcher Zeitökonomien: „Momenting" und „Warten".
Diese beiden Prozesse sind im Hintergrund mit zwei
weiteren Modi des Temporalisierens verbunden: der Zeit des
Speicherns und jener des Löschens oder des *decay*. Diesen
Dimensionen ist gemeinsam, dass sie über die medialen
Infrastrukturen vernetzter digitaler Kommunikation
geschaffen werden. Die Zeitlichkeiten der medialen Teilhaberelationen kommen durch entsprechende Synchro-
nisierungs- und Homogenisierungserfordernisse zustande.
Diese Dimensionen sind jeweils hinsichtlich beider Register
des Ökonomischen relevant – das heißt also für ihre dekon-
stituierende Funktion für Ökonomizität wie auch für ihre
Rolle in ökonomischen Kalkulationsprozessen, insbesondere
hinsichtlich logistischer Fragen.

Wie die Analyse des Momenting zeigt, steht das Konstrukt
des/der Users:in nicht mehr (oder zumindest nicht primär)
für ein Subjektivierungsgeschehen und lässt sich daher
auch nur schlecht als Anrufung analysieren (bspw. im Sinne
Butlers 2001 Interpretation von Althusser). Vielmehr geht
es nun um ein stets situatives Momenting, das auf ein
diffraktives User:innen-Verhalten, nicht aber auf eine ein-
heitliche User:innen-Konstruktion, ja nicht einmal auf ihre
eigene kontinuierliche Geschichte und Identität ausgerichtet
ist. Das Momenting ist gleichermaßen Voraussetzung wie
auch Produkt von Temporalökonomien, deren Zeitraum nun
genauer als „moment space" (Ek zit. n. Drott 2018) in je spezifischen Situationen bestimmt wird. Es ist Voraussetzung,
da es selbst beständig temporäre Daten erzeugt, und es ist
Produkt, da dieses durch Empfehlungssysteme produziert
wird. In gewisser Weise sind damit deleuzianische Subjekt-
konzeptionen zum Bestandteil der Unternehmenskalküle
der Streaming-Plattformen und ihrer Empfehlungssysteme

geworden (vgl. Prey 2018, 1092) – was übrigens auch Fragen nach dem einst kritischen Potenzial einer solchen Perspektive aufwirft (vgl. dazu auch im Kontext militärischer Strategien Weizman 2006). „User:innen" werden radikal verzeitlicht in „User:in-Ereignisse" aufgelöst (vgl. Amatriain 2013), was in einer Spannung zum „corporate user centrism" steht. Dies macht es denn auch erforderlich, Teilhabe selbst in anderen Begrifflichkeiten zu denken – sie also nicht auf die Teilhabe von User:innen oder die Relation zwischen User:innen und Plattformen zu reduzieren, sondern die Voraussetzungen und Effekte dieses *user centrism* herauszuarbeiten, der den Prozess des Momenting zu überdecken droht. In anderen Worten: Es muss jener Zeitraum analysiert werden, in dem User:innen-Ereignisse (und nicht so sehr User:innen-Identitäten) überhaupt erst kalkulierbar werden.

Für diese Analyse wird die oben erwähnte Unterscheidung zwischen Ökonomizität und Ökonomien relevant; erst sie erlaubt es, über den *user centrism* hinauszukommen. Das Konzept der User:in, versteht man es als Index für ein Subjektivierungsgeschehen, verdeckt schließlich die asubjektive Logik dieser Temporalökonomie. Diese Ökonomie des Rechtzeitigen (also nicht der Schnelligkeit, sondern – nun über den technischen Begriff hinausgehend – der „kritischen Zeit") rechnet mit hochgradigen temporalisierten *user events.* Sie kennt keinen (wie auch immer eingeschränkten) Homo oeconomicus mehr, dessen individuelle Rationalität oder stabile Präferenzen als Fixpunkt dienen könnten, sondern ist mit der Modulation der medialen Teilhabe-*attachments* beschäftigt (z. B. durch Nudging). Diese sollen durch eine zeitliche Logik der Prädiktion berechenbar gemacht werden, ohne dass aber die digitalen Technologien (hier: die Empfehlungssysteme) ihrer eigenen Prädiktion blind vertrauen. Eine Zeitökonomie, die sich ständig erneuert (vgl. zum *refresh* Coleman 2020), muss schließlich nicht nur das geeignete Neue rechtzeitig selegieren, sondern diesen seriellen Selektionsprozess selbst beständig modifizieren, um neue *attachments* zu produzieren. Die Ökonomizität – also die Herstellung der Möglichkeit ökonomischer Berechenbarkeit und des Tauschens auf Grundlage eines metrisierten Zeitraums – ist keine bloße ontologische Voraussetzung, sondern empirisch analysierbar. Sie schreibt sich in unserem Fallbeispiel des On-Demand-Streamings als *infrastructuring* in die medialen Technologien ein, ohne auf diese reduziert werden zu können. Kontrolltechnologien beziehen sich damit nicht ausschließlich auf die Kontrolle des/der Users:in (z. B. seiner/ihrer Daten, affektiven Investments oder immateriellen Arbeit), sondern auf die Koordinationserfordernisse heterogener Zeiträume des Ökonomischen. Das Problem der Synchronisierung entsteht also nicht erst mit der Abstimmung zwischen sozialen, menschlichen und maschinellen Prozessen (eine Unterscheidung, die selbst durch die Annahme der klaren Unterscheidbarkeit problematisch ist), sondern charakterisiert bereits die Timing-Probleme der Computer-Hardware („temporal identity systems", vgl. Schreiber 1999; Drusell in diesem Band), wodurch temporale „metric spaces" (Schreiber 1999, 297) der Kalkulation geschaffen werden. Selbst die Uhrzeit als Pacing-Technologie verfügt über keine problemlose Stabilität, sondern ist durch die ihr zueignende Materialität prekär.

Richtet sich die Analyse des Momenting auf eine temporale Logik des „richtigen Zeitpunkts", so interessieren uns beim Warten Verzögerungen und Verspätungen des Datenverkehrs. Dabei ist der Begriff des Wartens symmetrisch angelegt und meint sowohl das Warten von User:innen wie auch das von Daten. Aus der Perspektive digitaler Infrastrukturen wird deren „Verkehrsregulierung" wichtig, mithilfe derer ein flexibler und effizienter Datentransport organisiert werden soll. Dazu gehört die Einrichtung von Buffering-Technologien, die es ermöglichen, Zeitdifferenzen des Datenverkehrs auszugleichen. Während dieses ständig mitlaufende Buffern häufig von den User:innen unbemerkt bleibt, können diese Technologien auch nicht verhindern, dass es zum Re-Buffern kommt, symbolisiert durch das sich für eine unbestimmte Zeitspanne drehende Buffer-Rädchen. Über die auf die mikrotemporale Logik fokussierte Fallstudie hinausgehend, erweist sich Buffering gerade in solchen Momenten (sei es deren Symbolisierung, sei es das bloße Einfrieren und Ruckeln des Bild-Streams) als Verschränkung von technischen, kulturellen und sozialen Aspekten von Zeitlichkeiten. Die temporale Analyse des Buffering untersucht gleichermaßen die Prozesse des Buffering und Re-Buffering am Beispiel der strategischen Schaffung von „quality of experience" bei Netflix.

In beiden Fallbeispielen der Analyse von Temporalisierung als einer Zeitökonomie geht es also um die Herstellung eines homogenisierten Raums medialer Teilhabe, innerhalb dessen solche Kategorisierungen von Zeitlichkeiten erst möglich werden. Eine solche Zeitökonomie geht (anders etwa als Arbeiten zur Aufmerksamkeitsökonomie) nicht in ökonomistischer Weise von Zeit als einem immer schon existierenden knappen Gut oder einer erst noch zu unterteilenden Zeit aus, sondern umfasst noch vor einer solchen klassischen Ökonomizität die Herstellung ihrer Möglichkeitsbedingungen. Geschaffen werden damit Infrastrukturen zeitlicher Koordination „synthetischer Situationen" (Knorr-Cetina 2009), mithilfe derer überhaupt erst die Identifikation von (temporaler) Knappheit möglich wird. In diesem Sinne gehen wir also nicht von einer Gegenüberstellung einer „human" und einer „machine time" (Hansen 2004) aus, sondern immer schon von materiell-kulturellen „Meshworks" (Ingold 2007, 2012), die technischen, sozialen und kulturellen Transcodierungsprozessen unterliegen.

Unsere Analysen haben Formen des Temporalisierens als intrinsisch für jede mediale Relationierung, durch welche Teilhabe und Ausschlüsse erzeugt werden, aufgefasst. Im Vordergrund standen dabei zwei ökonomische Aspekte: zum einen das Management von Zeit als Ressource in Paar-Apps, um auf diese Weise eine mediatisierte Teilhabe an einem gemeinsamen Alltag zu organisieren; zum anderen die infrastrukturelle Herstellung der Kalkulierbarkeit von Zeit, um auf diese Weise den Effekt und die

Erfahrung eines als *seamless* erscheinenden Datenstroms
zu schaffen. Auch wenn in der Analyse der Zeitökonomie
mediale Infrastrukturen im Vordergrund standen, heißt dies
keineswegs, Zeitökonomie auf ein technisches Geschehen
zu reduzieren. Infrastrukturen bedeuten immer auch
Infrastrukturieren – wodurch notwendigerweise soziale und
kulturelle Aspekte selbst für nicht wahrnehmbare Mikrotemporalitäten wichtig werden. So richten sich etwa die
Buffering-Technologien an einem imaginären Konstrukt
der *user experience* aus. Mehr noch: Die Datenströme sind
selbst Teil des alltäglichen Zusammenlebens, und zwar nicht
im in der Kulturkritik verbreiteten Sinne einer technischen
Entfremdung und Determinierung menschlichen Verhaltens.
Vielmehr gehört zur Prozessualität der Datenströme, dass
sie situiert sind und mit dieser Situierung gerechnet werden
muss (im Sinne des Momenting).

Die Untersuchung der Zeitökonomien hat auch gezeigt,
dass sie auf unterschiedliche Weise zukünftige Teilhabe
modellieren. Das Zeitmanagement, das wir anhand von
Paar-Apps untersucht haben, folgt einer klassischen
Logik des Zeitmanagements: Zukunft soll antizipiert
werden, um auf diese Weise eine gemeinsame Zeit hervorzubringen. Richtet man den Blick auf die medientechnologischen Prozesse des Streamings, so werden in deren
Modellierungen und Funktionieren tiefergelegte Formen der
Kalkulation von Zukunft sichtbar. Die Studie zum Buffering
zeigt, dass das Versprechen eines zukünftigen „Echtzeit"-
Streams auf technologischen Prozessen beruht, welche
zukünftige Störungen, noch bevor sie aufgetreten sind,
präventiv vorwegzunehmen sucht. Dazu sind komplexe
Abstimmungen zwischen infrastrukturellen Kapazitäten
(z. B. Bandbreite und Netzwerkverkehr) und User:innen-
Verhalten notwendig. Diese präventiven Techniken
schaffen damit erst einen möglichst störungsfreien und
kontinuierlichen Zeitstrom. Schließlich hat die Studie zum
Momenting gezeigt, dass Zukunft nicht einfach aus der
Vergangenheit abgeleitet werden kann, sondern präemptiv
geschaffen werden muss. Damit wird Diskontinuität nicht

nur als zu überwindendes Problem gesehen, sondern mit diesem selbst gerechnet. Zukunft wird auf diese Weise potenzialisiert, wodurch gerade indeterminierte Momente und Nichtwissen wichtig werden – und zwar nicht als unüberwindbare Hindernisse, sondern als Grundlage für eine nie erschöpfend kalkulierbare Potenzialität von Zukunft.

Literatur

Adam, Barbara. 1995. *Timewatch: The Social Analysis of Time*. Cambridge: Polity.

Amatriain, Xavier. 2013. „Big & personal: Data and models behind Netflix recommendations". In *Proceedings of the 2nd international workshop on big data, streams and heterogeneous source Mining: Algorithms, systems, programming models and applications*, 1–6.

Appel, Hannah, Anand, Nikhil und Akhil Gupta. 2018. „Introduction: Temporality, politics, and the promise of infrastructure". In *The Promise of Infrastructure*, hg. v. Hannah Appel, Nikhil Anand und Akhil Gupta, 1–38. Durham: Duke University Press.

Butler, Judith. 2001. *Psyche der Macht: Das Subjekt der Unterwerfung*. Frankfurt am Main: Suhrkamp.

Callon, Michel. 2006. „Einige Elemente einer Soziologie der Übersetzung: Die Domestikation der Kammmuscheln und der Fischer der St. Brieuc-Bucht". In *ANThology: Ein einführendes Handbuch zur Akteur-Netzwerk-Theorie,* hg. v. Andrea Belliger und David J. Krieger, 135–175. Bielefeld: transcript.

Chilvers, Jason und Matthew Kearnes. 2016. *Remaking Participation. Science, Environment and Emergent Publics*. London/New York: Routledge.

Coleman, Rebecca. 2020. „Refresh: On the Temporalities of Digital Media ‚Re's". *Media Theory, Special Issue: Mediating Presents* 4 (2): 55–84.

Delwiche, Aaron und Jennifer Jacobs Henderson. Hg. 2013. *The Participatory Cultures Handbook*. London, New York: Routledge.

Derrida, Jacques. 1993. *Falschgeld. Zeit geben I*. München: Fink.

Drott, Eric. 2018. „Why the Next Song Matters: Streaming, Recommendation, Scarcity". *Twentieth-Century Music* 15 (3): 325–357.

Ernst, Wolfgang. 2012. *Chronopoetik: Zeitweisen und Zeitgaben technischer Medien*. Berlin: Kulturverlag Kadmos.

———. 2014. „Zwischenarchive: Die Zeitform der Digitalen Gesellschaft. Speichertechnische Irritationen der Gegenwart". *Medientheorien.hu-berlin. de*. https://www.medientheorien.hu-berlin.de/de/medienwissenschaft/ medientheorien/Schriften-zur-medienarchaeologie/aufsaetze_vortragsskripte/pdfs/medarch-digital-bonn-kurz.pdf.

Ganzert, Anne, Gielnik, Theresa, Hauser, Philip, Ihls, Julia und Isabell Otto. 2017. „In the Footsteps of Smartphone-Users. Traces of a Deferred Community in Ingress und Pokémon Go". *Digital Culture and Society* 3 (2): 41–57.

Gomart, Emilie und Antoine Hennion. 1999. „A Sociology of Attachment: Music, Amateurs, Drug Users". *The Sociological Review* 47 (1): 220–247.

Hansen, Mark B. N. 2004. *New Philosophy for New Media*. Cambridge, MA: MIT Press.

Hennion, Antoine. 2011. „Offene Objekte, Offene Subjekte? Körper und Dinge im Geflecht von Anhänglichkeit, Zuneigung und Verbundenheit". *Zeitschrift für Medien- und Kulturforschung* 1: 93–109.

Hom, Andrew R. 2018. „Silent Order: The Temporal Turn in Critical International Relations". *Millennium: Journal of International Studies* 46 (3): 303–330.

Ingold, Tim. 2007. *Lines: A Brief History*. Milton Park: Routledge.

———. 2012. „Toward an Ecology of Materials". *Annual Review of Anthropology* 41: 427–442.

Kassung, Christian und Thomas Macho. Hg. 2013. *Kulturtechniken der Synchronisation*. München: Fink.

Kaerlein, Timo. 2018. *Smartphones als digitale Nahkörpertechnologien: Zur Kybernetisierung des Alltags*. Bielefeld: transcript.

Khurana, Thomas. 2011. „Schon da und noch im Kommen begriffen: Zur Zeitlichkeit des Mediums Sinn". In *Wiederkehr und Verheißung: Dynamik der Medialität in der Zeitlichkeit*, hg. v. Christian Kiening, Aleksandra Prica und Benno Wirz, 43–64. Zürich: Chronos.

Knorr-Cetina, Karin. 2009. „The Synthetic Situation: Interactionism for a Global World". *Symbolic Interaction* 32 (1): 61–87.

Laclau, Ernesto und Chantal Mouffe. 1991. *Hegemonie und radikale Demokratie: Zur Dekonstruktion des Marxismus*. Wien: Passagen Verlag.

Latour, Bruno. 2007. *Eine neue Soziologie für eine neue Gesellschaft: Einführung in die Akteur-Netzwerk-Theorie*. Frankfurt a.M.: Suhrkamp.

Linz, Erika. 2008. „Konvergenzen: Umbauten des Dispositivs Handy". In *Formationen der Mediennutzung III: Dispositive Ordnungen im Umbau*, hg. v. Irmela Schneider und Cornelia Epping-Jäger, 169–188. Bielefeld: transcript.

Linz, Erika und Katharine S. Willis. 2011. „Mediale Kopräsenz: Anwesenheit und räumliche Situierung in mobilen und webbasierten Kommunikationstechnologien". In *Raum als Interface*, hg. v. Annika Richterin und Gabriele Schabacher, 145–61. Siegen: universi.

Lohmeier, Christine, Kaun, Anne und Christian Pentzold. 2020. „Making Time in Digital Docieties: Considering the Interplay of Media, Data, and Temporalities – An Introduction to the Special Issue". *New Media & Society* 22 (9): 1521–1527.

Mackenzie, Adrian. 2001. „The Technicity of Time: From 1.00 Oscillations/Sec to 9,192,631,770 Hz". *Time & Society* 10 (2–3): 235–257.

Macho, Thomas. 2003. „Zeit und Zahl. Kalender- und Zeitrechnung als Kulturtechniken". In *Bild – Schrift – Zahl*, hg. v. Sybille Krämer und Horst Bredekamp, 179–192. München: Fink.

Marchart, Oliver. 2013. *Die politische Differenz: Zum Denken des Politischen bei Nancy, Lefort, Badiou, Laclau und Agamben*. Frankfurt a.M.: Suhrkamp.

Marres, Noortje und Javier Lezaun. 2011. „Materials and devices of the public: An introduction". *Economy and Society* 40 (4): 489–509.

128　Nancy, Jean-Luc. 1988. *Die undarstellbare Gemeinschaft*. Stuttgart: Edition Patricia Schwarz.

Nassehi, Armin. 2008. *Die Zeit der Gesellschaft: Auf dem Weg zu einer soziologischen Theorie der Zeit. Neuauflage mit einem Beitrag „Gegenwarten"*. Wiesbaden: VS Verlag für Sozialwissenschaften.

Prey, Robert. 2018. „Nothing personal: algorithmic individuation on music streaming platforms". *Media, Culture & Society* 40 (7): 1086–1100.

Rancière, Jacques. 2006. *Die Aufteilung des Sinnlichen. Die Politik der Kunst und ihre Paradoxien*. Berlin: b-books.

Rheingold, Howard. 2002. *Smart Mobs: The Next Social Revolution*. Cambridge, MA: Basic Books.

Rifkin, Jeremy. 2001. *The Age of Access: The New Culture of Hypercapitalism*. New York: Penguin.

Rosa, Hartmut. 2005. *Beschleunigung: Die Veränderung der Zeitstrukturen in der Moderne*. Frankfurt a.M.: Suhrkamp.

Schreiber, Fabio A. 1999. „Is Time a Real Time? An Overview of Time Ontology in Informatics". In *Real Time Computing*, hg. v. Wolfgang A. Halang und Alexander D. Stoyenko, 283–307. Berlin: Springer Verlag.

Seaver, Nick. 2018. „Captivating algorithms: Recommender systems as traps". *Journal of Material Culture* 24: 421–436.

Serres, Michel. 2019 [1987]. *Der Parasit*. Frankfurt am Main: Suhrkamp.

Sharma, Sarah. 2014. *In the Meantime*. Durham: Duke University Press.

Shirky, Clay. 2011. „The Political Power of Social Media: Technology, the Public Sphere, and Political Change. *Foreign affairs* 90 (1): 28–41.

Star, Susan Leigh und Geoffrey C. Bowker. 2002. „How to infrastructure?" In *Handbook of New Media: Social Shaping and Social Consequences of ICTs*, hg. v. Leah A. Lievrouw und Sonia Livingstone, 151–162. London: SAGE Publications.

Tholen, Georg Christoph. 1999. „Überschneidungen: Konturen einer Theorie der Medialität". In *Konfigurationen. Zwischen Kunst und Medien*, hg. v. Sigrid Schade und Georg Christoph Tholen, 15–34. München: Fink.

Turkle, Sherry. 1998 [1995]. *Leben im Netz: Identität in Zeiten des Internet*. Reinbek bei Hamburg: Rowohlt.

Volmar, Axel und Kyle Stine. Hg. 2021. *Media Infrastructures and the Politics of Digital Time*. Amsterdam: Amsterdam University Press.

Weizman, Eyal. 2006. „Walking through walls". *Radical Philosophy* 136: 8–22.

Wood, David. 2001. *The Deconstruction of Time*. Evanston, ILL: Northwestern University Press.

SMARTPHONE

APPS

PAARE

TEILHABE

4

Linearisierung: Kontinuitätsversprechen und Beziehungsarbeit durch Pärchen-Apps

Anne Ganzert

Smartphone-Apps für Paare schreiben sich sowohl in die Kommunikation als auch in die Planungs- und Erinnerungspraktiken ihrer Nutzer:innen ein. Sie versprechen mediale Teilhabe am Alltag des anderen und an der gemeinsamen Beziehung und verlangen dafür kontinuierliche Nutzung und Dateneingabe. Der Artikel zeigt anhand der exemplarischen Analyse einer solchen App auf, wie diese Anwendungen vor allem durch verschiedene mediale Ökonomisierungen gemeinsamer Zeit(en) Teilhabe hervorbringen, strukturieren und beobachtbar machen.

In verschiedensten populären und akademischen Kontexten werden Smartphones und Apps unterstellt, sie ermöglichten Teilhabe: an Informationen, sozialen Netzwerken, Content aller Art oder politischen Handlungen. Auch Apps, die sich speziell an Paare richten, versprechen ein Teilhaben auf verschiedenen Ebenen: an der Partnerschaft und der medienöffentlichen Beziehungsinszenierung; an der bedeutungsvollen, romantischen Kommunikation oder schlicht an der (vermeintlich) privilegierten Gruppe der Liierten. Diskursive Quellen wie Selbstbeschreibungen in den Apps oder Werbetexte auf den Download-Plattformen sowie Artefakte wie Social-Media-Posts oder Produktvideos können Aufschluss darüber geben, mit welchem Selbstverständnis die jeweilige App gestaltet wurde und welche Bedürfnisse die Produzierenden bei den Nutzer:innen bedienen wollen. Verbundenheit[1] oder die gemeinsame Zukunft sind zentrale Anliegen dieser Apps – „spend more time together and have things to look *forward* to" (Raft); „*Futureproof* your relationship" (Couply, Herv. i. O.) –, oder, noch direkter: „Build a relationship that lasts for a lifetime" (Lasting). Bedingung dafür ist zunächst die regelmäßige Benutzung des Smartphones und der App(s). Des Weiteren, so meine Argumentation, forcieren die Apps eine Zurichtung der Nutzer:innen auf ein implizites, lineares Konzept partnerschaftlicher Beziehung. Indem sie dieses Konzept als Ideal voraussetzen, machen sie es zur Bedingung von Teilhabe. Diese versprochene Teilhabe am Leben / an der Zeit / an dem/der Partner:in soll medial verfasst und optimiert werden – das heißt konsistent, stabil, verlässlich und vorhersehbar sein (siehe auch Milan Stürmer in diesem Band). Dies soll über verschiedene Arten der Abstimmung, Ausrichtung und Synchronisierung erreicht werden. Eine Analyse des Subgenres der sogenannten Couple-Apps zeigt, dass dafür temporale Strukturierungen aus dem Berufskontext in den privaten Bereich transponiert werden. Daher nimmt der vorliegende Beitrag Praktiken der Verzeitlichung

---

1   „The purpose behind our app became *connection*", liest man im App Store zum Beispiel zu einer solchen App (Kindu).

in diesen Couple-Apps in den Blick. Diese a) versprechen fortlaufende / verbesserte zeitliche Teilhabe an der (medial verfassten) Beziehung; b) erzeugen einen soziotechnischen Vermittlungsraum, und c) erlauben die Analyse von Temporalisierungsprozessen, welche durch mediale Praktiken der Zeitverwaltung Teilhabe strukturieren und ökonomisieren.

Durch diskursive Analysen sowie Beobachtungen aus der App-Nutzung nach den Prinzipien der „walkthrough method"[2] (Light, Burgess und Duguay 2018) lässt sich argumentieren, dass Couple-Apps für die Diskussion medialer Teilhabe verdeutlichen, wie digitale Vernetzung verzeitlicht (vgl. Otto 2020) und Erinnerungspraktiken strukturiert werden. Effekt dieser Verzeitlichung ist eine gesteigerte Aufmerksamkeit für die Zeit und vor allem für ihr Vergehen und ihre Knappheit. Couple-Apps dienen vordergründig dazu, gemeinsame Zeit zu generieren. Genauer besehen findet aber kein Zeitgewinn statt, sondern lediglich eine striktere Abstimmung und Verwaltung zwischen den Parteien, welche selbst Zeit in Anspruch nimmt.

Wie Couple-Apps relationieren, strukturieren und linearisieren

Couple-Apps folgen einer anderen Logik als Dating- oder „Hook-Up-Apps": Sie sollen statt ständig neuer „Matches" einen exklusiven Raum für eine langfristige, monogame (heterosexuelle)[3] Beziehung auf dem Smart-

2   Hierbei nutzte ich die App „to systematically and forensically step through the various stages of app registration and entry, everyday use, and discontinuation of use." Dabei standen speziell „vision", „operating model" und „governance" im Fokus – durch Screenshots dokumentiert und durch „mediator characteristics" wie Textinhalte und -ton, Interface Arrangements etc. analysiert (Light, Burgess und Duguay 2018, 10f.).

3   Die Problematiken und normativen Implikationen, die damit einhergehen, können an dieser Stelle nicht adäquat diskutiert werden. Das Zielgruppenmarketing der hier analysierten Apps schließt in der Text- und Bildsprache jedenfalls kaum queere Beziehungen oder alternative Beziehungskonzepte mit ein. Auch durch die Werbebilder

phone bieten und die Paarbeziehung durch die gegenseitige Versicherung der Teilhabe am Leben des/der Beziehungspartners/:in via App stabilisieren. Je nach App werden unterschiedliche Hauptfunktionen in den Vordergrund gestellt, die unterschiedliche Aspekte der medial verfertigten Paarbeziehung erleichtern oder ermöglichen sollen: Zeitverschiebungen in Fernbeziehungen ausgleichen (z.B. Without); Zukunft planen oder Gleichzeitigkeit stiften, z.B. durch paralleles Musikhören oder Filmschauen[4] (z.B. Kast). Um dies leisten zu können, setzen die Couple-Apps – so meine Argumentation – verstärkt auf zeitliche Verwaltung und Produktion von Paarzeit(en). Das „relationship management" (vgl. Paasonen 2017, Section 2) der Couple-Apps realisiert sich im gemeinsamen Planen in geteilten Kalendern, in synchronisierten Einkaufszetteln, in Text- und Bildnachrichten und in der Dokumentation gemeinsamer Erlebnisse. Durch ständige gegenseitige Versicherung der Zuneigungen und Aufmerksamkeit – mal wird ein Blick oder Klick gefordert, mal ein Bild, Sticker oder Videoanruf – und einen koordinierten, synchronisierten Alltag wird eine von den Apps vordefinierten „romantische" Paarbeziehung implementiert. So kann argumentiert werden, dass sich hier eine Form der Zeitökonomisierung (vgl. Denecke in diesem Band) findet. Indem Couple-Apps Beziehungen linearisieren – im Sinne „von portionierbaren Einheiten, von Zeitpunkten und Zeitsegmenten [...,] die sich in einer Reihenfolge organisieren und damit ökonomisch und technisch nutzbar [werden]" (Müller 2021, 103) –, stabilisieren sie sich selbst als Kommunikationsmedium und binden Partner:innen und Geräte an sich. Nur wer qua Bildschirmberührung einander gedenkt (vgl. Linz und Willis 2011)[5] trägt zur Beziehungs-

und -texte von Between als zentralem Beispiel dieses Beitrags werden primär heterosexuelle, monogame Paare adressiert und verfertigt.

4   Im Verlauf der COVID-19-Pandemie entwickelten diverse Streaming-Plattformen Optionen für gemeinschaftliches Streamen, um den sozialen Effekten der Lockdowns entgegenzuwirken.

5   Ein Beispiel dafür war bei Pair/Couple der sogenannte „thumb kiss": Die App zeigte auf beiden Bildschirmen die Daumenposition des/der Partners:in an und forderte dazu auf, den eigenen Daumen

festigung bei. Diese regelmäßigen Aktivitäten erzeugen
jeweils einen „Jetztpunkt" (ebd., 112), der App-immanent mit
vergangener und zukünftiger Nutzung verknüpft wird. Die
Beziehung wird dann in einem „räumlich gedachten Zeit-
strahl von ‚Jetztpunkten'" (ebd.) dargestellt, in welchen sich
jede Handlung einreihen muss.[6]

Damit verfertigen Couple-Apps die Ko-Präsenz der
Nutzer:innen im virtuellen Kommunikationsraum (Linz
und Willis 2011, 150f.) und auf den Displays (durch Profil-
bilder, Nutzer:innennamen, Avatare oder andere Platz-
halter) und werden selbst als Dazwischen verfertigt – als
Raum/Zeit-Gefüge, in dem sich Gemeinsamkeit als (media-
lisiertes) Zusammensein ereignen kann. Durch sie treten
die Partner:innen als Nutzer:innen in Relation. Kurz gesagt:
Couple-Apps strukturieren Beziehung(en) und bringen sie
in spezifischer Weise hervor, wie im Folgenden im Detail am
Beispiel von Between beschrieben wird.

daraufzulegen. Bei übereinstimmender Positionierung vibrierten
beide Smartphones.

6   Produktiv kann hier die gegenseitige Stabilisierung der Nutzer:innen
auch unter den Vorzeichen der Narration betrachtet werden: Indem
die Beziehung qua App erzählt wird, werden die Partner:innen als
(vermeintliche) Pole hervorgebracht, obwohl die Nutzung der App
selbst jeweils bei einer Person verbleibt. Genau genommen erzählt
eine solche App dem/der Nutzer:in von ihm/ihr selbst. In den
Nutzungspraktiken überlagern sich Selbstbezeugung und Bezeugung
durch den/die andere:n, sodass näher betrachtet gar nicht von
der Beziehung erzählt wird, sondern die Nutzenden sich selbst als
Partner:innen wechselseitig mit der App verfertigen. Würde zum
Beispiel eine der Parteien durch eine KI ersetzt, fänden die gleichen
stabilisierenden Praktiken statt.

Between

Between ist für alle Smartphones erhältlich und weitgehend kostenfrei.[7] Bereits im November 2011 von Value Creators & Company (VCNC) veröffentlicht, hat sie in den zehn Jahren ihrer Existenz diverse Überarbeitungen erfahren.[8] Im Appstore werden die potenziellen Nutzer:innen mit der Frage „Are you currently in a relationship?" direkt ange-sprochen, das Paar-Sein also bereits vorausgesetzt. VCNC Entwickler:innen bezeichnen Between als „digital couple ring"[9] (Collins 2013) und übertragen somit das mit einem solchen Schmuckstück verbundene Versprechen von exklusiver Treue auf die App. Die exklusive Verbindung der Nutzenden wird dort durch eine Art Tethering erzeugt: Nach dem Download fordert Between dazu auf, einen Code an die Partner:in zu senden, den diese/r im entsprechenden Feld eingeben muss.[10] Diese Kopplung bleibt bis zum Widerruf bestehen. So entsteht nicht etwa eine Dreiecksbeziehung zwischen dem Pärchen und der App, sondern ein Viereck aus zwei Nutzer:innen und zwei Installationen derselben App.[11]

Im Folgenden soll auf die App-Funktionen eingegangen werden und darauf, welche zeitlichen Praktiken und Ope-rationen dadurch hervorgebracht werden und welche

---

7   Es gibt außerdem eine Desktopversion des Chatverlaufs für Windows und Mac, der an dieser Stelle aber hintangestellt werden kann. Die „Between Plus"-Funktion (als kostenpflichtiges Abonnement) tilgt die wenigen eingeblendeten Werbebanner und schaltet mit „Love Letters" die einzige in der kostenfreien Version tatsächlich geblockte Funktion frei. Ansonsten bietet „Plus" nur weitere farb-liche Gestaltungsoptionen und die Option, auch längere Videos und Sprachnachrichten im Chat zu verschicken und zu empfangen.

8   Für die vorliegende Analyse wurde die Version 5.7.0 verwendet.

9   Solche Ringe werden in Südkorea meist nach 100 Tagen Beziehung ausgetauscht – es ist also vor allem die Dauer entscheidend.

10 Die Aktivierung per Code muss innerhalb von 24 Stunden erfolgen, sonst verliert er seine Gültigkeit.

11 Diese sind selbstverständlich wiederum durch unzählige andere Infrastrukturen verbunden, was an dieser Stelle aber ausgeklammert wird.

Rückschlüsse auf Teilhabebeziehungen diese zulassen. Durch die Dokumentation und Analyse des Walkthrough wird gezeigt, wie sich diese Aspekte auf den Endgeräten der Nutzer:innen realisieren.

Kommunizieren – Chat und Exklusivität

Die Messengerfunktion – in der Steuerungsleiste von Between unten mittig angeordnet – entspricht dem Smartphone-App-Standard. Text, Bild- und Audiodateien können unbegrenzt versendet werden, zudem Sticker, GIFs und kurze Videos. Damit funktioniert dieser Chat grundsätzlich wie jeder andere, doch zwei Aspekte zeichnen ihn aus: zum einen, dass hier ausschließlich mit *einer* anderen Person kommuniziert werden kann, nämlich dem „significant other".[12] Die App ist der exklusive Nachrichtenkanal zweier verkoppelter Accounts und verspricht durch diese Exklusivität „loving conversations, just between both of you" (Webseite von Between). Ihre bloße Benutzung schreibt dem Gegenüber und der zweisamen Kommunikation besondere Bedeutung zu. Zum anderen wird immer wieder betont, dass der Chat unbegrenzt lange aufbewahrt wird. Dies hängt unmittelbar mit der im nächsten Abschnitt erläuterten Archivfunktion der App zusammen.

Damit Between den Anspruch erfüllen kann, die gesamte (digitale) Beziehung zu dokumentieren, können auch Chatverläufe aus den Anwendungen Line (LINE Corporation 2011) und KakaoTalk (Kakao Corp. 2010)[13] importiert werden – hier zeigt sich die Heimat von Between im „Smartland Korea"

12   Dieser Begriff wird in Texten über die App bevorzugt verwendet, um die Exklusivität hervorzuheben – z. B.: „You can have only one contact on Between – your significant other. If Facebook is a high-school reunion and Twitter is a cocktail party, Between is staying home with a boxed set and ordering pizza" (Collins 2013). Oder: „It offers an ultra-private, richer, and meaningful experiential context that nurtures intimacy with your significant other" (Yung-Hui 2012).

13   Die Kakao Corporation ist Südkoreas viertgrößter App-Anbieter, KakaoTalk im Februar 2022 die umsatzstärkste App aus Südkorea. Line ist Japans führende Messenger-App. Beide werden im asiatischen App-Markt nur durch WeChat (China) übertroffen. Global gesehen

[Abb. 1, links] Between Startbildschirm nach Synchronisierung (Screenshot, Version 5.7.0 [iOS])

[Abb. 2, rechts] Automatische Erkennung von Zeit- und Ortsangaben im Between Chat (Screenshot, Version 5.7.0 [iOS])

(D. Y. Jin 2017). Für den globalen Markt ist der Ausschluss anderer Messenger-Apps durchaus einschränkend. Eine weitere Einschränkung ist, dass importierte Nachrichten ausschließlich aus der Konversation der beiden beteiligten Personen stammen müssen. Dadurch verfestigt Between die dominante Idee der bilateralen Kommunikation (und der Paarbeziehung), deren einzige Erweiterung in der App besteht, die sich dazwischenschaltet. Die Nutzer:innen werden angeregt, sämtliche Kommunikation miteinander in Between zu tätigen. Damit zieht in die notorisch Flüchtigkeit des „instant messaging" eine sedimentierende Zeitlichkeit ein, die den Partner:innen einen ausgeprägten Wunsch

führt hier WhatsApp, gefolgt vom Facebook Messenger (vgl. Statista Zusammenfassung der Quartals- und Jahresreporte der Anbieter).

nach Fixierung und gemeinsamem Erinnern zuschreibt und diesen durch die sich einklinkende App auch erfüllt.

Zwei weitere Aspekte tragen zur Verzeitlichung der Kommunikation in Between bei. Erstens lässt sich – wie auch in anderen Anwendungen – nachvollziehen, ob das Gegenüber die gesendete Nachricht erhalten hat: Nach dem Versand erscheint links der Sprechblase ein kleines rotes Herz, das verschwindet, sobald der/die Partner:in den Chat geöffnet hat. Zweitens kennzeichnet die Chatfunktion Worte, die als Zeit- oder Ortsangaben verstanden werden können, durch blaue Unterstreichungen, wie typischerweise Hyperlinks (s. Abb. 2). Klickt man diese an, öffnet sich ein Event-Fenster. Neben Titel, Datum und Notizen sind verschiedene Kategorien (Date, Reise, Arbeit etc.), Wiederholungsrhythmus, akustischer Alarm einstellbar und ob das Ereignis dem gemeinsamen oder individuelle Kalender hinzugefügt (in der Kopfzeile farblich unterschieden in „Both – Me – Partner").

Archivieren – Story und Album

Die App fordert Zugriff auf Bilder, Videos und die Kamera der Smartphones, um zum Archiv der Beziehung zu werden. Sie lädt dazu ein, Fotos, Anlässe, Reisen und so weiter zu speichern und mit Stickern in die „Story" der Beziehung einzufügen. Diese lineare Story dient der eingangs erwähnten Stabilisierung: Paar und Ereignis erhalten durch die App eine Sicherheit gebende Sichtbarkeit, die nach dem Prinzip der „Herrschaft der Timeline" (Müller 2021) funktioniert. Dies betont die chronologische Erzählung und die Subsumierung aller Objekte unter diese. Dadurch, dass „im Lauf der Zeit" aus den projizierten und antizipierten Ereignissen Erinnerungen werden, vollzieht sich die Geschichte der Beziehung in Between; sie wird durch diese verzeitlicht und erzählbar gemacht. Die Story ist die Fixierung der Erzählung der gemeinsamen Zeit.

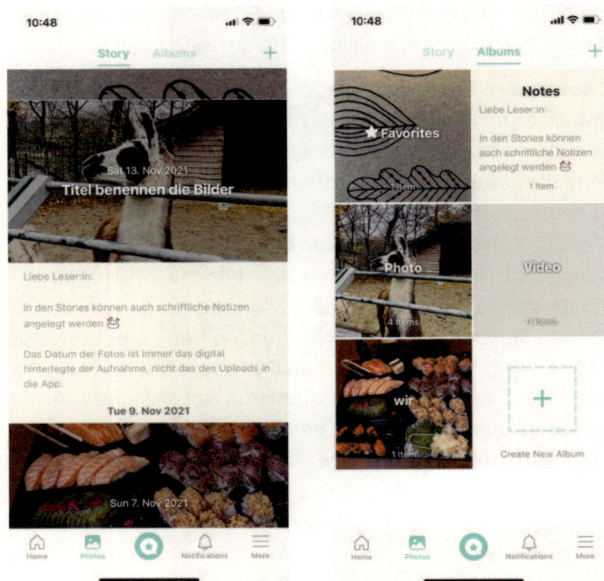

[Abb. 3, links] „Story"-Funktion in Between (Screenshot, Version 5.7.0 [iOS])

[Abb. 4, rechts] „Albums"-Funktion in Between (Screenshot, Version 5.7.0 [iOS])

Damit kann und will die App als Speicher agieren, denn anstatt in die Cloud lädt man die Bilder direkt in Between.[14] Between wirbt stolz damit, selbst bei einem Gerätewechsel die gemeinsamen Erinnerungen in der App gebündelt zu behalten. Das Altern der Technik wird dadurch progressiv ausgehebelt, denn die materielle Seite der Smartphone-Anwendung darf für die „endlose" Dauer der appifizierten Beziehung keine Rolle spielen. Das Versprechen ist lang-fristige Zugriff auf die Erinnerungsinhalte (und damit – verkürzt – auf die Beziehung); die geforderte Gegenleis-tung ist die Eingabe der entsprechenden Bilddateien und Informationen.[15]

14   Stimmt man dem nicht zu, ist die Funktion der App stark eingeschränkt.

15   Natürlich ist auch die freiwillige, unauffällige Abgabe von Nutzungsdaten, Bildrechten und so weiter Voraussetzung, was

Eine weitere Funktion sind die Alben, in denen nicht nur chronologisch, sondern auch thematisch sortiert werden kann.[16] Die Nutzer:innen können durch Klicken auf das große Plus-Symbol beliebig Bilder addieren oder schriftliche Notizen anlegen. Die Einträge lassen sich im jeweiligen Album durch Swipen auf einer horizontalen Zeitlinie in ihrer chronologischen Anordnung betrachten, Stories sind vertikal angeordnet, sonst aber fast das Gleiche. Hier scheinen sich die Funktionen zu doppeln, was die Schlussfolgerung erlaubt, dass Between darauf ausgelegt ist, Ereignisse und Kommunikationsinhalte mehrfach zu verwerten. Im Idealfall ergänzen sich die Dateneingaben und die Partner:innen können sich am gegenseitigen App-Input erfreuen. Dabei wird die gemeinsame Pflege der Daten und investierte Zeit von der App als Care-Arbeit eingestuft und wertgeschätzt; die Beziehungsarbeit wird hier zur bedeutsamen Handlung erklärt. Gleichzeitig vermehren sich die verschiedenen zeitlichen Ebenen: Dokumentation, Kuratierung und Archivierung vervielfachen sich, indem schon die Ereignis-Antizipation – wie im folgenden Abschnitt ausgeführt – durch die App geformt und strukturiert wird.

Antizipieren – Kalender und Countdown

Für die Antizipation zukünftiger gemeinsame Momente bietet Between eine Kalenderfunktion, sowie einen Countdown, der zu besonderen Tagen herunterzählt. „Special day"-Einträge können tatsächliche Ereignisse oder symbolisch wichtige Momente sein – wie das Jubiläum des ersten Treffens oder des ersten Kusses. Nur solche Einträge können ausgewählt werden, um auf dem Home-Bildschirm zwischen den Profilbildern der Nutzer:innen zu

---

selbstverständlich nicht auf der vordersten Ebene kommuniziert wird.

16 Auf einem Screenshot in einem Artikel von Byron Perry zur Between-Version von 2012 ist gut zu erkennen, dass diese Funktionen zu Beginn der App noch nicht getrennt waren: Unter dem Reiter „Album" erschienen die Bilder chronologisch mit Datum und Titel und eine manuelle Sortierung war nicht möglich (Perry 2012).

erscheinen (s. Abb. 1). Vordefiniert sind die Geburtstage der Partner:innen, denen beliebig viele andere ‚besondere Tage' hinzugefügt werden können (s. Abb. 5). Im Repositorium dieser Tage werden sie unter- beziehungsweise übereinander gelistet, nach Datum sortiert. Dazu wird angezeigt, wie lange es noch dauert, bis das Ereignis eintritt oder – falls es kein zyklisch wiederkehrender Spezialtag wie ein Geburtstag ist – wie lange dieser „historische" Moment schon her ist. Selbst wenn man den Schieberegler für die jährliche Wiederholung deaktiviert, berechnet die App dennoch für auf der Startseite, die Anzahl der Tage bis zum (Wieder-)Eintreten für mehrere Jahre. Vergangenheit und Zukunft werden somit unvermeidbar durch die App quantifiziert. Indem die Nutzer:innen mit dieser Zeit „rechnen", richten sie sich nach ihr aus und binden sich an diese Zeitstruktur.

Die App greift fortlaufend auf Vergangenes und Zukünftiges zu – beziehungsweise erzeugt diese zeitlichen Dimensionen mit – und zeigt beides auf dem App-Interface. Zähleinheit sind hier immer Tage.[17] Besonders hier wird Temporalisierung als Modalität medialer Teilhabe evident: Die Information, dass das sechsjährige Jubiläum der Beziehung noch genau 1151 Tage entfernt ist (s. Abb. 5), hat keine andere Funktion, als zu verzeitlichen. Das bedeutet, dass die App Beziehungsereignisse und -entwicklungen be- und verrechnet und diese Prognosen an ihre Nutzer:innen kommuniziert (sie fügen sich damit auch in die Technologien der Verschaltung ein, siehe Teil 1 in diesem Band). Die Daten sind rein zeitliche Zielformulierungen – ein zu erreichender Meilenstein, dem diverse weitere zur Seite gestellt werden sollen. Die Dauer wird messbar gemacht und in kleinere, verkettete Teil-Dauern unterteilt, welche vordergründig Vorfreude, hintergründig aber vor allem mehrere Teil-Zeiten

---

17 Dies mag unter anderem daran liegen, dass in Korea zwar offiziell der gregorianische Kalender gilt, traditionelle Feiertage sich aber nach dem sehr viel älteren Lunisolarkalender (auch Dangun-Kalender) richten. Tage kennen aber beide, und so kann mit dieser Zählweise beides vereint werden.

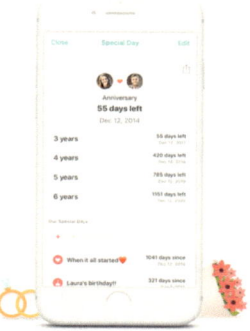

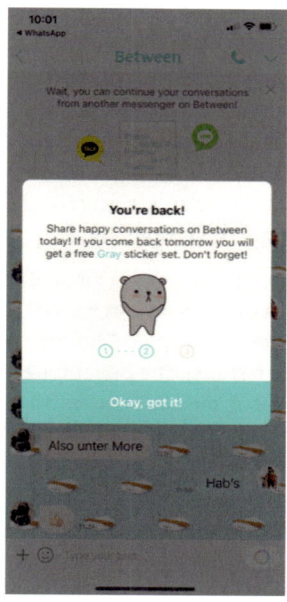

[Abb. 5, oben] „Anniversaries and Special Days", Werbeillustration von Between (Screenshot von www.between.us)

[Abb. 6, rechts] Aufforderung und Anreiz zur täglichen Benutzung von Between (Screenshot, Version 5.7.0 [iOS])

erzeugen, in die sich das Paar einfügen kann und muss. Dem Wiedersehen, der geplanten Reise oder einer noch in der Zukunft stehenden Erinnerung soll gemeinsam – das heißt mittels beider Geräte – entgegengefiebert werden. Die Kommunikation über die Antizipation wird von der App gefördert, indem sie ständig ein „bald ist es soweit" produziert. So findet sich hier das Versprechen von etwas Bevorstehendem, was anstatt ‚nur‘ einzutreten unmittelbar durch die App zu etwas Zurückliegendem transformiert und abgelegt beziehungsweise gespeichert und erneut ver-zeitlicht wird.

Im Betweens Entwurf einer ‚funktionierenden‘ Paarbeziehung scheint also die regelmäßige gegenseitige Versicherung durch das Aufeinander-Abstimmen und Sich-Synchronisieren zentral. Der ‚Erfolg‘ der Beziehung wird ebenfalls quantifiziert, indem die Länge als entscheidender Marker gewertet wird. Jeder (noch so kleine) Meilenstein wird als Jubiläum zelebriert, die reziproke Gratulation durch die App forciert und dokumentiert. Damit dies ‚zur rechten Zeit' geschieht, übernimmt die App die Berechnung und kommuniziert den laufenden Countdown beziehungsweise die parallel laufenden Countdowns auf mehreren Ebenen innerhalb der App und darüber hinaus – zum Beispiel durch Pushnachrichten oder Kalendersynchronisation mit anderen Anwendungen.

Bei jedem Eintrag bietet Between die Option, einen „count as our first day" Schieberegler zu aktivieren. Daran zeigen sich zwei Dinge: Erstens, wird dem Beginn der Beziehung größtmögliche Bedeutung beigemessen. Er ist die große Zäsur, die das Paar erst als solches konfiguriert. Zweitens, ist der Beginn aber dennoch Aushandlungssache. Die Partner:innen können ihn flexibel wählen, nachträglich verändern oder korrigieren – allerdings nur aus Beziehungs-Zeitpunkten, die die App als solche registrieren konnte. Die App erlaubt somit, einen aktualisierten Verlauf der Beziehung zu erstellen, der zwar verschoben linear ist und alternative Zeitordnungen zulässt, die das Beziehungs-narrativ entlang eines bestimmten Zeitstrahls erzählen. Denn der ausgehandelte Tag 0 der Startpunkt für alle folgenden Ereignisse, Einschreibungen und Wiederholungen und somit die retrospektive Setzung eines Tempo-ralisierungsprozesses. Lauren Collins beobachtet, dass die App einen weiteren Tag als signifikant markiert: „the day they [the couple] began using the app Between to store digital keepsakes [...]". Und nicht nur hier schreibt sich die App signifikant in die Beziehung ein: „Between has become a synecdoche for commitment: whereas a boy might once have asked [...] ‚Do you want to be my girlfriend?', he now says, ‚Do you want to Between?'" (2013) Letztere Beob-achtung aus Collins' „Letter from Seoul" verdeutlicht das offensive Ver- und Dazwischenschalten der App, dem nun nachgegangen werden soll.

Die App stilisiert sich als bi-direktionaler Kanal zwischen zwei Partner:innen, als schematisches Sender-Empfänger-Modell.[18] Ganz offensiv schließt Between andere Kommunikationspartner:innen aus – und durch die Simulation der Funktionen auch andere Apps,[19] die sich dadurch eben nicht zwischen die Partner:innen schalten können. Unter der Fahne der Zweisamkeit werden Videoanruf, Chat und Kalender von basalen Smartphonefunktionen zu Funktionen der Teilhabe an der Partnerschaft stilisiert. Between schreibt sich doppelt in die Kommunikation ein oder schiebt sich Namensgemäß „dazwischen". Differenzlogisch erzeugt Between nämlich die Trennung, die überwunden werden soll – was für jede Form medialer Teilhabe festgehalten werden kann.

Besonders evident wird die Teilhabe der App an der Paarbeziehung wenn diese den/die Einzelnutzer:in adressiert. So fordert Between zur täglichen Appnutzung auf und verspricht, dies mit zusätzlichen Stickern für den Chat zu belohnen (s. Abb. 6):[20] „Consistent communication helps build a strong relationship" – so der Beginn einer der Push-Benachrichtigungen, der im Tonfall an einen Tipp aus dem beruflichen Kontext erinnern mag.[21] Auf marketinglogischer und semantischer Ebene ist natürlich

---

18   Die zahlreichen darüber hinaus beteiligten Akteure, die das Netzwerk auffächern und die Zeit(en) vervielfältigen (Algorithmen, andere mögliche Partner:innen, andere mögliche Zeitverläufe, Plattforment-wickler:innen usw.) finden hier keine Beachtung.

19   Man könnte auch sagen, die App „computiert" die Beziehung.

20   Die Tatsache, dass hier explizit dazu aufgefordert wird, „happy con-versations" miteinander zu teilen, weist wiederum auf die idealisierte Vorstellung von Paarbeziehung hin.

21   Zu Ideologien und Ideen romantischer Beziehungen speziell in Südkorea siehe Lim und Choi (1996). Bemerkenswert im Kontext von Between ist allerdings ein Aspekt, den Jin/Oh ausarbeiten: „[F]or Koreans, a romantic relationship is another kind of ingroup, distinct from family and friends, so the boundary of it is not easily crossed by individuals outside the relationship" (Jin und Oh 2010, 167).

die zwischenmenschliche Beziehung gemeint, in der „daily use"-Logik der Smartphone-Anwendung bezieht sich diese „strong raltionship" aber auch auf Nutzer:in und App. Die Erwartungshaltung an die Technologie (vgl. Turkle 2012), sie möge auch unsere zwischenmenschlichen Bedürfnisse (mit-)erfüllen, äußert sich hier in Kooperationsaufrufen und permanenten Aufforderungen der App, sie zu verwenden. Doch auch im Ende der Nutzung liegt noch Verzeitlichendes: Abgesehen davon, dass Nutzende ihre Accounts selbstverständlich löschen können, kann auch ein Entkoppeln über die „Disconnect Partner"-Funktion vollzogen werden. Im gleichen Zug kann eine Backup-Dienstleistung erworben werden, sollte man wieder zueinanderfinden. In den ersten 31 Tagen nach der Entkopplung ist dies sogar kostenfrei. Außerdem kann gegen ein Entgelt von etwa zwölf Euro ein „chat/album backup" erworben werden, welches per E-Mail versendet wird – allerdings nur an den Account, der dafür bezahlt hat. Bevor man auf den „Disconnect"-Button klicken kann, zeigt Between noch eine Zusammenfassung der Beziehung in Zahlen: Zeitraum, Anzahl der Nachrichten und Anzahl der hochgeladenen Bilder sind hier die Parameter. So bleibt am Ende der Verkopplung nur das Auf-Dauer-Stellen der Daten in der unbestimmten Hoffnung einer möglichen zukünftigen Wiederverbindung: „[Y]ou can reconnect at any time without any time limits" (Produktbeschreibung des teuersten Backups). Erneut schiebt sich Between damit nicht nur zwischen die Partner:innen, sondern auch zwischen die Ereignisse und die Nutzer:innen und ihre Geräte. Indem die App vor allem Verzeitlichung in diesem „Zwischen" forciert, wird deutlich, welche Möglichkeiten, aber auch welche Bedingungen mediale Teilhabe im Modus des Temporalisierens eröffnet.

Fazit

Zieht man die Beobachtungen an und mit der App Between zusammen und spitzt sie hinsichtlich der Frage dieses Bandes zu, werden folgende Aspekte deutlich: Apps wie diese zeigen, dass und wie Temporalisierung am Werk ist und machen sie als zentralen Modus von medialer Teilhabe greifbar. Die temporalen Prozesse, die mediale Teilhabe ermöglichen und strukturieren, werden in den Funktionen der App analysiert. Befragt man also das soziotechnische Arrangement und seine Akteur:innen genauer hinsichtlich der Formierung, den Bedingungen und zeitlichen Strukturierungen von Teilhabe, ergibt sich ein komplexes Gefüge, in dem Temporalisierung ein entscheidender Faktor von Ein- und Ausschluss ist. Zudem wird auch für die Pärchen-orientierten Smartphone-Anwendungen in diesem Beitrag deutlich, dass sie vorranging Teilnahme entstehen lassen (vgl. Nigro und Schreiber in diesem Band). Die Nutzer:innen richten sich an etwas aus, von dem sie de facto ausgeschlossen sind, aber glauben, Teil sein zu sollen (ebd.). Damit oszillieren die Apps zwischen Selbstkontrolle und permanentem Sich-Einfügen und Sich-Einschreiben der Akteur:innen sowie der App in diesem Dreieckskonstrukt.

Couple-Apps setzen ein idealisiertes Modell romantischer Teilhabe voraus, in dem stets das Versprechen von Nähe und Stabilität der Paarbeziehung mitschwingt. Diese maximale Teilhabe am Leben des anderen via App soll über verschiedene Arten der Abstimmung und Synchronisierung erreicht werden. Der gekoppelte Kalender, die geteilten Medieninhalte und das gemeinsame (Produzieren und) Erwarten zukünftiger Spezialereignisse sowie das Abspeichern der Erinnerungsartefakte verleihen der Beziehung Dauer und linearisieren sie. Die Interfaces sind für beide Partner:innen weitgehend identisch, die Darstellung der zwei Accounts vermittelt Zusammengehörigkeit und der Ausschluss weiterer Accounts erzeugt Exklusivität. Verzeitlichte Teilhabe meint hier vor allem kongruente Erfahrung und gespeicherte Erinnerung, oder zumindest nachträgliches Abgleichen der individuellen Erlebnisse. Diese Idee medialer Teilhabe wird in solchen Couple-Apps imaginiert und in Aussicht gestellt. Bedingung ist die regelmäßige Beziehungsarbeit per Datenpflege – und, dass die App an allen zu planenden und konservierenden Momenten

148 teilhat. Das Smartphone – beziehungsweise die Smartphones – treten durch Apps wie Between nicht nur als
Möglichkeitsbedingung medialer Teilhabe hervor, sondern
werden als von temporalisierender Teilhabe abhängig
ausgestellt.

Literatur

Associated Press Staff. 2014. „Between: A Tight Networking App Designed for
Couples". *NDTV Gadgets 360*, 27. Januar. https://gadgets.ndtv.com/apps/
reviews/between-a-tight-networking-app-designed-for-couples-475144.
Letzter Zugriff am 9. März 2022.

Collins, Lauren. 2013. „The Love App. Romance in the world's most wired city."
The New Yorker, November 25.

Jin, Borae und Sohyun Oh. 2010. „Cultural Differences of Social Network
Influence on Romantic Relationships: A Comparison of the United States
and South Korea". *Communication Studies* 61 (2): 156–171.

Jin, Dal Yong. 2017. *Smartland Korea: Mobile Communication, Culture, and
Society*. Ann Arbor: University of Michigan Press.

Light, Ben, Burgess, Jean und Stefanie Duguay. 2018. „The Walkthrough
Method: An Approach to the Study of Apps". *New Media & Society* 20 (3):
881–900.

Lim, Tae-Seop und Soo-Hyang Choi. 1996. „Interpersonal relationships in
Korea". In *Communication in personal relationships across cultures*, hg. v.
William B. Gudykunst, Stella Ting-Toomey und Tsukasa Nishida, 122–136.
Thousand Oaks: Sage.

Linz, Erika und Katharine S. Willis. 2011. „Mediale Kopräsenz. Anwesenheit
und räumliche Situierung in mobilen und webbasierten Kommunikationstechnologien". In *Raum als Interface*, hg. v. Annika Richterin und Gabriele
Schabacher, 145–161. Siegen: universi.

Müller, Oliver. 2021. „Social Media und das Leiden an der Herrschaft der
Timeline". In *Konfigurationen der Zeitlichkeit*, hg. v. Alexander Friedrich,
Petra Gehring, Christoph Hubig, Andreas Kaminski und Alfred Nordmann,
101–120. Baden Baden: Nomos.

Otto, Isabell. 2020. *Prozess und Zeitordnung – Temporalität unter der Bedingung
digitaler Vernetzung*. Konstanz: KUP.

Otto, Isabell und Mathias Denecke. 2013. „WhatsApp und das prozessuale
Interface. Zur Neugestaltung von Smartphone-Kollektiven". *Sprache und
Literatur. Themenheft App-Kultur* 44 (111): 14–29.

Paasonen, Susanna. 2017. „Infrastructures of Intimacy". In *Mediated
Intimacies: Connectivities, Relationalities and Proximities*, hg. v. Rikke
Andreassen, Michael Nebeling Petersen, Katherine Harrison und Tobias
Raun, 103–116. New York/London: Routledge.

Perry, Byron. 2012. „Korea's Social App-For-Two Wants to Get Between
Couples Everywhere". *Tech in Asia*, 19. Juni. https://www.techinasia.com/
between-app-couples-korea. Letzter Zugriff am 9. März 2022.

Pielot, Martin, de Oliveira, Rodrigo, Kwak, Haewoon und Nuria Oliver. 2014. „Didn't You See My Message? Predicting Attentiveness to Mobile Instant Messages". In *Proceedings of the SIGCHI Conference on Human Factors in Computing Systems*, 3319–3328. New York: Association for Computing Machinery.

Turkle, Sherry. 2012. *Alone Together: Why We Expect More from Technology and Less from Each Other*. New York: Basic Books.

Yung-Hui, Lim. 2012. „Between: A Growth Story Of An Intimate App For Two". *Forbes*, 2. Juli. https://www.forbes.com/sites/limyunghui/2012/07/02/between-a-growth-story-of-an-intimate-app-for-two/. Letzter Zugriff am 9. März 2022.

STREAMING

INFRASTRUKTUR

BUFFERING

CONTENT DELIVERY NETWORK

KUND:INNENBINDUNG

5

Zeitökonomie im Streaming

Mathias Denecke

Der Text nimmt das Buffering von Filmen zum Anlass, um die räumliche und zeitliche Dimension der Übertragung von Daten zu beschreiben. Im Vordergrund steht die Frage des Zeitmanagements innerhalb der medientechnischen Infrastruktur, die eine geregelte Verarbeitung und Übertragung der Datenpakete sicherstellen soll. Der Begriff der Teilhabe adressiert hier weniger das Schauen von Filmen selbst, sondern beschreibt die Gesamtheit jener medialen Operationen, die für das als ununterbrochen wahrgenommene Abspielen von Filmen verantwortlich zeichnen.

Das Buffering im On-Demand-Streaming ist ein anschauliches Beispiel für Mediale Teilhabe. Im vorliegenden Beitrag adressiert es weniger eine Unterbrechung in der Datenübertragung eines Films, was in der Regel mit der Einblendung des animierten Buffer-Rädchens einhergeht, welches trotz des Wiedergabestopps noch Rechneraktivität anzeigen soll. Vielmehr bezieht es sich auf die Abstimmung unterschiedlicher Vorgänge der Datenübertragung, die auf der Ebene der medientechnischen Infrastruktur des Streamings stattfinden. Diese Vorgänge folgen einer Logik der zeitlichen Abstimmung und sollen gewährleisten, dass Daten zur richtigen Zeit und in ausreichendem Volumen im Endgerät der Zuschauer:innen eintreffen, um das Negativerlebnis der Filmunterbrechung so weit wie möglich zu vermeiden. Die Beschreibung dieser Zeitökonomie der Datenübertragung (Gießmann 2014), die für die gelingende Filmübertragung verantwortlich zeichnet, steht im Folgenden im Vordergrund. Daher konzentriert sich der vorliegende Beitrag auf die medientechnische Seite der Verfertigung medialer Teilhabe – das heißt darauf, wie Teilhabe als technisches Problem formatiert und gelöst wird.

Das an PC-Nutzer:innen gerichtete Magazin *The Home Computer Course* aus dem Jahr 1984 veranschaulichte schon damals und sehr ansprechend das Prinzip des Buffering: Ein Eimer, der Wasser in einen Kanister schüttet, sorgt für einen kontinuierlichen Datenfluss – oder vielmehr ein stetiges „Rinnsal" (Abb. 1). In diesem Fall illustriert die abstrahierte Darstellung die Synchronisation des Computers mit einem externen Gerät; hier ein Drucker. Der Buffer regelt ein technisches Problem, das auf die unterschiedlichen Verarbeitungskapazitäten von Computer und Drucker zurückgeht. Einer möglichst reibungsfreien Weiterleitung von Daten steht im Weg, dass beide Geräte mit unterschiedlichen Geschwindigkeiten der Datenverarbeitung operieren, was sie eigentlich inkompatibel macht. Der Computer – also der Eimer – leitet Daten schneller an den externen Drucker weiter, als dieser sie berechnen kann. Aus diesem Grund werden die zu übertragenden

Controlling The Flow

If we pour water into a tank from a bucket, a constant trickle will come from the outlet pipe. In just the same way, the computer 'pours' data into the buffer, which releases it at the much slower speed at which the printer, for example, works

[Abb. 1] Controlling the flow (Source: The Home Computer Course 1984, 237)

Daten vorübergehend im „Drucker-Puffer" – dem Kanister – zwischengespeichert. Dort wird die Angleichung der jeweiligen Datenraten beziehungsweise der Daten-geschwindigkeiten, mit denen diese verarbeitet werden, vorgenommen. Eingehende Daten werden hierbei nach dem Prinzip *first in/first out* gespeichert, was bedeutet, dass die zuerst in den Zwischenspeicher übertragenen Daten auch als erstes abgerufen werden. Somit kann der Drucker die Daten auch zu einer späteren Zeit abfragen und dann in seiner Geschwindigkeit prozessieren, ohne weiter auf den Computer angewiesen zu sein. Dieser wiederum kann unabhängig vom Druckauftrag andere Rechenoperationen bearbeiten und muss nicht erst warten, bis der Drucker die Daten abruft und der Speicher für andere Aufgaben freigegeben ist. „Buffers", ergänzt das Computermagazin, „are often used in input/output routines and are used as ‚interfaces' between routines or devices working in different units or at different speeds" (*Home Computer Course* 1984, 237). Der Puffer dient also als vermittelnde Computerein-heit, welche die Verarbeitung und Übertragung von Daten regelt.

Das gilt auch für die distribuierten Datennetze des On-Demand-Streamings. Im Folgenden dient mir das Buffering als Zugang, um die Zeitökonomie und die zeitkritischen

154 Momente der Übertragung im Streaming zu beschreiben.[1]
Hiermit schließe ich exemplarisch an Sebastian Gieß-
manns historische Aufarbeitung der distribuierten Datenübertragung in Netzwerken an. Im Vordergrund steht die
paketbasierte Übertragung von Nachrichten nach Paul
Baran. Er ist einer der Entwickler des *packet switching*, mit
dessen Hilfe die optimale Auslastung von Kommunikations-
netzen gewährleistet und Datenstaus vermieden werden
sollen.[2] Gießmann beschreibt zwei zentrale Modi der
Übermittlung: Unter Zeitökonomie versteht er zunächst
die sukzessive Übertragung von Datenpaketen und – wie
am Beispiel des Eimers im Fall von Wartezeiten – deren
geordnete Reihenfolge beim Eintreffen in den Netzknoten.
Neben dieser Warteschlangenregelung kommt noch ein
„potentiell zeitkritisches Element" dazu, das sich wiederum
auf die möglichst schnelle Weiterleitung der Daten bezieht.
„Zeitökonomisch bestimmt ist bei einem solchen sich
anpassenden Routing das Aufreihen der Nachrichten-
fragmente und Optimieren des Weges an jedem Knoten",
schreibt Gießmann, und ergänzt: „Zeitkritisch wird hingegen
in einem solchen Szenario der Paketstrom im Moment
des Fließens selbst" (Gießmann 2014, 341f.). Das Fließen
bezeichnet hier die geregelte Übertragung von Nachrichten
in distribuierten Netzen, deren Wartestruktur zeitökonomisch, ihre schnellstmögliche Weiterleitung zeitkritisch
ist. Da beide Momente stets zusammenspielen, ist im
Weiteren nur die Rede von einem zeitökonomischen Kalkül,
das aber zeitkritische Momente einschließt.

Wie hier bereits anklingt, gilt grundsätzlich, dass es sich bei
dem Wort „Streaming" nicht um eine trügerische Metapher
handelt, deren „eigentliches" Pendant in Beschreibungen

---

1   Zur Theoretisierung des Buffering siehe Alexander (2017, 5);
     Burroughs (2019, 147f.); Morris und Powers (2015, 107); Soon (2019);
     Stäheli (2018).

2   Zur historisch gut aufgearbeiteten Entstehung der verteilten
     Datenübertragung im ARPANET, insbesondere vermittelt über die
     Ingenieure Paul Baran, Leonard Kleinrock und Donald Davies, siehe
     Abbate (2000, 7–41); Gießmann (2014, 329–379); Sprenger (2015,
     75–105).

technischer Operationen zu finden ist. Dagegen bezeichnet
Streaming als technischer Fachbegriff neben der Bereitstellung von Filmen die Mechanismen der medientechnischen Infrastruktur, die eine geregelte Verarbeitung und
Übertragung von Daten herstellen; das gilt auch dann noch,
wenn der abgespielte Film unterbrochen wird. Am Beispiel von Netflix führe ich aus, dass es sich beim Buffering
um eine von mehreren zeitökonomischen Mechanismen
der Datenübertragung handelt. Diese sollen sicherstellen,
dass rechtzeitig ein ausreichendes Datenvolumen zur Verfügung steht, sodass Unterbrechungen, Verzögerungen
und Qualitätsverluste beim Abspielen von Filmen möglichst
vermieden werden. Hierbei handelt es sich um das zeitökonomische Kalkül: Die zeitökonomische Regelung sucht
ein möglichst gelingendes kontinuierliches Abspielen von
Filmen zu ermöglichen, um das Versprechen hoher Qualität einzulösen und Kund:innen an das Unternehmen zu
binden. Je weniger spürbare Unterbrechungen es gibt, desto
eher bleiben ihm die zahlenden Abonnent:innen erhalten.
Die erlebte Streaming-Qualität erweist sich im derzeitigen
Ringen der Streaming-Services um die Monopolstellung
schließlich als ein entscheidender Faktor.[3]

Die Zeitökonomie im Streaming verhandle ich entsprechend
im Sinne eines Zeitmanagements (Wajcman 2019).[4] Um

---

3   Gegenüber einer technikfetischistischen Perspektive (Voller 2012), die
     sich auf die von jedem ökonomischen Kontext gelöste Beschreibung
     der Materialität medientechnischer Operationen beschränkt (s.
     zusammenfassend hierzu Parikka 2011, 55), stehen die im Folgenden
     beschriebenen Mechanismen der Datenübertragung im Dienst der
     Ökonomie des Streamings. Dazu zählen die Verwertungspraktiken
     der Streaming-Industrie (Rothöhler 2018, 58ff.; vgl. Eriksson et al.
     2019) und des Datenschutzes der Zuschauer:innen (Thibault 2015),
     aber auch ökologische Fragen der Wärmeentwicklung von Servern
     (Starosielski 2021) und nicht zuletzt der Wettbewerb der Streaming-
     Dienste um die Monopolstellung (Sweney 2021). Dies bildet den Hin-
     tergrund meiner Analyse.
4   „Reflected in popular commentary", kritisiert Wajcman, „much social
     and cultural theory portrays the increased digitalization of our lives
     as spawning and propelling a new, accelerated temporality. Concepts
     such as *timeless* time (Castells 2010), *instantaneous* time (Urry 2000),

unterschiedliche Facetten der zeitökonomischen Regelung der Datenübertragung zu berücksichtigen, ziehe ich in der folgenden Textanalyse neben Blogbeiträgen des Unternehmens auch ingenieurwissenschaftliche Literatur zur Netflix-Infrastruktur sowie medienwissenschaftliche Texte zum On-Demand-Streaming als Quellen heran.

Buffering

Buffer erstellen ein zeitliches Polster. Sie speichern kurzfristig Daten, die vom Server an das streaming-fähige Endgerät gesendet werden. Die Online-Enzyklopädie des *PC Magazine* hält fest: „In a streaming media application, the program uses buffers to store an advance supply of audio or video data to compensate for momentary delays" (PC Mag Encyclopedia 2021). Buffer gleichen Schwankungen der Bandbreite aus. Vorab übertragene Daten bieten einen Puffer im Wortsinn eines abstandhaltenden Polsters, um während des Streamings über eine Reserve verfügen zu können.[5] Dies steht dem gängigen Verständnis des Buffering gegenüber, das mit der Unterbrechung des abgespielten Films und dem daraufhin erscheinenden GIF eines sich drehenden Rädchens assoziiert wird.[6] Eliot Miller,

network time (Hassan 2009), and *chronoscopic* time (Virilio 1986) abound to describe the pace of high-speed society in which we are all constantly pressed for time" (Wajcman, 2019, 317; Herv. i. O.). Wajcman rückt dagegen den Kalender als zentrale Form des Zeitmanagements in der Technologieentwicklung in den Blick.

5   Dieses Anlegen einer Reserve wirkt sich auf die Verkürzung von „start-up delays" aus (Bampis, Li und Bovik 2017a, 5217). Auf möglicherweise entstehende Sicherheitsprobleme eines „Buffer Overflow" gehe ich nicht ein.

6   Buffering hängt ohnehin nie „unmittelbar" mit dem Buffer-Stand zusammen. Es handelt sich um eine designte und programmierte grafische Darstellung, die Auskunft darüber gibt, dass nicht ausreichend Daten zur Verfügung stehen. Für eine Beschreibung der Ästhetik (im Sinne der Diskrepanz zwischen dem GIF und den stattfindenden Ladevorgängen) und eine Verortung des sogenannten Throbbers im Rahmen der Computergeschichte der Ladebalken siehe Felix Raczkowski und Mary Shnayien (2019). Zum in vielen Variationen kreisenden GIF siehe Otto (2014); Soon (2019).

Community Manager des Streaming-Videoanbieters Mux
Video, differenziert: „[A] viewer has been receiving video
playback, but it then stops, and the video has to ‚catch up'.
We call this ‚Rebuffering' to distinguish it from ‚Buffering'
which can include other things" (Miller 2017). Buffering
bezeichnet also gerade nicht Stillstände beim Abspielen
von Filmen; die Zwischenspeicherung geschieht permanent
und ist überhaupt erst die Voraussetzung für On-Demand-
Streaming. Daher gilt, wie der Medienwissenschaftler
Christian Sandvig schreibt: „[V]ideos buffer for reasons
that are quite different from those most viewers expect"
(Sandvig 2015, 225).[7] Neben einem leeren Buffer-Speicher
im Endgerät der Zuschauer:innen können die Ursachen für
das Rebuffering auch beim Internetanbieter liegen, durch
Streaming-Server bedingt sein oder beispielsweise auf die
Software auf dem eigenen Streaming-Gerät zurückgehen.
Der Informatiker Harkeerat Bedi führt das pointiert und
verständlich aus: „The blame for rebuffering", so schreibt
er, „can be difficult to pinpoint and could stem from any
number of sources across the viewer's Internet Service
Provider (ISP), the content delivery network (CDN), the
client's browser/player app, or the original publisher's video
infrastructure" (Bedi 2019).[8] Entsprechend gibt ein leerer
Pufferspeicher aus Sicht der Zuschauer:innen keine Auskunft darüber, wo das Problem innerhalb der Übertragungs-
wege liegt und warum der Film nicht mehr abgespielt wird.
Umgekehrt zeigt sich, dass das Buffering mit einem ganzen
Bündel an zeitökonomischen Übertragungsmechanismen

7   Die Reaktion von Zuschauer:innen auf das Rebuffering wird an dieser
     Stelle aus Platzgründen nicht ausgeführt. Neta Alexander schreibt
     hierzu: „[T]his can take the form of frantically restarting the router,
     shouting at your flatmate to stop ‚stealing bandwidth', or upgrading
     your device or data package" (Alexander 2020). Diesen Handlungs-
     spielraum ergänzen weitere Strategien bis hin zur gezielten Selbst-
     einschränkung. „The potentiality of disconnection", argumentiert
     Thibault, „governs our habits of reception: we limit channel surfing,
     foraging, pausing and forwarding, unconsciously convinced that the
     system will be more stable if left untouched" (Thibault 2015, 117f.).
8   Siehe zudem Ahmed et al. (2017); vgl. Holt und Vonderau (2015, 78).

verzahnt ist, welche im Zusammenspiel die geregelte Übertragung der Daten gewährleisten sollen.

Content Delivery Network

Rasch ansteigende Nutzer:innenzahlen Ende der 2000er-Jahre zwangen Netflix zu einem tiefgreifenden Umbau seiner Infrastruktur,[9] um wettbewerbsfähig zu bleiben. Der Dienst sah sich mit dem Problem konfrontiert, den erhöhten Datenverkehr möglichst ohne Qualitätsverluste oder Unterbrechungen bewerkstelligen zu müssen. Da Netflix mit dem Versprechen wirbt, Filme global und jederzeit auf dem mobilen Gerät oder zu Hause auf dem SmartTV zur Verfügung zu stellen, überrascht es, dass das Unternehmen seit 2016 im Zuge einer Umstrukturierung keine eigenen Datenzentren mehr betreibt. Der Dienst wurde stattdessen in die Cloud von Amazon Web Services ausgelagert. Das bedeutet jedoch nicht, dass Netflix über keine eigene Infrastruktur mehr verfügt. Neben der Nutzung der Amazon-Cloud arbeitet Netflix insbesondere mit lokalen Internetdienstanbietern zusammen und macht Gebrauch von deren Infrastruktur.[10] Die jeweiligen Internetprovider installieren in ihren eigenen Datenzentren die von Netflix bereitgestellten Server – sogenannte „Open Connect Appliances" (Florance 2016).[11] Neben der Einsparung von Energiekosten, die für eigene große Datenzentren anfielen, setzt Netflix so auf eine

9   In einem Beitrag auf dem „Netflix Tech Blog" schreiben Manuel Correa, Arthur Gonigberg und Daniel West: „As engineers at Netflix, we are constantly reevaluating how to redesign traffic management" (2020). Von medienwissenschaftlicher Seite schickt Simon Rothöhler seiner umfassenden Arbeit zum Streaming als „Datenverkehr" (2018, 19) einleitend voraus: „Die Mobilität digitaler Bilder folgt Transportkalkülen" (ebd., 1; vgl. „Signal Traffic" von Parks und Starosielski 2015). Der Verkehr bezeichnet hier die geregelte Datenübertragung.

10   Peter Judge, Global Editor von *DatacenterDynamics,* kommentiert: „Netflix may not be hugging servers, but it actually owns a colossal number of them. It has its own content delivery networks. So, outside of AWS [Amazon Web Services], Netflix content is handled on the company's own equipment, *installed* within ISPs' [Internet Service Providers'] sites" (Judge 2015).

11   Für eine empirische Untersuchung siehe Böttger et al. (2018).

Vielzahl regional verteilter Server. Ken Florance, der Vice President of Content Delivery von Netflix, erklärt: „Sobald diese Geräte in den Datenzentren des ISP [Internet Service Provider] installiert wurden, werden nahezu alle Netflix-Inhalte von den lokalen OCA [Open Connect Appliances] geliefert, anstatt über das Internet zu laden."[12] Bruce Spang und seine teils für Netflix schreibenden Ko-Autor:innen fassen dies in ihrem wissenschaftlichen Aufsatz etwas nüchterner. Zur technischen Architektur erklären sie:

> Netflix's CDN is called Open Connect. It consists of many points of presence around the world, called ‚sites'. [...] For fault tolerance, sites are split into two ‚stacks'. Each stack consists of a router, a set of catalog servers which store the entire Netflix catalog, and a set of faster offload servers which store a smaller set of the most popular videos, so named since they ‚offload' the popular videos from the catalog servers. The traffic is video traffic. (Spang et al. 2019, 2)[13]

So betrachtet sinkt das gestreamte Datenvolumen innerhalb der Infrastruktur. Damit greift das Content Delivery Network von Netflix in die Infrastruktur der Datenübertragung ein. Eine über große Distanz zu den Kund:innen stattfindende Datenübertragung erweist sich aufgrund der langen Übertragungsstrecken als anfälliger für ungewünschte Verzögerungen. Je größer die Strecke zwischen Daten-server und Endkunde, desto länger ist die Übertragung

---

12 Florance beschreibt das Ineinandergreifen von Amazon Cloud und Content Delivery Networks wie folgt: „Letztendlich läuft alles, was vor dem Klick auf ‚Wiedergabe' passiert, in AWS [Amazon Web Services] ab: die gesamte Logik der Anwendungsoberfläche, der Suche und Auswahl von Inhalten, der Empfehlungsalgorithmen, der Transcodierung und so weiter." Für all das, was „*nach* dem Start der Wiedergabe" ausschließlich bei Netflix prozessiert wird, kommen die verteilten Server zum Einsatz (Florance 2016, Herv. i. O.). Rothöhler beschreibt diese verteilte Infrastruktur als „proprietäre Distributions-netzwerke, die Nutzeranfragen über ein Request-Routing-System auf lokal verteilte Replica-Server umleiten" (Rothöhler 2018, 23).

13 Auf die „Popularität" von Content gehe ich nicht ein. Vgl. hierzu Böttger et al. (2018, 33).

der Datenpakete anfällig für Schwankungen der Internet-bandbreite. Die Wahrscheinlichkeit, dass die Übertragung nicht „gelingt" und es zu einer spürbaren Pausierung des gestreamten Films kommt, ist gegenüber einer regional verorteten Server-Infrastruktur hoch. Die Serverdistribution an Knotenpunkten länder- und regionenspezifischer Internetanbieter ist Teil eines zeitökonomischen Kalküls, das die gelingende Übertragung von Daten sicherstellen soll. Angeforderte Datenpakete müssen keinen Kontinente überspannenden Weg zu einem Netflix-Datenzentrum zurücklegen, sondern werden von regionalen Anbietern bereitgestellt. „Wer sein Streamingportfolio über markt-beherrschende Anbieter […] distribuiert", bemerkt der Medienwissenschaftler Simon Rothöhler, „bringt den Medienserver räumlich näher zum *edge* des Netzwerks, zum Klienten – und reduziert Probleme mit Latenzzeiten und volatilen Übertragungsraten" (Rothöhler 2018, 29, Herv. i. O.). Die verteilten Server erweisen sich als Komponenten einer Speicherstrategie, um die anfänglichen Ladezeiten bis zum Abspielen von Filmen zu verkürzen und bei Bedarf Filme schneller bereitstellen zu können. Netflix gewinnt anders gesagt Zeit, indem der geografische Raum der Über-tragung zwischen Server und Zuschauer:innen, dessen Überwindung Zeit beansprucht, verkürzt wird. Aufrecht-erhalten wird so auch die Illusion der Unmittelbarkeit, die zwischen der Auswahl und dem Abspielen des Films liegt.[14] Ziel ist, die Qualität gestreamter Filme auf einem zuvor defi-nierten Niveau zu halten.

---

14   Zur Annahme von Unmittelbarkeit schreibt der Medienwissen-schaftler Florian Sprenger: „Die Phantasmatik […] einer] Unmittelbar-keit hängt an der Direktheit ihrer Verbindungen, die zwei Orte, zwei Geräte oder zwei Menschen aneinander schließen, dafür aber keine Zeit brauchen und entsprechend den Raum aufheben sollen. Dies ist für die Physik […] bis in die Gegenwart unmöglich" (Sprenger 2015, 95).

Bitratenanpassung

Ein weiteres charakteristisches Merkmal des zeitökonomischen Kalküls in der Streaming-Infrastruktur von
Netflix zeichnet sich am Beispiel des adaptiven Streamings
ab. Grundlegend handelt es sich beim Streaming um eine
sukzessive Übertragung vieler einzelner Datenpakete, die
erst im Endgerät zu einem Filmabschnitt zusammengesetzt
werden. Unabhängig von spezifischen Eigenschaften der
Übertragungsprotokolle und Codierungsformen der Datenübertragung, steht zuletzt allgemeiner die Abhängigkeit
der zu übertragenden Daten von der sie jeweils umgebenden Infrastruktur im Vordergrund. Die um Christos
Bampis versammelten und zum Teil bei Netflix ange-
stellten Autor:innen beschreiben in einem Beitrag für die
IEEE Transactions on Image Processing die durch steigende
Zuschauer:innenzahlen erhöhten Anforderungen an die
Infrastruktur: „[T]he biggest challenge in video content
delivery is to create better network-aware strategies to
improve end-users' quality of experience" (Bampis, Li und
Bovik 2017a, 5217). Um auf die Unsicherheit der verfügbaren Bandbreite („network fluctuations") zu reagieren,
kommt das „HTTP Adaptive Streaming" zum Einsatz (ebd.).
Die Forschenden führen weiter aus: „The core idea […] is
that every video content is divided into chunks that are
each encoded using a different set of parameters" (ebd.).[15]
Die einzelnen „chunks" werden in Bezug auf ihr Verhältnis
von Bildauflösung und Datengröße zugeschnitten. Größere
Datenpakete können mehr Informationen transportieren
und sorgen später, nach der Decodierung im Endgerät,
für eine höhere Auflösung des Films, während kleinere
„chunks" eine vergleichsweise geringere Qualität bedingen.
Für einen gestreamten Film werden vorab und fortlaufend
mehrere Versionen zur Verfügung gestellt, die sich hinsichtlich ihrer Qualität und proportional hierzu in ihrer Größe

---

15   Ausführlicher zum technischen Prinzip siehe *A Survey on Quality of
     Experience of HTTP Adaptive Streaming* von Michael Seufert et al. (2015).

unterscheiden.[16] Für die Datenübertragung selbst gibt
es somit eine Wahl: Kleinere Datenpakete erfordern eine
geringere Übertragungsrate – die Bitrate – und umgekehrt. Die Entscheidung, welche Datenpakete angefordert
werden, fällt „[on t]he client side" – das heißt aufseiten
des Endgeräts der Zuschauer:in; „[it] then decides which
bitrate to use for the chunk to be played next" (ebd.). Hier
zeichnet sich ein Aspekt des zeitökonomischen Kalküls ab,
auf mögliche zukünftige Schwankungen der Bandbreite
reagieren zu können.[17] Die Entscheidung für die jeweiligen Datenpakete fällt schließlich in Abhängigkeit von der
Umgebung des „client", zu der mitunter „the estimated
network conditions over the next few seconds" (ebd.)
zählen.[18] Auch dieser zeitökonomischen Strategie liegt die
Unsicherheit der Infrastruktur zugrunde. Unabhängig von
der tatsächlichen Höhe des Datenverkehrs räumt das adaptive Streaming einen Spielraum ein, der erlaubt, zu einem
gewissen Grad auf Schwankungen der verfügbaren Internet-
bandbreite besser reagieren zu können als ohne dieses
Verfahren.[19] Mithilfe der zeitökonomischen Strategie des

16   Zur medienwissenschaftlichen Beschreibung siehe Rothöhler (2018,
      22f.) und der hier ebenfalls genannte Sandvig (2015, 233).

17   Für die theoretische Beschreibung einer Zeitlichkeit der Prä-
      emption siehe in diesem Band Teil 1, „Technologien der relationalen
      Verschaltung".

18   Diese Technik gilt insbesondere für das Streaming von mobilen
      Endgeräten. „The mobile client can request an appropriate bit rate
      segment for the next part of the video according to the bandwidth […]
      available, and thus, provide adaptation to the changing network and
      server conditions" (Zhang et al. 2018). Zudem wird an Verfahren gear-
      beitet, Client und Server enger miteinander zu verzahnen. Bampis
      et al. schreiben dazu: „In streaming applications, it is the client side
      that is best informed regarding the streaming bitrate and rebuffering
      events, and this is where QoE prediction is most relevant. The server
      side could assist this process by precalculating the video quality
      values during encoding, and by sending them to the client in the
      manifest file. The client would then make a decision, e.g., to stream at
      a lower bitrate, or to interrupt the playback" (2017b, 1083).

19   Die zeitökonomischen Mechanismen heben die Unwägbarkeiten
      nicht auf. „However, determining the perceived QoE of a video
      streaming session is very complex as the assessment depends on
      many factors including the viewer, the video encoding details, and

adaptiven Streamings zielt das Unternehmen darauf, diese Unsicherheit in einen Zustand zu überführen, der mehr Sicherheit bei der Übertragung verspricht. Statt bei einer hohen Auslastung der Infrastruktur zu riskieren, dass es zur merklichen Unterbrechung des Films kommt, werden stattdessen die Datenpakete mit geringerer Größe übertragen.[20]

Neben spürbaren Qualitätsverlusten durch nicht schnell genug transportierte Daten schließt dieses Verfahren selbstverständlich nicht aus, dass es dennoch zu Unterbrechungen im abgespielten Film kommen kann. Im Journal *IEEE Signal Processing Letters* ergänzen Christos Bampis, Zhi Li und Alan C. Bovik: „[W]hen the available bandwidth is unable to satisfy the playout rate on the client side, the client will either ask for a video segment encoded at a lower bitrate or (if the available bandwidth is small and the client's buffer is empty) stop the playout (rebuffering)" (Bampis et al. 2017b, 1083). Reicht die Anpassung der Bitrate nicht aus, unterbricht der abgespielte Film mangels ausreichendem Datenvolumen. Dies setzt voraus, dass auch der Buffer-Speicher bereits geleert ist und keine Daten mehr zur Verfügung stellen kann.

Hier werden wieder die Grenzen zeitökonomischer Verfahren der Übertragung anschaulich: Rebuffering lässt sich nicht vermeiden. Dies betrifft Einbußen bei der Videoqualität und unterschiedlich lange Unterbrechungen des abgespielten Films. Im Design der genannten zeitökonomischen Strategien im On-Demand-Streaming ist

the content" (Jackson et al. 2015, 482). Die Unsicherheit bleibt, da sich die unterschiedlichen Faktoren der *quality of experience* nicht restlos durch Messverfahren erfassen lassen.

20 Zahlreiche Studien kommen zu dem Ergebnis, dass Zuschauer:innen eher eine niedrigere Qualität hinnehmen als die kurzzeitige Unterbrechung eines Films. Exemplarisch argumentieren Bampis, Li und Bovik: „[R]ebuffering event[s] (where the video freezes and the rebuffering icon appears) [...] are obvious and unpleasant to viewers, whereas bitrate drops have a different impact on subjective QoE depending on each content's complexity" (2017a, 5225; s. zudem Ahmed et al. 2017; Duanmu, Rehman und Wang 2018, 155; Jackson et al. 2015, 486).

angelegt, dass sie die Unsicherheit in Form von Bandbreitenschwankungen nie vollständig ausgleichen werden können: Der genaue Datendurchsatz im Endgerät lässt sich nicht direkt messen, Zuschauer:innenzahlen sind nicht vorhersagbar, die Bandbreite ist immer variabel. Streaming kalkuliert Unsicherheiten.

Fazit

Dieser Beitrag schlägt vor, Buffering als ein Beispiel für mediale Teilhabe zu verhandeln. Mediale Teilhabe adressiert hierbei weniger die Beziehung zwischen Menschen und technischen Infrastrukturen. Eine medientechnische Perspektive auf Streaming erlaubt vielmehr, Operationen in den Blick zu nehmen, die für das als ununterbrochen wahrgenommene Abspielen von Filmen verantwortlich zeichnen. Mediale Teilhabe ist ein technisches Problem, das die Gewährleistung einer durchgehend sicheren Übertragung ausreichenden Datenvolumens bei volatilen Netzbedingungen betrifft. Zeitökonomische Verfahren des Buffering, distribuierter Übertragungsnetze und der Bitratenadaption zielen darauf, die Übertragung zu geringen Datenvolumens so weit wie möglich einzuschränken und zugleich – ebenfalls so weit möglich –, rechtzeitig ausreichende Datenmengen bereitzustellen. Anhand des Buffering wird das zeitökonomische Kalkül beschreibbar, in dem die technische Regelung der Infrastruktur, die für die Übertragung der Daten verantwortlich zeichnet, mit einer möglichst langfristigen Bindung von Abonnent:innen verschränkt wird.[21]

---

21 Für die Beschreibung medialer Teilhabe in Form alternativer Datenpraktiken siehe Brunner und wessalowski in diesem Band.

Literatur

Abbate, Janet. 2000. *Inventing the Internet.* Cambridge/MA: MIT Press.

Ahmed, Adnan, Shafiq, Zubair, Bedi, Harkeerat und Amir Khakpour. 2017. „Suffering from Buffering? Detecting QoE Impairments in Live Video Streams". *IEEE 25th International Conference on Network Protocols (ICNP): 10–13 October 2017, Toronto*, 1–10. Piscataway: IEEE.

Alexander, Neta. 2017. „Rage against the Machine: Buffering, Noise, and Perpetual Anxiety in the Age of Connected Viewing". *Cinema Journal* 56 (2): 1–24.

———. 2020. „The Waiting Room: Rethinking Latency after COVID-19". In *Pandemic media: Preliminary notes toward an inventory*, hg. v. Philipp D. Keidl, Laliv Melamed und Antonio Somaini, 25–31. Lüneburg: meson press.

Bampis, Christos G., Li, Zhi und Alan C. Bovik. 2017a. „Continuous Prediction of Streaming Video QoE Using Dynamic Networks". *IEEE Signal Process. Lett.* 24 (7): 1083–1087.

Bampis, Christos G., Li, Zhi, Moorthy, Anush Krishna, Katsavounidis, Ioannis, Aaron, Anne und Alan C. Bovik. 2017b. „Study of Temporal Effects on Subjective Video Quality of Experience". *IEEE transactions on image processing: a publication of the IEEE Signal Processing Society* 26 (11): 5217–5231.

Bedi, Harkeerat. 2019. „Measuring video QoE from the server side: Estimate rebuffering". *Edgecast,* 26. August. https://www.edgecast.com/blog/measuring-video-qoe-from-the-server-side-estimate-rebuffering/. Letzter Zugriff am 6. März 2023.

Böttger, Tim, Cuadrado, Felix, Tyson, Gareth, Castro, Ignacio und Steve Uhlig. 2018. „Open Connect Everywhere: A Glimpse at the Internet Ecosystem through the Lens of the Netflix CDN". *ACM SIGCOMM Computer Communication Review* 48 (19): 28–34.

Burroughs, Benjamin. 2019. „A Cultural Lineage of Streaming". *Internet Histories* 3 (2): 147–161.

Castells, Manuel. 2010. *The Rise of the Network Society.* Malden: Blackwell.

Correa, Manuel, Gonigberg, Arthur und Daniel West. 2020. „Keeping Netflix Reliable Using Prioritized Load Shedding". *Netflix Technology Blog*, 2. November. https://netflixtechblog.com/keeping-netflix-reliable-using-prioritized-load-shedding-6cc827b02f94. Letzter Zugriff am 6. März 2023.

Duanmu, Zhengfang, Rehman, Abdul und Zhou Wang. 2018. „A Quality-of-Experience Database for Adaptive Video Streaming". *IEEE Transactions on Broadcasting* 64 (2): 474–487.

Eriksson, Maria, Fleischer, Rasmus, Johansson, Anna, Snickars, Pelle und Patrick Vonderau. Hg. 2019. *Spotify teardown. Inside the black box of streaming music.* Cambridge/MA: MIT Press.

Florance, Ken. 2016. „How Netflix Works With ISPs Around the Globe to Deliver a Great Viewing Experience". *Netflix,* 17. März. https://about.netflix.com/en/news/how-netflix-works-with-isps-around-the-globe-to-deliver-a-great-viewing-experience. Letzter Zugriff am 6. März 2023.

Gießmann, Sebastian. 2014. *Die Verbundenheit der Dinge. Eine Kulturgeschichte der Netze und Netzwerke.* Berlin: Kadmos.

166   Hassan, Robert. 2009. *Empires of Speed: Time and the Acceleration of Politics and Society.* Leiden: Brill Academic Publishers.

Holt, Jennifer und Patrick Vonderau. 2015. „,Where the Internet Lives': Data Centers as Cloud Infrastructure". In *Signal traffic: Critical studies of media infrastructures*, hg. v. Lisa Parks und Nicole Starosielski, 71–93. Urbana: University of Illinois Press.

Jackson, France, Amin, Rahul, Fu, Yunhui, Gilbert, Juan E. und James Martin. 2015. „A User Study of Netflix Streaming". In *Design, User Experience, and Usability: 4th International Conference, Los Angeles, August 2–7; Proceedings*, hg. v. Aaron Marcus, 481–489. Cham: Springer.

Judge, Peter. 2015. „Netflix's data centers are dead, long live the CDN!" *Date Center Dynamics*, 20. August. https://www.datacenterdynamics.com/en/opinions/netflixs-data-centers-are-dead-long-live-the-cdn/. Letzter Zugriff am 3. Dezember 2021.

Miller, Eliot. 2017. „Recover from Rebuffering: Mux Metrics Explained". *Mux*, 30. März. https://mux.com/blog/recover-from-rebuffering-mux-metrics-explained/. Letzter Zugriff am 3. Dezember 2021.

Morris, Jeremy Wade und Devon Powers. 2015. „Control, curation and musical experience in streaming music services". *Creative Industries Journal* 8 (2): 106–122.

Otto, Isabell. 2014. „,Spinning Beach Ball of Death'. Gebräuche der Unterbrechung im Zeitgefüge zwischen Usern und digitalen Medien". *lendemains – études comparées sur la France* 39 (154-155): 120–134.

Parikka, Jussi. 2011. „Operative Media Archaeology: Wolfgang Ernst's Materialist Media Diagrammatics". *Theory, Culture & Society* 28 (5): 52–74.

Parks, Lisa, und Nicole Starosielski. Hg. 2015. *Signal Traffic: Critical Studies of Media Infrastructures*. Urbana: University of Illinois Press.

PC Mag Encyclopedia. 2021. „Definition of buffer". https://www.pcmag.com/encyclopedia/term/39017/buffer. Letzter Zugriff am 3. Dezember 2021.

Raczkowski, Felix und Mary Shnayien. 2019. „History and Aesthetics of Progress Indicators". *tekwai* 37 (3): 57–67.

Rothöhler, Simon. 2018. *Das verteilte Bild: Stream – Archiv – Ambiente.* Paderborn: Fink.

Sandvig, Christian. 2015. „The Internet as the Anti-Television: Distribution Infrastructure as Culture and Power". In *Signal Traffic: Critical Studies of Media Infrastructures*, hg. v. Lisa D. Parks und Nicole Starosielski, 225–245. Urbana: University of Illinois Press.

Seufert, Michael, Egger, Sebastian, Slanina, Martin, Zinner, Thomas, Hobfeld, Tobias und Phuoc Tran-Gia. 2015. „A Survey on Quality of Experience of HTTP Adaptive Streaming". *IEEE Communication Surveys & Tutorials* 17 (1): 469–492.

Soon, Winnie. 2019. „Throbber: Executing Micro-temporal Streams". *Computational Culture* 7. http://computationalculture.net/throbber-executing-micro-temporal-streams/. Letzter Zugriff am 3. Dezember 2021.

Spang, Bruce, Walsh, Brady, Huang, Te-Yuan, Rusnock, Tom, Lawrence, Joe und Nick McKeown. 2019. „Buffer sizing and Video QoE Measurements at Netflix". In *Proceedings of the 2019 Workshop on Buffer Sizing*: 1–7.

Sprenger, Florian. 2015. *Politik der Mikroentscheidungen: Edward Snowden, Netzneutralität und die Architekturen des Internets.* Lüneburg: meson press.

Starosielski, Nicole. 2015. *The Undersea Network.* Sign, Storage, Transmission. Durham: Duke University Press.

———. 2021. „Cooling". In: *Uncertain Archives. Critical keywords for Big Data*, hg. v. Nanna Bonde Thylstrup, Daniela Agostinho, Annie Ring, Catherine D'Ignazio und Kristin Veel, 109–113. Cambridge/MA: MIT Press.

Stäheli, Urs. 2018. „Die Zeitökonomie des Buffering". *Pop. Kultur und Kritik* 12 (1): 132–145.

Sweney, Mark. 2021. „Disney forecast to steal Netflix's crown as world's biggest streaming firm". *The Guardian*, 14. März. https://www.theguardian.com/film/2021/mar/14/disney-forecast-to-steal-netflix-crown-as-worlds-biggest-streaming-firm. Letzter Zugriff am 3. Dezember 2021.

Thibault, Ghislain. 2015. „Streaming: A Media Hydrography of Televisual Flows". *VIEW Journal* 4 (7): 110–119.

Urry, John. 2000. *Sociology Beyond Societies: Mobilities for the Twenty-First Century.* London: Routledge.

Virilio, Paul. 1986. *Speed and Politics.* New York: Semiotext(e).

Voller, Christian. 2012. „Im Zeitalter der Technik? Technikfetisch und Postfaschismus". In *Anonyme Herrschaft – Zur Struktur moderner Machtverhältnisse. Eigentum, Gesellschaftsvertrag, Staat III*, hg. v. Ingo Elbe, Sven Ellmers und Jan Eufinger, 249–279. Münster: Westfälisches Dampfboot.

Volmar, Axel. 2009. „Die Mikrotemporalität der Medien. Manipulationen medialer Zeitlichkeit in der Geschichte von Film und Video". In *Medien in Raum und Zeit. Maßverhältnisse des Medialen*, hg. v. Ingo Köster und Kai Schubert, 117–142. Bielefeld: transcript.

Wajcman, Judy. 2019. „The Digital Architecture of Time Management". *Science, Technology, & Human Values* 44 (2): 315–337.

Zhang, Weizhan, He, Hao, Ye, Shuyan, Wang, Zhiwen und Qinghua Zheng. 2018. „Enhancing QoE for Mobile Users by Environment-Aware HTTP Adaptive Streaming". *Sensors* 18 (11): 1–13.

RECOMMENDER-SYSTEME

ZEITÖKONOMIE

MOMENTING

MUSIK-STREAMING

SPOTIFY

ATTACHEMENT

6

Momenting: Musik-Recommender-Systeme und die Zeitökonomie der Antizipation, Prädiktion und Präemption

Matthias Drusell

In diesem Kapitel wird die temporale Logik von Recommender-Systemen für Musik-Streaming-Services anhand von technischen Artikeln, dem öffentlichen Diskurs von Spotify, ihren (Marketing-)Versprechen sowie kulturwissenschaftlichen Analysen skizziert. Der Begriff des *Momenting* wird dabei entwickelt. Am Beispiel von Spotify wird argumentiert, dass Musik-Streaming-Services User:innen als kontextualisierte und temporalisierte Ereignisse leidenschaftlicher Attachements des Hörens adressieren. Momenting erweist sich als eine Strategie der Antizipation, Prädiktion und Präemption. Die Zukunft der Nutzung der Services soll einerseits offen gehalten und andererseits mit der Empfehlung von zeitlich-kontextualisierten Momenten selbst kontrolliert werden.

Dieses Kapitel möchte aufzeigen, wie Musik-Streaming-Services wie Spotify mit Recommender-Systemen versuchen, ihre Hörer:innen in heterogene und leidenschaftliche Hörmomente zu verfangen („capture", vgl. Seaver 2018). Der Fokus liegt dabei auf technischen Artikeln aus dem Design- und Entwickler:innen-Diskurs von Recommender-Systemen, auf Marketingbroschüren und Äußerungen von Spotify im öffentlichen Diskurs sowie auf aktuellen kultur- und medienwissenschaftlichen Analysen von Recommender-Systemen und Musik-Streaming (vgl. Prey 2018; Drott 2018a; Fleischer 2017; Hagen 2015; Moore 2019). Ziel ist es, die temporale Logik mit der User:innen hier imaginiert werden sowie deren Adressierung durch Recommender-Systeme herauszuarbeiten. Der Blick in technische Diskurse erweist sich dabei als fruchtbar, um die Zeitökonomie (vgl. Otto und Stäheli in diesem Band) zu skizzieren, mithilfe derer Streaming-Services wie Spotify versuchen, mit relationalen Interaktionspotenzialen zwischen Data-Items (z. B. Musiktiteln) und Alltagsmomenten (z. B. Duschen, Kochen), ihren Service und ihre User:innen in stabile, wiederkehrende Hörpraktiken medialer Teilhabe zu verschalten und als technokulturelle *attachements* machtvoll zu individuieren (vgl. Hörl und Ochsner in diesem Band; Gomart und Hennion 1999).

Es wird argumentiert, dass diese Zeitökonomie u.a. auf einer temporalen Logik des *Momenting* beruht. Der Begriff des Momentings bezieht sich einerseits auf den empirischen Befund, dass Musik-Empfehlungssysteme wie das von Spotify versuchen, ihre User:innen als heterogene, kontextualisierte und temporalisierte Alltags-Momente zu erfassen und zu adressieren, indem sie Momente als Affordanzen leidenschaftlicher Hörerfahrungen anbieten (vgl. Prey 2018; Drott 2018a; Fleischer 2017; GroupM 2016).[1] Die Endung

---

1   Im Gegensatz zu Drott (2018a, 259) oder Prey (2018, 1094) wird nicht der Überwachungs- oder Tracking-Aspekt von Musik-Streaming fokussiert. Ich denke nicht wie Drott (2018a), dass Musik-Recommender-Systeme die User:innen als Subjekte im Sinne Althussers interpellieren. Und anders als Prey (2018) denke ich nicht,

„-ing", die sich vom englischen Present Progressive ableitet, signifiziert in Anlehnung an das *Buffering* (vgl. Denecke in diesem Band), dass es sich dabei selbst um einen temporalen, technokulturell infrastrukturierten Prozess handelt. Momenting lässt sich auf diese Weise als algorithmische Strategie der Musik-Streaming-Services beschreiben, die mithilfe antizipativen Timings sowohl auf nachträgliche Prädiktion als auch auf Präemption von Empfehlungen setzt.

Der antizipative Zyklus des Timings von Empfehlungen

Mit Recommender-Systemen (kurz RS) versuchen Streaming-Anbieter:innen wie Spotify, ein temporales Problem zu lösen, nämlich das des „Information Overload" (vgl. Ricci, Rokach und Shapira 2015).[2] Insbesondere die riesigen Katalog-Datenbanken der Musik-Streaming-Services (MSS) böten zu viele Audio[3]-Items potenziell gleichzeitig an, wodurch Musikhörer:innen „suddenly faced with an unprecedented scale of readily available content" seien (Schedl et al. 2015, 453) – ein Problem, von dem Hörer:innen auch berichten (vgl. Johansson 2018b, 47). RS-Designer:innen zufolge wäre das händische Finden von neuen Items, die ein:e User:in noch nicht kennt aber zu ihren:seinen Interessen passen, zeitlich zu aufwendig (vgl. Shardanand und Maes 1995, 210; Allen 1990; Spotify For The Record 2021). RS-Designer:innen formulieren auf diese Weise ein Problem

dass die Individuierung von User:innen und Musik-Streamingservices als Identifizierung mit Moment-Kategorien zu verstehen ist. Vielmehr kann meines Erachtens die Adressierung der User:innen als Momente mit der Theorie des *attachements* (Gomart und Hennion 1999) und der Verschaltung (Hörl und Ochsner in diesem Band) besser begriffen werden.

2 Vgl. frühe, für erste RS-Designs einschlägige Arbeiten zum Information Overload: Denning (1982); De Sola Pool (1983).

3 Ich übernehme hier von Spotify die Bezeichnung „Audio" für streambare Daten-Items: Songs, Geräusche (z.B. White Noise), Podcasts etc., die meistens in Playlisten organisiert werden (vgl. Spotify 2020).

des Timings – das heißt schlecht organisierter temporaler Abstimmung zwischen Big-Data-Banken, ihren User:innen und der Situation, in der sie nach für sie interessanten neuen Items suchen (vgl. Smythe und McClave 2001, 348): „Someone walks into a large library, tells the librarian [oder dem RS] that he [sic!] is interested in China and asks for some books" (Rich 1979, 329).

In der Grundkonzeption von RS wird diese Situation – anders als später beim Momenting – noch als statischer Kontext gedacht. Das Timing-Problem besteht zunächst darin, das Suchen und Finden für User:innen abzukürzen, zu vereinfachen und dabei die ‚Überschwemmung' durch plötzlich-gleichzeitige Angebote mithilfe vorausgewählter Empfehlungen zu verlangsamen. Mit der Zeitsoziologin Barbara Adam lassen sich diese Überlegungen als komplexe Einschätzungen *(reckoning)* zum Timing zwischen involvierten Akteur:innen und Aktant:innen in Bezug auf ihre (Un-)Vermögen, ihr (Un-)Wohlsein und ihre Relationen untereinander verstehen (vgl. Adam 1995, 22). Zeit, schreibt sie, wird in solchen Überlegungen als Antizipation einer angemessenen, rechtzeitigen „time when" (ebd., 20) gedacht (vgl. auch Volmar 2009, 10).

Da RS vor allem versuchen, Items zu empfehlen, die für User:innen persönlich neu, aber interessant sind, antizipieren sie durch Timing Interessens- und Interaktionspotenziale zwischen neuen und unbekannten (im Falle von Musik auch wiederholt konsumierbaren) Items und User:innen für die „time when" der zukünftigen, kommenden Situation (vgl. Resnick et al. 1994; Schedl et al. 2015; vgl. zu Algorithmen, Daten und Potenzialen Amoore 2011, 24 sowie Hörl und Ochsner in diesem Band). Diese Potenziale schöpfen sie datentechnisch aus vergangenen expliziten Bewertungen der User:innen für Items (bei Spotify z. B. Herzchen) und impliziten Bewertungen, die wiederum als solche aus vergangenen Interaktionen der User:innen mit den Empfehlungen und Items im System interpretiert werden (Klicks, Skipping etc.) (vgl. Ricci 2014,

1512). Insbesondere implizite Bewertungen gelten RS-
Designer:innen als robuster Index für Interessen, da diese
ihnen zufolge die tatsächliche Interaktion der User:innen
mit empfohlenen Items algorithmisch vorhersagen
(Amatriain und Basilico, 411). Der Vorteil hierbei sei, dass
dies keine negativen Bewertungen fabrizierte und daher
auch Items empfohlen werden könnten, die User:innen
explizit nicht hoch bewerten, aber eventuell dennoch nutzen
würden (vgl. ebd.).[4]

Gleichzeitig werden User:innen mit sogenannten kollaborativen Filtern auch als soziale Wesen und klassisch-
soziologisch mithilfe des Dualismus aus Struktur und
Individuum imaginiert (vgl. Resnick et al. 1994, 176). Dieser
Vorstellung zufolge weisen ihre Interessenspotenziale
algorithmisch errechenbare Patterns ihrer Interaktions-
geschichte in durch das RS datafizierten (van Dijck 2014)
Gemeinschaften auf (vgl. Hill et al. 1995, 194). Persönliche
Vorlieben sind in dieser Vorstellung nicht individuell,
sondern lassen sich mit kollaborativen Filtern aufgrund
numerisch operationalisierbarer Ähnlichkeiten *(similarity)*
innerhalb der von algorithmischen Modellen geschaffenen
strukturellen Gemeinschaft algorithmisch erfassen (vgl.
Resnick et al. 1994, 176).

RS antizipieren im Timing somit zukünftige relationale
Interessens- oder Interaktionspotenziale, die aber auf
der soziostrukturell aggregierten Vergangenheit der
User:innen-Gemeinschaft beruhen (vgl. zur Relationalität
von Empfehlungen Unternährer 2021; vgl. auch Ganzert
zu Couple-Apps in diesem Band). Es werden solche Items
empfohlen, deren nachträglich – das heißt nach den
aggregierten Interaktionen mit und Bewertungen von Items
– vorhergesagte Wahrscheinlichkeit der Aktualisierung der
Potenziale in tatsächlichen User:in-Item-Interaktionen hoch

---

4   Mit Stürmer (in diesem Band) lassen sich explizite Bewertungen
     als *externe Relationen* zwischen User:innen und Items und implizite
     Bewertungen als *interne Relationen* der User:in-Item-Interaktion
     begreifen.

174 ist (vgl. Kalgren 1990). Interessensmuster sind gemäß dieser Vorstellung in Form der algorithmischen Gemeinschaft ähnlicher User:innen daher zeitlich vor der Situation vorhanden und User:innen tragen diese aus ihrer Vergangenheit in die antizipierte Situation hinein (s. o.: „Someone walks into ...").

Um diese Antizipationen zu bewerkstelligen, installieren RS-Designer:innen einen rekursiven und adaptiven „cycle of anticipation" (Gillespie 2014, 168) des Refreshs[5] von Empfehlungen (vgl. Amatriain und Basilico 2015). Die Situation wird als sogenanntes Ereignis des „active user" (Ricci 2014, 1515) im System registrierbar gemacht und *enactet*[6]. Active-User:innen-Ereignisse bestehen dabei aus den vielen vom System registrierbaren Mikro-Ereignissen wie Klicks (vgl. Amatriain und Basilico 2015). Ein Zyklus optimiert die Profile und Empfehlungen üblicherweise über längere Zeiträume hinweg – vor allem, wenn User:innen nicht online sind (vgl. ebd.).[7] Dabei werden komplexe algorithmische Modelle anhand der aggregierten vergangenen Bewertungsdaten, teilweise auch aus unterschiedlich langen Zeitabschnitten der Streaming-Historien der User:innen, errechnet.[8] In diese werden auch kürzere und sehr kurze Kalkulationen einbezogen, die auf aktuell geschehene Klicks oder Skips in für User:innen angemessener und technologisch möglicher Zeit reagieren sollen (vgl. ebd.).

Dieser Zyklus setzt somit auf Nachträglichkeit. Subordinationslogisch haben in diesem Konzept die User:innen-Item-Potenziale den Primat vor dem Active-User-Ereignis der Situation. Mit Adam (2004, 88) gesprochen zeigt sich, dass RS ganz im Stile westlich-moderner Wissenschaften versuchen, die unsichere Zukunft zwischen User:innen,

---

5   Vgl. zum „Re" in Refresh Coleman (2020).
6   Zum Begriff des „enactments" der Akteur-Netzwerk-Theorie vgl. Mol (2017).
7   Bei Spotify ist dies für die meisten Empfehlungs-Listen eine Woche (vgl. Senff 2020).
8   Vgl. bspw. den API-Reference-Guide von Spotify, https://developer.spotify.com/documentation/web-api/reference/#category-personalization.

Items und dem Streaming-Service mithilfe der Prädiktion
kurzfristiger, algorithmisch-determinierbarer Zukunfts-
situationen im Sinne einer kalkulierbaren, erweiterten
Gegenwart zu kontrollieren und nicht durch Vorausschau
und Vorsorge für eine langfristige, indeterminierte Zukunft.

Die doppelte temporale Wende: Novität, CARS und TARS

Diese Antizipations-Zyklen verfangen sich in weiteren
temporalen Problemen: Die frühen RS-Konzepte leiden
an einer scheinbar unüberwindbaren Grenze der mathematischen Genauigkeit der prädizierten und antizipierten
Interessen (vgl. Hill et al. 1995) und die RS fahren sich nach
einer gewissen Anlaufphase der Optimierungszyklen (Maes
und Kozierok 1993) in sogenannten Portfolioeffekten (Burke
2002, 337) der User:innen-Profile fest (vgl. McNee, Riedl
und Konstan 2006). RS scheinen die vorhergesagte Zukunft
empfohlener Item-User:in-Potentiale und -Interaktionen mit
zu akkurat ähnlichen, ja sogar mit immer gleichen Empfehlungen langfristig zu konsolidieren: das berüchtigte Problem
der Filterblasen (vgl. Castells, Hurley und Vargas 2015, 884).

RS-Designer:innen vollziehen meines Erachtens daraufhin in
ihren Konzepten eine doppelte temporale Wende[9], die zum
Momenting führt. Sie begannen bereits etwa Anfang der
2000er-Jahre am Goldstandard der algorithmischen Akkuratheit von Empfehlungen und am Primat der Interessen zu
zweifeln und überlegten, wie sie die konsolidierte Zukunft
der Interessens- und Interaktionspotenziale wieder öffnen
könnten (vgl. McNee, Riedl und Konstan 2006, 1097; Smythe
und McClave 2001; Herlocker und Konstan 2001, 40; Seaver
2018, 8). Erstens – und dies ist der erste Aspekt der temporalen Wende – brauche es zwischen Items, User:innen und

---

9   Manche RS-Designer:innen sprechen selbst vom „contextual turn"
     (vgl. Pagano et al. 2016; vgl. dazu Prey 2018, 1092). Mir geht es v.a. um
     die temporalen Aspekte.

Situationen relationale Diversität, Novität[10] und Serendipität der Empfehlungen, um auch solche für User:innen nützliche Items zu ermitteln, auf die diese selbst nicht kommen würden (vgl. McNee, Riedl und Konstan 2006, 1099). Von der Verhaltensökonomie ließen sich RS-Designer:innen davon überzeugen, dass User:innen Varietät, Novität, Entdeckungen und Serendipität von empfohlenen Items begrüßen, weil sie oft unsicher in Bezug auf ihre eigenen Interessen seien (vgl. Castells, Hurley und Vargas 2015, 883ff.). RS-Designer:innen überlegen darauf aufbauend, dass Interessen der User:innen für bestimmte Items erst in der situativen Interaktion mit diesen entstehen können und ihnen nicht notwendigerweise vorausgehen. Die relationalen Interessens- und Interaktionspotenziale kommen nun nicht nur aus der nachträglich im Zyklus aggregierten Interaktions-Vergangenheit. Mit Simondon (Massumis Interpretation 2009 folgend) gesprochen emergieren die Potentiale vielmehr aus der indeterminierten Zukunft der Interaktionssituationen.

RS-Designer:innen bemühen sich einerseits darum, die in den Optimierungszyklen festgefahrene, auf der Nachträglichkeit algorithmischer Akkuratheit basierte Zukunft der empfohlenen Item-User:in-Potenziale und damit auch die Zukunft der User:in-Item-Interaktionen der Situation wieder zu öffnen. Doch andererseits versuchen sie, mit den auf Nachträglichkeit basierten Profilen der User:innen ein Standbein in deren Vergangenheit zu bewahren, um nicht chaotisch-zufällig Items zu empfehlen. Sie streben für Novität, Diversität und Serendipität einen in die Zukunft gerichteten „ideal level of stimulation" (Castells, Hurley und Vargas 2015, 883) an. Die Neuheit von empfohlenen Items wird hier somit anders gedacht: RS-Designer:innen versuchen nun einen Spagat zwischen Interessen, die (eventuell) aus der indeterminierten Zukunft stammen, die aber

---

10 Ich übersetze den englischen Begriff *novelty* hier mit „Novität", was es nicht ganz trifft, da Novität auf modische Neuheit abstellt, *novel Audio*-Items aber bei MSS auch alte, aus der Mode gekommene Titel sein können.

heuristisch angeleitet aus der algorithmisch determinierten
Vergangenheit antizipiert werden.[11]

Zweitens – und dies ist der zweite Aspekt der temporalen
Wende – versuchen RS-Designer:innen auch, die scheinbar
unüberwindbare Grenze der kalkulierbaren Akkuratheit
der Interessenspotenziale zu durchbrechen und durch
eine neue Strategie zu verfeinern. Spätestens seit dem
öffentlichen Netflix-Preisausschreiben[12] zwischen 2006 und
2009 überlegen RS-Designer:innen, dass zu diesem Zweck
den zeitlichen, räumlichen und sozialkulturellen Kontexten
des Active-User:innen-Ereignisses vor allem in ihrer temporalen Dynamik und Heterogenität algorithmisch Rechnung
getragen werden muss (vgl. Konstan 2011; Koren 2009; Drott
2018b).[13] Als Lösung hierfür entwickeln sie sogenannte Con-
text- und Time-Aware-Recommender-Systems (kurz CARS
und TARS). Zeit erscheint ihnen dabei als brauchbarster Kon-
textparameter (vgl. bereits 2005 Adomavicius und Tuzhilin;
ferner einen der Netflix-Gewinner:innen Koren 2009; ebenso
Campos, Díez und Cantador 2013, 68; Drott 2018a; Prey
2018). Mit CARS und TARS werden die Interessens- und Interaktionspotenziale nun als temporal dynamisch in Relationen
mit den Kontexten der Situationen und deren Elementen
gedacht – das heißt als heterogen und im stetigen Wandel
befindlich.[14] User:innen werden ebenfalls als ständig ihren
Geschmack verändernd und weiterentwickelnd imaginiert
(vgl. Koren 2009). CARS und TARS versuchen nicht direkt wie

11   Vgl. den Vizepräsidenten der Personalisierungs-Abteilung von Spotify
      Oskar Stål (2021) zum „balancing" (16:50) zwischen auf Nachträglich-
      keit basierender Relevanz einerseits und Diversität und Serendipität
      andererseits (17:10).
12   Vgl. https://en.wikipedia.org/wiki/Netflix_Prize (letzter Zugriff am 22.
      April 2022).
13   Allerdings führte das Netflix-Preisausschreiben ebenfalls dazu, den
      Fokus auf die Genauigkeit der Algorithmen wieder zu relativieren (vgl.
      Seaver 2018, 8).
14   Dies ist sicherlich auch auf die Verbreitung von Smartphones
      zurückzuführen, die es ermöglichen, Musik-Streaming in hetero-
      gene räumliche Kontexte zu tragen – sozusagen ‚to walk *with* a large
      library into diverse contexts'. Spotify spricht denn auch von „mobile
      moments" (GroupM 2016, 22; vgl. auch Prey 2018, 1092).

die Strategien der Novität, die Zukunft der empfohlenen User:in-Item-Potenziale wieder zu öffnen. Vielmehr zielen sie darauf, die algorithmische Genauigkeit von Empfehlungen zu steigern, indem diese dynamisiert und mit den Interessen, die sich im Alltag der User:innen über heterogene Kontexte hinweg dynamisch verändern, getimt werden (vgl. für MSS Pichl, Zangerle und Specht 2016).

RS-Designer:innen überlegen dafür, mit CARS und TARS verschiedenste Zeit- und Kontextvariablen wie Ort, Tageszeit, Wochentag, Jahreszeit, soziale Interaktionspartner:innen, Wetter, Devices, Aktivitäten, ja sogar Stimmungen, Puls oder Schrittgeschwindigkeiten zu operationalisieren (vgl. Adomavicius und Tuzhilin 2005; Koren 2009; Campos, Díez und Cantador 2013; Schedl et al. 2015; GroupM 2016). Dies geschieht basal mithilfe standardisierter „timestamps" (Campos, Díez und Cantador 2013, 73), das heißt mit metrischen Uhr- und Datumswerten. Diese werden, mit Schreiber (1999) allgemein in Bezug auf Computersysteme gesprochen, als „identity element" (ebd., 297) und mit dem Nullwert als fortlaufendes ‚Jetzt' algorithmisch gesetzt (ebd., 298). Die metrischen Zeitwerte werden jedoch auch in andere algorithmische Skalen übersetzt, beispielsweise in kategoriale Skalen, um der Ereignishaftigkeit und Heterogenität kontextualisierter „mobile moments" (GroupM 2016, 22) des Audio-Konsums Rechnung zu tragen (vgl. Campos, Díez und Cantador 2013, 73; GroupM 2016). CARS und TARS sind daher nicht strikt an die standardisierte, leere und gesellschaftliche Uhrzeit des Nationalstaats (vgl. Anderson 1996, 32) gebunden, wie noch das klassische Fernseh- oder Radioprogramm. Diese „flexible" (Campos, Díez und Cantador 2013, 73) Form der Operationalisierung erlaubt es, unscharfe und heterogene temporale Repräsentationen von Momenten im RS einzusetzen und auf Timing und Rechtzeitigkeit zu zielen: „[T]he desired time for item usage or consumption ... may be different from the recommendation delivery time" (ebd.). So ist auf Spotify eine empfohlene Playlist beispielsweise für Momente wie Kochen oder Frühlingsgefühle nicht an eine konkrete, metrisch

spezifizierte Uhrzeit oder strikt an ein ordinal festgelegtes
Nacheinander von Zeiten gebunden.

Es geht RS-Designer:innen darum, CARS und TARS mit
den dynamischen, je nach Kontexten wechselhaften,
habituierten, sich beispielsweise durch Veränderungen des
Familienstatus oder des Konsumverhaltens verschiebenden
Alltags-Patterns der relationalen Interessenspotenziale
individueller User:in-Item-Kontexte zu timen und rechtzeitig Empfehlungen dafür parat zu haben (vgl. Koren 2009;
Campos, Díez und Cantador 2013. 2013; Schedl et al. 2015;
GroupM 2016). Der auf diese Weise durch CARS und TARS
geschaffene temporale Raum (dazu basal Schreiber 1999,
297) kann durch algorithmische Kategorien standardisierte
Charakteristika aufweisen. Solche Modellierungen sind
spezifische, technisch operationalisierte *enactments* von
Kontexten und Temporalitäten (vgl. Seaver 2015). Dennoch
vermute ich, dass auch die Kategorien der CARS und TARS,
ähnlich wie Genrekategorien bei Spotify (vgl. McDonald
2013) und die Kategorien von User:innen-Profilen (vgl.
Cheney-Lippold 2011), nicht darauf zielen, endgültig und
abschließend zu klären und vorzuschreiben, aus welchen
Momenten der Alltag der User:innen besteht oder bestehen
soll. So sind erstens viele Kategorien empfohlener Moment-
Playlisten bei Spotify meines Erachtens nach eher vage
in Bezug auf konkrete Temporalitäten, Kontexte und
Stimmungen (z.B. „Beats to think to", „Van Life", „Wake up
happy", „Wochenende"), und zweitens zielen diese Listen
und ihre Titel eher auf Novität, Erfahrungen, längerfristige
Entdeckung und Entwicklung (vgl. Stål 2021, 6:34, 17:22,
18:06). Dies überlässt den User:innen einen Gutteil der
Potentialisierungs- und Timingarbeit zwischen empfohlenen
Audio-Items und persönlichen Kontexten, Devices, Temporalitäten, Hörpraktiken und -erfahrungen, wenn im Sinne
Gomarts und Hennions (1999, 227, 238) das *attachement* und
der leidenschaftliche Höreffekt gelingen sollen (vgl. auch
Otto und Stäheli in diesem Band; vgl. zum Playlisten Moore
2019; Hagen 2015); und Spotifys Redakteur Mike Pallasch
scheint versprechen zu wollen, mit der kontinuierlichen

Entwicklung von Moment-Listen „jede Situation und Stimmung abzudecken, die man sich vorstellen kann" (Senff 2020; vgl. auch Bickelmann und Sahin 2021).[15]

Mit CARS und TARS geht es RS-Designer:innen somit auch darum, die antizipierten Interessens- und Interaktionspotenziale für Situationen zu vervielfältigen, indem sie das Timing der RS mit dem User:in-Ereignis auf heterogene, temporal-kontextuelle Momente hin erweitern, die sich in ihren Dynamiken, Timeframes, Prozessen und Intensitäten (Adam 1995) überlappen, unterscheiden, verbinden oder auch unverbunden nebeneinanderstehen können – Momente kurzfristiger Stimmungen wie „Feeling Lazy" bis hin zu längeren Momenten wie Urlaub (vgl. das Schaubild einiger Momente in GroupM 2016, 25f.). Der Primat der User:in-Item-Potentiale, die im alten Modell stabil in die Situation hineingetragen und mit dem Zyklus nachträglich ermittelt wurden, wird mit CARS und TARS nicht aufgegeben. Die Potentiale werden aber in diesem Konzept in heterogene Momente zerlegt und zugunsten der sich darüber ereignenden Verschiebungen dynamisiert. Mithilfe dieser Zeitökonomie der nachträglichen Refresh-Zyklen der Profile, dem Identitätselement der metrischen Timestamps sowie den unterschiedlichen Skalen und CARS/TARS-Kategorien der Momente wird auf diese Weise ein heterogener temporaler Raum geschaffen, in dem Empfehlungen kalkuliert und angepasst werden (vgl. Spotify Engineering 2021; vgl. zur Zeitökonomie Otto und Stäheli in diesem Band).

15 Vgl. Prey (2018, 1094) für die ursprünglichen sechs Kontextkategorien bei Spotify. Spotify nennt diese Playlisten „algotoriale" Playlisten, die semi-personalisiert aus einer datengestützen, menschlich-redationellen Auswahl algorithmisch personalisierte Listen fabriziert und immer wieder anpasst (vgl. Senff 2020; Bickelmann und Sahin 2021; Spotify For the Record 2021). Vgl. Stål 2021, 18:06 zur Rolle der User:innen, empfohlene Audio-Titel in ihren persönlichen Alltag und Musikgeschmack zu integrieren und beides zu entwickeln.

Momenting

Die algorithmisch-temporalen Strategien von CARS, TARS, Novität und Diversität sind meines Erachtens die Haupt-konzepte des Momenting. Mit Momenting versuchen RS auf diese Weise, nicht nur kalkulativ „akkuratere" Items je nach Moment oder nach sich über Momente hinweg ver-schiebenden Interessen zu empfehlen. Meines Erachtens schlagen Musik-RS wie das von Spotify mit Momenting ihren User:innen solche Momente selbst als neue, potenziell interessante Aktivitäten, Kontexte und so weiter vor, sodass User:innen dann und darin Audio konsumieren. So scheint der CEO und Gründer von Spotify Daniel Ek nicht einfach Musik-Items empfehlen und streamen zu wollen: „‚We're not in the music space – we're in the moment space'" (Ek zit. n. Fleischer 2017, 156).

Im Momenting verbinden sich daher meines Erachtens die auf die Öffnung der zukünftigen Interaktionspotenziale gerichteten Strategien der Novität mit CARS und TARS (vgl. für Spotify deren Vizepräsidenten der Personalisierungs-abteilung Oskar Stål 2021, 17:22). Die Vielfältigkeit der Momente, die mit entsprechenden Playlisten angeboten werden, bietet User:innen die Affordanz[16], Interessens-potenziale für Audio-Items experimentell und explorativ in bekannten, aber auch in oder als neue(n) Momente(n) auszuprobieren.[17] Momenting lässt sich somit meines Erachtens nach auch als Strategie der Präemption im Sinne Massumis (2007) begreifen. Momenting versucht, Momente

16   Ich verstehe James Gibsons Begriff der Affordanz hier in der Fassung von Tim Ingold (2011). Affordanzen von Dingen emergieren Ingold zufolge erst „by virtue of its [hier: Empfehlungen] having been drawn into that creatures' [hier: Hörer:innen] activity" (ebd., 79; vgl. auch Gommart und Hennion 1999, 238).

17   Möglicherweise bieten die Moment-Kategorien auch kulturelle Folien zur Identifizierung, wie Prey (2018, 1096f.) argumentiert. Ich begreife diese Kategorien mit Ingold (2011) und Gomart und Hennion (1999) als Affordanzen für *attachement*-Ereignisse und -Aktivitäten leiden-schaftlichen Hörens, die auch subjektivierende Aspekte beinhalten, aber nicht darauf reduziert werden können (ebd., 223, 227f., 239).

präemptiv selbst mit anzuregen, Interessenspotenziale dafür zu wecken, Neugier, Kreativität und Engagement der Hörer:innen mit dem MSS anzustoßen – zum Beispiel beim Experimentieren mit Playlisten für Momente, bei der spielerischen Erweiterung des eigenen Musikgeschmacks oder zur Befriedigung des leidenschaftichen Sammeltriebs (vgl. zu diesen Praktiken Moore 2019, 20ff.; Hagen 2015, 626; Johansson 2018a, 38; 2018b, 50). Es möchte Hörer:innen dazu verleiten, sich in Momenten leidenschaftlichen Hörens verschalten zu lassen (siehe „Technologien relationaler Verschaltung" in diesem Band; Gomart und Hennion 1999). Mit Adams Zeitsoziologie (2004, 88) lässt sich diese Strategie so verstehen, dass RS nun nicht mehr nur auf die kurzfristige, nächste Situation einer erweiterten Gegenwart zielen, sondern vielmehr auf eine weitere und indeterminierte Zukunft der Momente und dadurch versuchen, mit Massumi gesprochen, diese präemptiv mitzuprovozieren, mitzukreieren und auf diese Weise die Aktualisierung der indeterminierten Zukunft zwischen MSS und Hörer:innen ein Stück weit zu kontrollieren.[18]

Die die Zukunft blockierenden Portfolioeffekte und die mangelnde Diversität, resümieren RS-Designer Castells, Hurley und Vargas, „may result from too much personalization" (2015, 884). Die Adressierung der User:innen als klassische Individuen, die ihre Interessen stabil in die Situation hineintragen sowie Empfehlungen, die allein auf der Nachträglichkeit der algorithmisch kalkulierten Potenziale und des Primats vor der Situation beruhen, reichen für RS-Designer:innen nicht mehr aus (vgl. Pagano et al. 2016, 249; Prey 2018, 1092). Sie scheinen mit CARS und TARS nicht mehr Individuen adressieren zu wollen (vgl. Adomavicius und Tuzhilin 2005, 744; Prey 2018, 1095), was sich auch im öffentlichen Diskurs von Spotify und seinen Versprechen ausdrückt. Die Leiterin der R&D-Abteilung bei Spotify, Mounia Lalmas-Roelleke (2019), formuliert die Adressierung der User:innen mit klarem Fokus auf Temporalität, Kontext

---

18   Vgl. für Spotify Stål (2021, 15:54).

und Timing – das heißt meines Erachtens auf Momenting:
„Within Personalization, we aim to match users with the
content they want to hear at the right time, in the right
place. This means getting the context right [mit dem RS!]
… providing an experience that … fulfills user needs in the
moment." Robert Prey fasst diese Adressierung mit Bezug
auf Pagano et al. (2016) konzise zusammen: „context-based
recommendation systems take the position that one equals
one's context" (Prey 2018, 1092). Und Drott bringt es auf
den Punkt: „The shift here is from being to event, from a
focus on the allegedly invariant features that constitute
one's identity, to the transient phenomena that compose
the temporal unfolding of our lives." (Drott 2018a, 256).
User:innen werden daher meines Erachtens mithilfe von
Momenting als kontextualisiertes, dynamisches, werdendes,
raum-zeitlich-aktantiell heterogenes und genetzwerktes
Moment-Ereignis der *attachements* selbst adressiert (vgl.
zur „event-network theory" des *attachements* Gomart und
Hennion 1999, 225).

Bei Spotify gibt es nach wie vor die romantische Vorstellung
eines authentischen Subjekts, das allerdings temporalisiert
über Momente gedacht wird: „Streaming is all about a
reflection of who you really are. […] You're just you, living
in the moment" (Danielle Lee, ehemalige CEO von Spotify,
zit. n. Drott 2018a, 262). Das individuelle Subjekt wird bei
Spotify nun in „many listeners" (Spotifys Ajay Kalia zit. nach
Prey 2018, 1092) vervielfältigt imaginiert sowie als Serien
von Erfahrungen und explorativen Werdensprozessen von
Moment zu Moment gedacht und adressiert (vgl. Stål 2021,
17:56).

Fazit

Das Gelingen der Kommunikation von Empfehlungen (vgl.
Otto und Stäheli in diesem Band) beruht beim Momenting
grundlegend auf der Zeitökonomie des Timings von RS mit
Active-User:innen-Ereignissen. Das Timing mit Momenten
durch CARS und TARS vervielfältigt die Adressierung von

User:innen als heterogene Kontexte, Aktivitäten und Temporalitäten. Die Momente des Momenting sind hierbei keine
Zeitabschnitte einer vorgefertigten oder ontologischen Zeit,
sondern werden von Hörer:innen und Musik-RS ko-konstitutiv produziert und *enactet*. Einerseits ist Momenting
nämlich Voraussetzung, um als Raster für die temporal-
kontextualisierte Erhebung von User:innen-Daten und
Kalkulation der dynamischen Profile zu dienen. Andererseits werden diese Momente empirisch-algorithmisch so
heterogen wie möglich aus User:innen-Aktivitäten erst
erhoben und können dann wiederum selbst als präemptive, die Zukunft öffnende Empfehlungen dienen, indem
Hörer:innen solche empfohlenen Momente, Playlisten
und Audio-Items experimentell in der *attachement*-Arbeit
ausprobieren und potentialisieren. Diese temporale Ökonomie interpelliert User:innen meines Erachtens nicht als
Subjekte (wie Drott 2018a, 246 argumentiert), sondern
affordiert ihnen Momente und adressiert sie darin als
Momente selbst in ihren leidenschaftlichen Hörpraktiken,
-erfahrungen und -ereignissen (Gomart und Hennion 1999).
Musik-RS versuchen auf diese Weise, User:innen mit ihren
Streaming-Systemen in stabile Serien der medialen Teilhabe
aus Hörmomenten zu individuieren und zu verschalten (vgl.
„Technologien relationaler Verschaltung" in diesem Band),
aber meines Erachtens nicht durch Identifizierung zu sub-
jektivieren (wie Prey 2018, 1096f. ebf. mit Simondons Theorie
der Individuierung und Cheney-Lippold 2011 argumentiert).

Literatur

Adam, Barbara. 1995. *Timewatch: The Social Analysis of Time*. Cambridge,MA:
Polity.
——. 2004. *Time*. Cambridge, MA: Polity.
Adamopoulos, Panagiotis und Alexander Tuzhilin. 2014. „On Over-
Specialization and Concentration Bias of Recommendations: Probabilistic
Neighborhood Selection". *Collaborative Filtering Systems RecSys '14, Procee-
dings of the 8th ACM Conference on Recommender Systems*, Oktober 2014,
153–160.
Adomavicius, Gediminas und Alexander Tuzhilin. 2005. „Toward the Next
Generation of Recommender Systems: A Survey of the State-of-the-Art

and Possible Extensions". *IEEE Transactions on Knowledge and Data Enginee-*
ring 17 (6): 734–749.

Allen, Robert B.1990. „User models: theory, method, and practice". *International Journal of Man-Machine Studies* 32: 511–543.

Amatriain, Xavier und Justin Basilico. 2015. „Recommender Systems in
Industry: A Netflix Case Study". In *Recommender Systems Handbook. Second
Edition*, hg. v. Ricci, Francesco, Lior Rokach und Bracha Shapira, 385–420.
New York: Springer.

Amoore, Louise. 2011. „Data Derivatives: On the Emergence of a Security Risk
Calculus for Our Times". *Theory, Culture & Society* 28 (6), 24–43.

Anderson, Benedict. 1996. *Die Erfindung der Nation: Zur Karriere eines
folgenreichen Konzepts*. Frankfurt am Main: Campus.

Bickelmann, Jonas und Vincent Sahin. 2021. „Spotifys Europachef im Interview: ‚Empfehlungen sind ein Luxusgut.'" *ntv-Online*. https://www.n-tv.
de/wirtschaft/Empfehlungen-sind-ein-Luxusgut-article22810636.html.
Letzter Zugriff am 22. April 2022.

Burke, Robin. 2002. „Hybrid Recommender Systems: Survey and
Experiments". *User Modeling and User-Adapted Interaction* 12 (4): 331–370.

Campos, Pedro G., Díez, Fernando und Iván Cantador. 2013. „Time-aware
recommender systems: a comprehensive survey and analysis of existing
evaluation protocols". *User Modeling and User-Adapted Interaction* 24 (1-2):
67–119.

Castells, Pablo, Hurley, Neil J. und Saul Vargas. 2015. „Novelty and Diversity
in Recommender Systems". In *Recommender Systems Handbook. Second
Edition*, hg. v. Ricci, Francesco, Lior Rokach und Bracha Shapira, 881–918.
New York: Springer.

Cheney-Lippold, John. 2011. „A New Algorithmic Identity. Soft Biopolitics and
the Modulation of Control". *Theory, Culture & Society* 28 (6): 164–181.

Coleman, Rebecca. 2020. „Refresh: On the Temporalities of Digital Media
‚Re's". *Media Theory* 4 (2): 55–84.

De Sola Pool, Ithiel. 1983. „Tracking the Flow of Information". *Science* 221
(4611): 609–613.

Denning, Peter J. 1982. „Electronic Junk". *Communications of the ACM* 25 (3):
163–165.

Drott, Eric. 2018a. „Music as a Technology of Surveillance". *Journal of the
Society for American Music* 12 (3): 233–267.

———. 2018b. „Why the Next Song Matters: Streaming, Recommendation,
Scarcity". *Twentieth-Century Music* 15 (3): 325–357.

Fleischer, Rasmus. 2017. „If the Song has No Price, is it Still a Commodity?
Rethinking the Commodification of Digital Music". *Culture Unbound* 9 (2):
146–162.

Gillespie, Tarleton. 2014. „The Relevance of Algorithms". In *Media Technologies: Essays on Communication, Materiality and Society*, hg. v. dems., Pablo
J. Boczkowski und Kirsten A. Foot, 164–195. Cambridge: MIT.

Gomart, Emilie und Antoienne Hennion. 1999. „A sociology of attachement:
Music amateurs, drug users". In *Actor Network Theory and After* 47 (1 Suppl):
220–247.

GroupM. 2016. *Streaming State of Mind*. https://www.mediaspecs.be/wp-content/uploads/2017/01/Spotify-GroupM-Whitepaper.pdf. Letzter Zugriff am 31. Januar 2022.

Hagen, Anja N. 2015. „The Playlist Experience: Personal Playlists in Music Streaming Services". *Popular Music and Society* 38 (5): 625–645.

Herlocker, Jon und Joseph A. Konstan. 2001. „Content-Independent Task-Focused Recommendation". *IEEE Internet Computing* 5 (6): 50–47.

Hill, Will, Stead, Larry, Rosenstein, Mark und George Furnas. 1995. „Recommending and evaluating choices in a virtual community of use". In *Proceedings of the SIGCHI Conference on Human Factors in Computing Systems*, hg. v. Irvin R. Katz, Robert Mack, Linn Marks, Mary Beth Rosson und Jakob Nielsen, 194–201. New York: ACM Press/Addison-Wesley Publishing Co.

Ingold, Tim. 2011. *Being Alive. Essays on Movement, Knowledge and Description*. New York: Routledge.

Johansson, Sofia. 2018a. „Online music in everyday life: Contexts and practices". In *Streaming Music. Practices, Media, Cultures,* hg. v. dies., Patrik Åker und Gregory Goldenzwaig, 27–43. Milton Park: New York.

———. 2018b. „Music as part of connectivity culture". In *Streaming Music. Practices, Media, Cultures,* hg. v. dies., Patrik Åker und Gregory Goldenzwaig, 44–61. Milton Park: New York.

Kalgren, Jussi. 1990. „An Algebra for Recommendations". *The Systems Development and Artificial Intelligence Laboratory*, Working Paper 179.

Konstan, Joseph A. 2011. „Foreword". In *Recommender Systems. An Introduction,* hg. v. Dietmar Jannach, Markus Zanker, Alexander Felfernig und Gerhard Friedrich, ix–xiii. Cambridge: University Press.

Koren, Yehuda. 2009. „Collaborative Filtering with Temporal Dynamics". *KDD'09,* June 28–July 1, Paris, France.

Lalmas-Roelleke, Mouina. 2019. „5 Questions (and Answers) with Mounia Lalmas-Roelleke, Head of Tech Research for Personalization at Spotify". *Spotify Newsroom.* https://newsroom.spotify.com/2019-10-03/5-questions-and-answers-with-mounia-lalmas-roelleke-head-of-tech-research-for-personalization-at-spotify/. Letzter Zugriff am 31. Januar 2022.

Maes, P. und R. Kozierok. 1993. „Learning Interface Agents". *Proceedings of AAAI 93,* San Mateo, CA: American Association for Artificial Intelligence.

Massumi, Brian. 2007. „Potential Politics and the Primacy of Preemption". *Theory & Event* 10 (2).

———. 2009. „Technical Mentality' revisited: Brian Massumi on Gilbert Simondon". *Parrhesia*, Number 7, 36-45.

McDonald, Glenn. 2013. „How We Understand Music Genres". *Every Noise at Once*, 7. Juni. https://everynoise.com/EverynoiseIntro.pdf. Letzter Zugriff am 31. Januar 2022.

McNee, Sean M., Riedl, John und Joseph A. Constan. 2006. „Being Accurate is Not Enough: How Accuracy Metrics have hurt Recommender Systems". *CHI 2006, Work-in-Progress*, 1097–1101.

Mol, Annemarie. 2017. „Krankheit tun: Eine Bewegung zwischen Feldern". In *Science and Technology Studies: Klassische Positionen und aktuelle*

Perspektiven, hg. v. Susanne Bauer, Torsten Heinemann und Thomas Lemke, 429–467. Frankfurt am Main: Suhrkamp.

Moore, Ellen. 2019. *Infinite content and interrupted listening: The impact of smartphones, streaming and music ‚superabundance' on everyday personal music listening behaviour.* Dissertation, London: Goldsmith University. https://research.gold.ac.uk/27021/1/Working%20research%20paper%20 -%20Infinite%20content%20and%20interrupted%20listening%20 %28Ellen%20Moore%29%20%281%29.pdf. Letzter Zugriff am 22. April 2022.

Pagano, Roberto, Cremonesi, Paolo, Larson, Martha, Hidasi, Balázs, Tikk, Domonkos, Karatzoglou, Alexandros und Massimo Quadrana. 2016. „The contextual turn: from context-aware to context-driven recommender systems". In *Proceedings of the 10th ACM conference on recommender systems*, Boston, MA, 15–19 September, 249–252. New York: ACM.

Pichl, Martin, Zangerle, Eva und Günther Specht. 2015. „Towards a Context-Aware Music Recommendation Approach: What is Hidden in the Playlist Name?" In *IEEE 15th International Conference on Data Mining Workshops*, 1360–1365.

———. 2016. „Understanding Playlist Creation on Music Streaming Platforms". *In IEEE International Symposium on Multimedia*, 475–480.

Prey, Robert. 2018. „Nothing personal: algorithmic individuation on music streaming platforms". *Media, Culture & Society* 40 (7): 1086–1100.

Resnick, Paul, Iacovou, Neophytos, Suchak, Mitesh, Bergstrom, Peter und John Riedl. 1994. „GroupLens: An open architecture for collaborative filtering of netnews". *Proceedings of the 1994 ACM conference on Computer supported cooperative work* (CSCW '94), 175–186.

Ricci, Francesco. 2014. „Recommender systems: Models and techniques". In *Encyclopedia of Social Network Analysis and Mining*, hg. V. Reda Alhaj und Jon Rokne, 1511–1522. New York: Springer.

Ricci, Francesco, Rokach, Lior und Bracha Shapira. 2015. „Recommender Systems: Introduction and Challenges". In *Recommender Systems Handbook. Second Edition*, hg. V. dies., 1–36. New York: Springer.

Rich, Elaine. 1979. „User Modeling via Sterotypes". *Cognitve Science* 3: 329–354.

Schedl, Markus, Knees, Peter, McFee, Brian, Bogdanov, Dmitry und Marius Kaminskas. 2015. „Music Recommender Systems". In *Recommender Systems Handbook. Second Edition*, hg. v. Francesco Ricci, Lior Rokach und Bracha Shapira, 453–492. New York: Springer.

Schreiber, Fabio A. 1999. „Is Time a Real Time? An Overview of Time Ontology in Informatics". In *Real Time Computing*, hg. v. Wolfgang A. Halang und Alexander D. Stoyenko, 283–307. Berlin: Springer Verlag.

Seaver, Nick. 2015. „The nice thing about context is that everyone has it". *Media, Culture & Society* 37 (7): 1101–1109.

———. 2018. „Captivating algorithms: Recommender systems as traps". *Journal of Material Culture* 24: 421–436.

Senff, Maximilian. 2020. „Der Wächter der Spotify-Playlists". *Spiegel Online*, 11. Februar. https://www.spiegel.de/panorama/

spotify-wie-entstehen-die-playlists-wir-haben-nachgefragt-a-7cc18842-6354-4cef-b041-edf7b9d97ef9. Letzter Zugriff am 22. April 2022.

Shardanand, Upendra und Pattie Maes. 1995. „Social Information Filtering: Algorithms for Automating ‚Word of Mouth'". *Conference on Human Factors in Computing Systems – Proceedings*, 210–217.

Smythe, Barry und Paul McClave. 2001. „Similarity vs. Diversity". In *Case-Based Reasoning Research and Development 4th International Conference on Case-Based Reasoning*, ICCBR 2001, Vancouver, BC, Canada, July 30-August 2, hg. v. David W. Aha und Ian Watson, 347-361.

Spotify. 2020. *Culture Next: Volume 2.* https://ads.spotify.com/de-DE/culture-next/the-2020-report/. Letzter Zugriff am 31. Januar 2022.

Spotify Engineering. 2021. „How Spotify Uses ML to Create the Future of Personalization". *Spotify R&D. Engineering*, 2. Dezember. https://engineering.atspotify.com/2021/12/how-spotify-uses-ml-to-create-the-future-of-personalization/. Letzter Zugriff am 21. April 2022.

Spotify For The Record. 2021. „Make it Personal: Adding That Extra ‚You' to Your Discovery: Oskar Stål, Spotify Vice President of Personalization, Explains How It Works". *Spotify For the Record*, 13. Oktober. https://newsroom.spotify.com/2021-10-13/adding-that-extra-you-to-your-discovery-oskar-stal-spotify-vice-president-of-personalization-explains-how-it-works/. Letzter Zugriff am 20. April 2022.

Stål, Oskar. 2021. „Creating personalized listening experiences with Spotify: VP of Personalization Oskar Stål Talks the Future of ML at TransformX". *YouTube: Spotify R&D*. https://www.youtube.com/watch?v=n16LOyba-SE&list=PLf1KFlSkDLIBNfiMCsXfj_pegmiyRwrSc. Letzter Zugriff am 20. April 2022.

Unternährer, Markus. 2021. „Die Ordnung der Empfehlung". *Kölner Zeitschrift für Soziologie und Sozialpsychologie* 37: 397–423.

Van Dijck, José. 2014. „Datafication, dataism and dataveillance: Big Data between scientific paradigm and ideology". *Surveillance and Society* 12 (2): 197–208.

Volmar, Axel. 2009. „Zeitkritische Medien im Kontext von Wahrnehmung, Kommunikation und Ästhetik. Eine Einleitung". In *Zeitkritische Medien*, hg. v. dems., 9–26. Berlin: Kadmos.

MODALITÄT 3: TEILHABENDE KRITIK

Formen teilhabender Kritik: Philosophische, mediale und künstlerische Perspektiven

Elke Bippus, Christoph Brunner, Roberto Nigro

Die bürgerliche Gesellschaft hat im 18. Jahrhundert die moderne Freiheit erfunden und diese mit der Idee der Emanzipation verknüpft. Diese Freiheit zeigt sich jedoch zugleich als eine Mischung aus Zwängen, Folter und Prämien (Nietzsche 1988; Foucault 1987; Saar 2007). Die modernen Regierungsmechanismen erzeugen Freiheit aus einer Zusammenführung von Beherrschung, Herrschaft und Unterwerfung, die ihre Kraft aus einer tausendjährigen Rationalität des Gehorsams gewinnt: Im Machtdispositiv der Moderne fungiert Gehorsam als eine Basis von Freiheit – das heißt eine Haltung des Subjekts formiert sich auf der Basis eines freiwilligen Gehorsams, einer (Selbst)-Technologie (Abensour 2015; Foucault 1987 und 2019).

Diese ambivalente Haltung des Gehorsams stellt zum einen die soziale Bindung für Formen der Kollektivität dar, das heißt sie ist die Voraussetzung der Zugehörigkeit und des Zusammenlebens; zum anderen steht sie für die Ursache der menschlichen Unmündigkeit. Daher entfaltet sich die Moderne durch eine Dialektik zwischen Freiheit/Emanzipation und Herrschaft/Unterwerfung (Colliot-Hélène 2011). Deren Nukleus ist der richtige Gebrauch der Vernunft. Das Modell von Kritik, das sich in dieser dialektischen Struktur profiliert hat, ist ein Modell der ständigen Berichtigung von Fehlern, Abweichungen und Missständen. Das aufgeklärte Subjekt konstituiert sich dementsprechend entlang einer normativen Ordnung, entlang von Prozessen der Assimilation und Inklusion, einer stetigen Selbstkorrektur und -verbesserung der „eigenen" Vernunft. Kritik bildet hierbei nicht nur den „Ausgang des Menschen aus seiner selbstverschuldeten Unmündigkeit", wie Kant (1784) in seinem berühmten Text „Was ist Aufklärung?" schreibt, sondern meint auch den Ausgang aus sich selbst. Es handelt sich somit um eine Doppelnegation: Die ursprüngliche Entfremdung des Menschen als Unmündigem transformiert sich zu einer aufgeklärten und kritikfähigen Mündigkeit (Foucault 1988; Macherey 1991; Haber 2007). All die geschlossenen Räume der modernen Disziplinargesellschaft und ihre entsprechenden Partikularismen können durch eine Partizipation als *Teilnahme* überwunden werden – das heißt durch eine Partizipation im Sinne einer politischen Entfremdung, eines Ausgangs aus sich selbst, aus den differenten Lebensformen, die die eigene Existenz prägen. Subjektwerdung ist diese prozessuale und assimilatorische Logik einer Emanzipation, die auch die Zusammengehörigkeit zwischen Individuum und Kollektivität instituiert.

In der Rationalität der bürgerlichen Universalität wirkt eine emanzipatorische Logik, die ihre Kraft aus Prozessen von Gleichheit, Freiheit und Inklusion nährt und dadurch zur Selbstunterwerfung des aufklärungswilligen Subjekts aufruft (Balibar 2012). Assimilation und Inklusion sind Teile der emanzipatorischen und identitären Logik der Moderne. Dieser Prozess von Inklusion und Emanzipation ist nur um den Preis der ständigen Exklusion möglich: Die assimilatorische Logik der Moderne ist darin ambivalent, dass sie Freiheit erzeugt, indem sie sie frisst und Subjekte bildet, indem sie diese unterwirft. Teilnahme ist immer nur durch eine vermittelnde Instanz und bestimmte Normen möglich. Demgegenüber ist Teilhabe, wie sie im Folgenden darzulegen ist, immer schon ein Prozess sich ereignender Relationalität, in der sich Kritik immanent konstituiert und nicht als Norm konstituierend und regulierend operiert. Im Kontext der normativen Ordnung von Teilnahme lässt sich Politik nur als Regierung des Selbst und des Anderen verstehen, wobei Subjektivität zwischen Gehorsam und vermeintlicher (sprich bürgerlicher) Selbstständigkeit oszilliert.

Bereits in der Moderne und dann insbesondere vom 19. Jahrhundert an entstehen Gegenkonzepte zu dieser Konzeption der Teilnahme. Das Proletariat hat Risse im

Assimilationsprozess der Teilnahme entstehen lassen, denn mit ihm wurde sichtbar, dass eine Zugehörigkeit in der Ordnung des Einen und Identischen nicht möglich war (Lorey, Nigro und Raunig 2011). Zum einen emanzipiert sich das Proletariat durch die Negation seiner eigenen Identität; zum anderen bezeichnet dieser Begriff eine mannigfaltige Subjektivität, die plural und polyphon ist (Guattari 2014). Das Subjekt wird plural, polyphon und schließlich partial (Strathern 1991): Es kennt keine dominante Bestimmungsinstanz, die die anderen Instanzen gemäß einer univoken Kausalität beeinflusst. Wenn man ein kollektives Subjekt noch als Proletariat bezeichnen möchte, um damit auch die kapitalistischen Verhältnisse und die sich zugleich ständig produzierenden Widerstände hervorzuheben, sollte man nicht von einer homogenen Klasse ausgehen, sondern von einer Multitude von Akteur:innen, Subjekten und Instanzen, die sich nicht homogenisieren lässt (Hardt und Negri 2004; Rancière 2012). Die Transformationen in der Konzeption der Subjektivität lassen sich nur richtig begreifen, wenn sie als Symptome einer übergreifenden und historischen Wandlung des Kapitalismus verstanden werden. Der Übergang von einer industriellen zu einer postindustriellen Gesellschaft, von fordistischen zu postfordistischen Produktionsweisen (Lorey und Neundlinger 2012; Lazzarato 2012; Moulier-Boutang 2011; Marazzi 2011; Dardot und Laval 2009) markiert eine Schwelle, ab der die vollständige Zugehörigkeit zur Gegenwart, der man angehört, unmöglich wird.

Die Möglichkeit demokratischer *Teilhabe* in der Differenz – nicht der Identität und Einheit – erscheint damit als *die* zentrale politische Frage von heute; dies insofern, als eine auf Gleichheit beruhende demokratische Partizipation im Sinne der *Teilnahme* aufgrund vielfältiger Ursachen erodiert ist: Vertrauensbruch, Krise, Politikverdrossenheit – unabhängig davon, wie die Konsequenzen des Unbehagens in der Demokratie beschrieben werden (Canfora 2013; Rosanvallon 2006, 2016; Revelli 2013). Alle diese Symptome sind spezifische Zeichen einer übergreifenden Veränderung, die eingebettet ist in die kapitalistische Organisationsform (des

Staates) und deren grundlegender medialer Verfasstheit. Eine solche Veränderung geht mit einer Neudefinition der Partizipation einher.

Im Unterschied zur Teilhabe erweckt der Begriff der *Teilnahme* beim Subjekt den Eindruck, in einen gemeinsamen Prozess einbezogen zu sein, von dem es sich zeitweise ausgeschlossen fühlt – mit dem Ziel, die Gründe der Exklusion überwinden zu können. So versetzt die mediale Teilnahme das Subjekt in die Lage einer ständigen (Un-)Vollständigkeit. Das ungenügende Subjekt versucht, sich mit anderen Subjekten zu verbinden – mit einer Vielheit von anderen, von deren Gemeinwesen es sich getrennt fühlt (Blanchot 2007; Esposito 2010). In der medialen Teilnahme kann diese Suche nur die Form einer negativen Gemeinschaft oder eines technologischen Nihilismus annehmen (Baudrillard 2011; Lasch 1979). Der Anspruch auf Teilnahme drängt zu partizipativen Formen mit leerem Signifikanten (Laclau 2005). Die *Teilhabe* ist ein Gegenbegriff, dem in der postfordistischen Konstellation eine besondere Bedeutung zukommt, insbesondere wenn sich die klassischen Grenzen zwischen Produktion und Reproduktion sowie ihre medialen Bedingungen verschieben (Hardt und Negri 2013; Federici 2012a).

Der Hiatus zwischen beiden Begriffen ist dadurch definiert, dass er sich auf die Unterscheidung zwischen dem Gemeinsamen und dem Universalen bezieht. *Teilhabe* heißt, dass das Subjekt ein Teil desjenigen Prozesses ist, an dem es teilhat. Allerdings nicht in dem Sinne, dass es lediglich Anteil am Prozess nimmt, sondern insofern, als der Prozess die (konstitutive) Bedingungsmöglichkeit seiner Individuation ist. Dass das Subjekt am Prozess teilhat, heißt die Bedingungsmöglichkeit seiner singulären Individuation anzuerkennen. *Teilnahme* ist die Assoziierung mit etwas, das außerhalb des Selbst steht. Das Subjekt assoziiert sich; es nimmt einen Anteil für sich und teilt seine Individualität mit (den) anderen. Während *Teilhabe* die Anerkennung der Natur von transindividuellen Kräften des Gemeinsamen ist, ist *Teilnahme* die Assimilation an etwas Universales, von dem man ausgeschlossen wird, obwohl man fühlt, dass man Teil davon sein sollte. Es sind daher die Ausschluss- und Einschlussmechanismen, die den Anspruch zur Partizipation generieren und regulieren. Teilnehmen ist die Beteiligung an etwas, von dem man aus verschiedenen Gründen ausgeschlossen ist.

An die Formierung und Regulierung von Ein- und Ausschlüssen als Prozesse der Teilnahme sowie das transindividuelle Verständnis des Gemeinsamen der (d. h. in und durch die) Teilhabe schließt sich auch eine Neukonzeptualisierung der Frage nach Subjektivierung im Unterschied zur Subjektheit an (Virno 2019, 2021; Balibar und Morfino 2014; De Libera 2007, Simondon 1989; Braidotti 2014): Subjektivierung fokussiert Prozesse des Werdens, der Produktion und der Fabrikation von Subjektivität. An die Stelle der Idee eines gründenden Subjekts tritt die eines stets konstituierten Subjekts (Nigro 2015; Nigro und Rölli 2017). Hierdurch wird die einem Individuum zugewiesene Zugehörigkeit qua ethnischer, sprachlicher, geschlechtlicher oder sozialer Herkunft und die Frage der Teilhabe kritisch thematisierbar (Federici 2012a, 2012b). Zugleich lassen sich die normativen Assimilationsprozesse der Teilnahme in ihrer Rasterung und Identifizierung als für eine konstituierende Subjektivierung unzureichend machtkritisch analysieren. Wie insbesondere die operaistische Tradition kenntlich gemacht hat, wird das Subjekt zudem nicht allein mit Unterwerfung und Ausbeutung verknüpft, sondern auch mit Subversion (Tronti 2009; Negri 2019). Subversion meint nicht eine grundlegende Alternative, sondern eine von innen heraus vorgenommene Kritik der Veränderung. Eine solche Veränderung bedarf – so unser Ansatz einer teilhabenden Kritik – einer grundlegenden Einbeziehung der transindividuellen, das heißt auch transversalen Konstitutionsebene von Subjektivierungsprozessen. Das Subjekt der Kritik als kritische Subjektivierungsweise fußt nicht mehr auf der doppelten Selbstentfremdung einer zu bildenden bürgerlichen Vernunft, sondern geht aus subversiven Prozessen hervor, die eine linear gerahmte Gegenwart queren und eine auf Einschließung (auch Institutionalisierung) basierende Räumlichkeit porös werden lassen (siehe „Temporalisieren" in diesem Band). Auf einer analytischen Ebene fokussiert eine transversale Perspektive auf Ein- und Ausschlüsse als Individuations- und Subjektivierungsprozesse und nicht auf Bemühungen eines Subjekts, an etwas teilzunehmen. Im praktischen Sinne meint Transversalität das Vermögen der Verknüpfung disparater und heterogener Elemente als zentrales Moment von Subjektivierungsweisen.

Für den gesellschaftlichen und sozialen Kontext gilt es, Teilhabe eben nicht in einer Progressionslogik normativer Institutionalisierung zu begreifen – auch wenn eine solche sich in der Rede der Erhöhung von sogenannten „Teilhabechancen" in Bildung und Politik immer weiter formuliert. Hier gilt nochmals der Hiatus mit der Form der Teilnahme. Die Steigerung von Teilnahmechancen (Miethe, Tervooren und Ricken 2017) ist in den letzten Jahren zu einem normativen Maßstab bildungs- und kulturpolitischer Anstrengungen geworden. Die Frage der Teilnahme wird hier zumeist in quantitativer und normalisierender Weise angegangen: Das Problem erscheint als mangelnde Teilnahme, das durch mehr Integration aufgehoben werden soll, um soziale Ungleichheiten aufzulösen. In dieser Logik steht fest, wer bereits an etwas teilnimmt und wer erst noch inkludiert oder befähigt werden muss. Teilnahme vermittelt sich als hierarchisierte Verteilung und als normalisierende Form der Partizipation. Auch wenn nicht von der Hand zu weisen ist, dass Ungleichheiten notwendigerweise durch eine Veränderung von Teilnahme aufzuheben sind, so scheint uns die Ausrichtung auf eine normalisierende Form der Teilnahme problematisch. Es geht nicht darum, Teilhabe auf die Teilnahmemöglichkeit an etwas zu reduzieren, sondern sie als Analysekategorie der Regulierung, Distribution und Besetzung des sozialen Raums als Problem der Ordnungen oder „Aufteilungen des Sinnlichen" zu erkennen. Dann nämlich werden

hegemoniale Logiken und Antagonismen gesellschaftlicher
Bedingungen, Verteilungsvorgänge und Ansprüche sichtbar
und beleuchten das Ineinandergreifen von Teilhabe und
Teilung. Dann erscheint „Teilhabe nicht einfach als Wertmaß-
stab oder demokratisches Ideal [...], das nur differenziert
genug gefasst und angewandt werden muss, sondern als
eines der Hauptprobleme und Herausforderungen der
Moderne" (Mayer 2017, 66). Diese Ordnungen und Teilungen
verknüpfen das Sinnliche mit dem Sinnhaften. An dieser
Schnittstelle dringt die transindividuelle Konstitution von
Subjektivierung durch, denn dem Teilen wohnt nicht nur die
Trennung, sondern auch das *Mit* eines Geteilten und Teil-
habenden inne. Unsere Unterscheidung von Teilnahme und
Teilhabe sowie die oben ausgeführte Feststellung, Teilhabe
sei die Anerkennung der Natur von transindividuellen
Kräften des Gemeinsamen, führt uns dazu, eine teilhabende
Kritik entlang drei analytischer Perspektiven zu medialer
Teilhabe zu befragen.

Subjektivität und teilhabende Kritik

Wir haben bereits darauf hingewiesen, dass eine Neukonzeptualisierung der Frage nach der Subjektivierung von-
nöten ist. Die posthumanistische Konstellation (Haraway
1985) und die Überwindung der Dichotomie Mensch/
Maschine (Deleuze und Guattari 1977; Guattari 2013) zeigen
uns die Dringlichkeit auf, eine neue maschinische Konzeption der Subjektivität zu entwickeln (Raunig 2015; Ott
2015). Der Begriff der maschinischen Subjektivität hilft
uns, teilhabende Kritik als Modalität medialer Teilhabe
zu denken. Maschinische Subjektivität bezieht sich auf
Gefüge *(agencements),* nicht als feste Strukturen oder
Systeme, sondern im Sinne eines Werdens und Anders-
werdens. Wie bereits ausgeführt, wird Produktion unter
postfordistischen Bedingungen immateriell und kognitiv
(Hardt und Negri 2002). Das bedeutet, dass die Produktionsweise immer mehr an Sprache, Codes, Information, Wissen,
Erkenntnis, affektive und reproduktive Arbeit gebunden
ist und es zudem schwieriger wird, zwischen menschlichen

und maschinischen Produzierenden zu unterscheiden. Produziert wird von einer Multiplizität heterogener Subjekte, sodass das neue produktive Subjekt eine Multitude ist: Im Postfordismus produziert die Maschine der Multitude (Negri 2011). Wenn nach Deleuze/Guattari auch Subjektivität aus „Gefügen" (1992) besteht – das heißt aus einer Anhäufung ungleicher Komponenten heterogenen Materials –, so steht sie nicht in einem Oppositionsverhältnis zur Maschine als diese kontrollierende oder von dieser kontrollierte (entfremdete) Instanz. Vor diesem Hintergrund stellt sich die Frage nach den Akteur:innen der Kritik, nach deren Subjekten und Objekten sowie deren Rahmungen noch einmal neu. Unter Bedingungen einer Produktion, die aus maschinischen Flüssen resultiert, ließe sich konstatieren, dass auch Kritik asubjektiv wird, um dergestalt zu markieren, dass Kritik nicht mehr auf eine menschliche Geste oder Haltung beschränkt werden kann. Dort, wo sie entsteht, ereignet sich „Subjektivierung (subjectivation)" (Guattari 1989; Hörl 2017) und zeigt die instabilen Punkte der maschinischen Subjektivität (Brunner, Nigro und Raunig 2012) an.

Subjektivität ist in diesem Sinne nicht an die Möglichkeit eines Selbst- oder Für-sich-Seins gebunden. Vielmehr ist die Idee des Subjekts per se an eine Vielheit geknüpft. Subjekt, ob singulär oder plural, ist in der Verbundenheit dieser Vielheit zum vermeintlich „Einen" zu verstehen. In diesem Denken der Relation ist die Frage nach maschinischer Subjektivität eine Frage der (medialen, maschinischen) Teilhabe und eine Frage des Potenzials, der *potentia* gegenüber der *potestas*. Unser Interesse gilt dem Potenzial teilhabender Kritik, in maschinischen Gefügen Kontrolle zu erkennen, sich ihr zu widersetzen und damit neue kritische Praktiken und Denkweisen zu eröffnen, um Weltlichkeit neu zu fügen.

Medien und teilhabende Kritik

In Kontexten medialer Praktiken von teilhabender Kritik vollziehen sich grundlegende Verschiebungen, die im Sinne der Praktiken zunehmender Identifizierung mit und durch Daten an die normativen Ordnungsprinzipien der Teilnahme anschließen. Eine als dividuell zu bezeichnende Subjektivierung greift das Freiheitsparadigma als Kernelement modernistischer Kritik auf, forciert dieses jedoch zugleich im Sinne einer zunehmenden Modularisierung (Deleuze 1993; Ott 2015; Raunig 2015). Das Subjekt „wählt" kontinuierliche Optimierungen und Ausdifferenzierungen und wird mit Zugang oder Zugangsverweigerung konfrontiert. Kybernetisch verstanden findet sich hier die Logik der Feedback-Schleife in ihren negativen und positiven Effekten, die Subjektivierungen stetig reaktualisiert. Dieser Prozess der Reaktualisierung birgt das Potenzial für Differenz, wird jedoch meist an eine aggregierte Identität als fixen Referenzpunkt gebunden und verweist dadruch auf den Prozess der Datenvereinnahmung. Im Anschluss an die dezentrierte Fassung der Subjektivierung qua Differenz eröffnen sich zugleich dissensuelle Subjektivierungsweisen. In der Hinwendung zu alternativen Datenpraktiken und den ihnen immanenten Differenzierungen digitaler Souveränität öffnet sich die Figur des Datensubjekts als vormals identifizierte:r „Bürger:in" hin zu einer maschinischen Subjektivierung. Diese Öffnung wird in medienaktivistisch motivierten und teils sinnlichen, teils plattformbasierten Praktiken teilhabender Kritik zentral. Die hier zu analysierenden Technopolitiken des spanischen Munizipalismus als zentrale Bürger:innenbewegung der 2010er Jahre (Brunner u.a. 2017) heben eine relational konstitutive Teilhabe und somit Subjektivierung hervor, die sich mit und durch mediale Sinnerzeugung ästhetisch und relational entwickeln. Mit dem Begriff der Technokollektive wird auf die Transversalität von Sinnformation als Daten- und Sorgepraktiken eingegangen und eine teilhabende Kritik mit und durch Medienassemblagen greifbar gemacht.

Kunst und teilhabende Kritik

Kritik im Horizont maschinischer Subjektivität und Potenzialität zu fassen, ist mit einer grundlegenden

Neufügung von Konzepten und Ansätzen der Institutions-
kritik verknüpft. Deren Anliegen war es, Kunst (und
Kunstinstitutionen) gegen ökonomische und symbolische
Verwertungen zu verteidigen, die mit der modernistischen
Konstruktion einhergehende kulturelle (Auf-)Teilungen,
Projektionen und Idealisierungen von Kunst reproduzieren.
Kunst wurde erneut zum Außen und mit „Mythen künst-
lerischer Radikalität und kreativer Omnipotenz" (Fraser
2005, 89) belegt.

Im Unterschied zu dieser institutionskritischen Arbeit, die
gegen den Verlust einst erworbener Freiräume, Wertigkeiten
und Privilegien opponiert, begegnet eine teilhabende Kritik
dem Dilemma, dass die Institution Kunst als repräsentative
Einheit und (autonome) kritische Instanz einer unab-
hängigen Kritik nicht länger aufrufbar ist. Teilhabende
Kritik denkt Kritik im Horizont der relationalen Form von
Kunst im Unterschied zu ihrer sozialen Form (Brunner 2016).
Künstlerische Praktiken und ihre ethisch-ästhetischen Dar-
stellungsweisen und theoretischen Implikationen vermitteln
sich in ihrer Situiertheit, ihrem *becoming with* und ihrem
Anliegen eines *reparative reading* (Bippus und Lang 2022). Sie
berufen sich dabei allerdings nicht auf eine institutionelle
Einheit oder ein identitäres Raster, sondern versuchen das
Heterogene und dessen Verbindungslinien aufzuzeigen. Teil-
habende Kritik betrachtet „Transversalität im Kontext von
Herrschaftsverhältnissen" (Gutiérrez Rodríguez 2011).

Analytische Begriffe teilhabender Kritik

Transversalität

Mit seinem Fokus auf die Produktion von Subjektivität
verknüpft Félix Guattari mikro- und makropraktische
Ebenen von Erfahrung, deren Verhältnis – zum Beispiel
zwischen Körper und Umwelt – er als *transversal* beschreibt.
Unter dem Begriff der Transversalität versteht Guattari
die relationalen und emergenten Verhältnisse von subjektivierenden und institutionalisierenden Prozessen. Mit

diesem Konzept (Guattari 1976) widerspricht er zum einen Freuds Theorie der Übertragung, die davon ausgeht, das Unbewusste kontrollieren zu können und die hierarchische Trennung von Patient:in und Therapeut:in reproduziert, und favorisiert im Unterschied dazu die Vorstellung der Vielheit im Sinne maschinischer Subjektivierungsprozesse. Zum anderen bezieht sich Transversalität auf instituierende Prozesse, die die Verknüpfung einer weitläufigen Trennung von „Wahrnehmungs- und Empfindungsweisen" mit „sozialen Institutionen und Strukturen, juridischen und regulatorischen Systemen, Staatsapparaten, moralischen, religiösen und ästhetischen Normen" unterstreicht (Guattari 2007, 303). Weiterhin bezeichnet Transversalität eine rela-tionale, prozessorientierte und nicht-konnektivistische Logik, die systemischen Absolutheiten, Universalismen und linearen Zeitlichkeiten eine Absage erteilt. Aufbauend auf den therapeutisch-institutionellen Kontexten der frühen Antipsychiatrie-Bewegung bezieht sich Guattaris Transversalitätsbegriff dabei weder auf eine horizontale (nivellierende) noch auf eine vertikale (hierarchisierende) Funktion, sondern benennt einen differenziellen Koeffizienten, der die Verhältnisse eines komplexen Gefüges – zum Beispiel einer Institution (oder einer Platzbesetzung) – immer wieder neu in Beziehung zu Subjektivierungs-weisen setzt (Guattari 1976, 39). Transversalität als ein Koeffizient lässt sich folglich nicht anhand der „Vernetzung" von Elementen ermitteln, sondern bestimmt sich durch das Zusammenspiel von Praktiken und den sie ermöglichenden materiellen, sinnlichen und ideellen Bedingungen.

Relationalität

Gilbert Simondon schreibt vom „Sein der Relation" als „erstem Prinzip", das er von anorganischer Materie bis zur psychischen Verfasstheit menschlicher sozialer Gruppen als Prozesse der Transindividuation durchdekliniert (Simondon 2005, 297). Für ihn sind Partizipation und Relation eng miteinander verknüpft: „Die Partizipation beschreibt für das Individuum den Umstand, ein Element in einer es übersteigenden Individuation zu sein, die es als Potenzialität mitträgt" (ebd., 29, eigene Übersetzung). Damit ist das Individuum laut Simondon nicht vorgegeben, sondern hat an der ursprünglichen Relation als Individuation teil und individualisiert sich entlang dieser (à travers; ebd., 30). Relation wird, so Simondon, fälschlicherweise zumeist in ihrer substanzialisierten Form als Verbindung von bereits bestehenden Entitäten betrachtet, meint aber in ihrer Ursprünglichkeit viel eher die Potenzialität der immanenten Teilhabe, ohne diese bereits an ein Subjekt oder Objekt knüpfen zu müssen. Simondons Ansatz ist als ein generell energetischer zu verstehen (ebd., 548; Brunner 2020; Renzi 2020), der auf Kräfteverhältnissen, Intensitäten und Spannungen beruht. Dementsprechend ist die relationale Fassung von Teilhabe als transversaler Prozess vom Begriff der Verbindung (anstelle der Relation) und auch der Vernetzung zu unterscheiden (siehe „Verschalten" in diesem Band). Teilhabe ist kein Produkt technosozialer Handlungen, sondern die Bedingung ihrer Existenz.

Situiertheit

In ihrer Situiertheit gründet teilhabende Kritik nicht in Übereinstimmung mit universellen Ansprüchen, sondern vermittelt sich als partial – als ein Mit-Werden. Darin ist die teilhabende Kritik konform zur Institutionskritik; Letztere hat sich jedoch innerhalb der Institution Kunst und ihrer westlich-europäischen Rahmung positioniert und legitimiert. Die Instanz der Institution Kunst ist im Horizont medialer Teilhabe aufgehoben, da sie als relationale und gerade nicht als soziale Form gedacht ist. Teilhabende Kritik ist infolgedessen als eine instituierende Praktik (Nowotny und Raunig 2016) zu verstehen, die sich unter anderem sensuell, materiell, medial oder infrastrukturell formiert und mit einer Verantwortung im Sinne einer *response-ability* – einer Verpflichtung zur Ermöglichung eines „Responses" (Haraway 2016) – verknüpft ist. Kritik vollzieht sich dementsprechend in Prozessen des Verschaltens (siehe „Verschalten" in diesem Band), darin „Transversalen" herzustellen (Deleuze 1978,

101). Sie produziert anschlussfähige Ereignisse (Ochsner, Nikolow und Stock 2020) und affektive Begegnungen und versucht in diesen maschinellen Prozessen des Mit-Werdens Praktiken des Antwortens einzuüben.

Das Subjekt der Kritik agiert in Gefügen des stetigen (Anders-)Werdens. Die Teilhabeprozesse der Verschaltung umfassen das Subjekt wie den Gegenstand der Kritik. Die „Konstruktion des Eigenen und der Souveränität" (Athanasiou und Butler 2014, 10) im Sinne der bürgerlichen Logik wird hierdurch erschüttert und die für eine negative und vernunftgeleitete Kritik grundlegende Instanz entzogen. Eine teilhabende Kritik hat kein Objekt (siehe Bippus und Lang in diesem Band). Konzepte der Sympoiesis (Haraway 2018, 14) wie der Poiesis des Selbst (Athanasiou und Butler 2014, 95) bieten an, im Horizont dieser Veränderung das Geteilte und die „Aufteilung des Sinnlichen" (Rancière 2008) zur Grundlage von Kritik zu machen und das Selbst in seiner Sozialität und Affizierbarkeit, das die souveräne Position des (selbst-)bewussten Selbst durch einen Appell an Empfäng-lichkeit und Verantwortung verschiebt, als Potenzialität zu erkennen (Athanasiou und Butler 2014, 97). Der Ein-bezug von Abhängigkeit, Gefährdetheit und Verletzbarkeit betreibt keine neue Essenzialisierung des Subjekts, keine neue Ontologie (Lorey 2010). Wie Isabell Lorey gezeigt hat, geht es schließlich nicht darum, die Angst vor Gefährdung oder Verletzbarkeit, „sondern die mangelnde Anerkennung des grundsätzlich gefährdeten Lebens als Ausgangspunkt für die Analyse von Herrschaftsverhältnissen zu setzen" (ebd., 67). Eve Kosofsky Sedgwick hat in den 1980er Jahren ein Analyseverfahren entwickelt, das dieser Überlegung entsprechend eine kritische Praxis verfolgt, die das gefähr-dete Leben zum Ausgangspunkt der Analyse macht und dieses nicht zugunsten einer konsistenten starken Kritik ausschließt oder übergeht. Sedgwick reagiert mit ihrer Konzeptualisierung von Kritik, welche sowohl paranoide als auch reparative Praktiken beinhaltet, auf die Sackgasse, in die eine ordnende, klassifizierende, (ver-)urteilende Kritik des Verdachts geraten ist, die sich an binären Mustern orientiert. Sie wendet sich dabei ab von der Kritik, die dem Entweder-Oder-Modell folgt und präferiert die Auseinandersetzung mit den verschiedenen Positionen, deren „Instabilität und wechselseitigen Einschreibung" (Sedgwick 2014, 363). Sedgwick spricht sich damit für eine „und/und"-beziehungsweise eine „und/oder"-Proposition aus (siehe Krasny 2020, 179).

Literatur

Abensour, Miguel. 2015. „Spinoza et l'épineuse question de la servitude volontaire". *Astérion. Philosophie, histoire des idées, pensée politique* 13 (1). doi: https://doi.org/10.4000/asterion.2594.

Athanasiou, Athena und Judith Butler. 2014. *Die Macht der Enteigneten: Das Performative im Politischen* [2013]. Zürich/Berlin: Diaphanes.

Balibar, Étienne. 2012. *Gleichfreiheit: Politische Essays* [2010]. Frankfurt am Main: Suhrkamp.

Balibar, Étienne und Vittorio Morfino. Hg. 2014. *Il transindividuale: Soggetti, Relazioni, Mutazioni*. Mailand: Mimesis.

Baudrillard, Jean. 2011. *Der symbolische Tausch und der Tod* [1976]. Berlin: Matthes & Seitz.

Bippus, Elke und Ruth Lang. 2022. „(Re)thinking Critique: Transversal and Ethico-Aesthetic Dimensions in Partaking Practices." *Revista de Estudios Globales y Arte Contemporáneo (REG|AC)*, Vol. 8 Núm. 1: Transversal Ethico-Aesthetics: Félix Guattari and the Heterogenesis of Being. https://revistes.ub.edu/index.php/REGAC/article/view/41417. Letzter Zugriff am 19. April 2023.

Blanchot, Maurice. 2007. *Die uneingestehbare Gemeinschaft* [1984]. Berlin: Matthes und Seitz.

Braidotti, Rosi. 2014. *Posthumanismus: Leben jenseits des Menschen* [2013]. Frankfurt am Main: Campus.

Brunner, Christoph. 2016. „Relationaler Realismus?" In *Zur politischen Ästhetik der Dramatisierung*, hg. v. Adam Czirak und Gerko Egert, 107–130. Berlin: Neofelis.

———. 2020. „,Making Sense': Aesthetic Counterpowers in Activist Media Practices". *Conjunctions* 7 (1): 3–16.

Brunner, Christoph, Nigro, Roberto und Gerald Raunig. 2012. „Towards a New Aesthetic Paradigm: Ethico-aesthetics and the Aesthetics of Existence in Foucault and Guattari". *RADAR* (1): 38–46.

Brunner, Christoph, Kubaczek, Niki, Mulvaney, Kelly und Gerald Raunig. Hg. 2017. *Die neuen Munizipalismen: soziale Bewegung und die Regierung der Städte*. Wien/Linz/Berlin/London/Zürich: Transversal.

Canfora, Luciano. 2013. *Intervista sul potere*. Bari: Laterza.

Colliot-Hélène, Catherine. 2011. *Demokratie ohne Volk* [2011]. Hamburg: Hamburger Edition.

Dardot, Pierre und Christian Laval. 2009. *La nouvelle raison du monde: Essai sur la société néolibérale*. Paris: La Découverte.

De Libera, Alain. 2007. *Archéologie du sujet. Naissance du sujet*. Paris: Vrin.

Deleuze, Gilles. 1978. *Proust und die Zeichen* [1964]. Frankfurt am Main/Berlin/Wien: Ullstein.

———. 1993. *Unterhandlungen. 1972–1990* [1990]. Frankfurt am Main: Suhrkamp.

Deleuze, Gilles und Félix Guattari. 1977. *Anti-Ödipus. Kapitalismus und Schizophrenie I* [1972]. Frankfurt am Main: Suhrkamp.

———. 1992. *Tausend Plateaus. Kapitalismus und Schizophrenie II* [1980]. Berlin: Merve.

Esposito, Roberto. 2010. *Communitas: The Origin and Destiny of Community*. Stanford: Stanford University Press.

Federici, Silvia. 2012a. *Caliban und die Hexe. Frauen, der Körper und die ursprüngliche Akkumulation* [2004]. Wien: Mandelbaum.

———. 2012b. *Aufstand aus der Küche – Reproduktionsarbeit im globalen Kapitalismus und die unvollendete feministische Revolution*. Münster: Edition Assemblage.

Foucault, Michel. 1987. *Der Wille zum Wissen. Sexualität und Wahrheit I* [1976]. Frankfurt am Main: Suhrkamp.

———. 1988. „Was ist Aufklärung?" [1983]. In ders. *Schriften, Band IV*, Frankfurt am Main: Suhrkamp.

Foucault, Michel. 2019. *Die Geständnisse des Fleisches*. Berlin: Suhrkamp.

Fraser, Andrea. 2005. „Was ist Institutionskritik?". *Texte zur Kunst, „Institutionskritik"* 15 (59): 86–89.

Guattari, Félix. 1976. *Psychotherapie, Politik und die Aufgaben der institutionellen Analyse* [1974]. Frankfurt am Main: Suhrkamp.

———. 1989. *Les trois écologies*. Paris: Éditions Galilée.

———. 2007. *Soft Subversions: Texts and Interviews 1977-1985*. Cambridge, MA: Semiotext(e).

———. 2013. „Vers une ère post-media". In *Qu´est-ce que l'éco-sophie?,* hg. v. dems., 429-430. Paris: Lignes/Imec.

———. 2014. *Chaosmose* [1992]. Wien: Turia + Kant.

Gutiérrez-Rodríguez, Encarnación. 2011. „Politiken der Affekte. Transversale Konvivialität". In *Inventionen I*, hg. v. Isabell Lorey, Roberto Nigro und Gerald Raunig, 214–229. Zürich, Berlin: Diaphanes.

Haber, Stéphane. 2007. *L'aliénation: Vie sociale et expérience de la dépossession*. Paris: PUF.

Haraway, Donna. 1985. „A Manifesto for Cyborgs: Science, Technology, and Socialist Feminism in the 1980s." *Socialist Review* 80: 65–107.

———. 2018. *Unruhig Bleiben: Die Verwandtschaft der Arten im Chthuluzän* [2016]. Frankfurt am Main: Campus.

Hardt, Michael und Antonio Negri. 2002. *Empire: Die neue Weltordnung* [2000]. Frankfurt am Main: Campus.

———. 2004. *Multitude: Krieg und Demokratie im Empire* [2004]. Frankfurt am Main: Campus.

———. 2013. *Demokratie!* [2012] Frankfurt am Main: Campus.

208 Hörl, Erich. 2017. „Introduction to General Ecology. The Ecologization of Thinking". In *General Ecology. The New Ecological Paradigm*, hg. v. Erich Hörl und James Burton, 1–73. London, New York: Bloomsbury Academics.

Krasny, Elke. 2020. „Archive, Care, and Conversation: Suzanne Lacy's International Dinner Party in Feminist Curatorial Thought". Zürich: ONCURATING.org.

Laclau, Ernesto. 2005. *On Populist Reason*. London, New York: Verso.

Lasch, Christopher. 1979. *The Culture of Narcissism: American Life in an Age of Diminishing Expectations*. New York/London: W.W. Norton & Company.

Lazzarato, Maurizio. 2012. *Die Fabrik des verschuldeten Menschen: Ein Essay über das neoliberale Leben* [2012]. Berlin: b-books.

Lorey, Isabell. 2010. „Prekarisierung als Verunsicherung und Entsetzen. Immunisierung, Normalisierung und neue Furcht erregende Subjektivierungsweisen." In *Prekarisierung zwischen Anomie und Normalisierung. Geschlechtertheoretische Bestimmungen*, hg. v. Alexandra Manske und Katharina Pühl, 48–81, Münster: Westfälisches Dampfboot.

Lorey, Isabell und Klaus Neundlinger, Hg. 2012. *Kognitiver Kapitalismus*. Wien: Turia + Kant.

Lorey, Isabell, Nigro, Roberto und Gerald Raunig. 2011. *Inventionen I*. Zürich/Berlin: Diaphanes

Macherey, Pierre. 1991. „Für eine Naturgeschichte der Normen." In *Spiele der Wahrheit. Michel Foucaults Denken*, hg. v. François Ewald und Bernhard Waldenfels, 171–192. Frankfurt am Main: Suhrkamp.

Marazzi, Christian. 2011. *The Violence of Financial Capitalism*. Los Angeles: Semiotext(e).

Mayer, Ralf. 2017. „Teilhabe und Teilung." In *Bildung und Teilhabe. Zwischen Inklusionsforderung und Exklusionsdrohung*, hg. v. Ingrid Miethe, Anja Tervooren und Norbert Ricken, 65–85. Wiesbaden: Springer VS.

Miethe, Ingrid, Tervooren, Anja und Norbert Ricken, Hg. 2017. *Bildung und Teilhabe. Zwischen Inklusionsforderung und Exklusionsdrohung*. Wiesbaden: Springer VS.

Moulier-Boutang, Yann. 2011. *The Cognitive Capitalism* [2008]. Cambridge/Malden: Polity Press.

Negri, Antonio. 2011. „Auf der Suche nach dem Common Wealth." In *Inventionen I*, hg. v. Isabell Lorey, Roberto Nigro und Gerald Raunig, 38–50. Zürich, Berlin: Diaphanes.

———. 2015. „La subjectivité retrouvée. Une expérience marxiste de Foucault". In *Marx & Foucault. Lectures, usages, confrontations*, hg. v. Christian Laval, Luca Paltrinieri, Ferhat Taylan, 171–183. Paris: La Découverte.

———. 2019. *Über das Kapital hinaus*. Berlin: Dietz Verlag.

Nietzsche, Friedrich. 1988. *Zur Genealogie der Moral* [1887]. KSA 5. Berlin: De Gruyter.

Nigro, Roberto. 2015. *Wahrheitsregime*. Zürich: Diaphanes.

Nigro, Roberto und Marc Rölli, Hg. 2017. *Vierzig Jahre „Überwachen und Strafen"*. Bielefeld: Transcript.

Nowotny, Stefan und Gerald Raunig. 2016. *Instituierende Praxen: Bruchlinien der Institutionskritik*. Wien, Linz, Berlin, London, Zürich: Transversal.

Ochsner, Beate, Nikolow, Sybilla und Robert Stock, Hg. 2020. *Affizierungs- und* **209** *Teilhabeprozesse zwischen Organismen und Maschinen. Technikzukünfte, Wissenschaft und Gesellschaft Futures of Technology, Science and Society.* Wiesbaden [Heidelberg]: Springer VS.

Ott, Michaela. 2015. *Dividuationen: Theorien der Teilhabe.* Berlin: b_books.

Rancière, Jacques. 2008. *Die Aufteilung des Sinnlichen. Die Politik der Kunst und ihre Paradoxien* [2000]. Berlin: b_books

———. 2012. *La nuit des prolétaires.* Paris: Pluriel.

Raunig, Gerald. 2015. *Dividuum. Maschinischer Kapitalismus und molekulare Revolution, Band I.* Wien: Transversal.

Renzi, Alessandra. 2020. *Hacked transmissions: technology and connective activism in Italy.* Minneapolis: University of Minnesota Press.

Revelli, Marco. 2013. *Finale di partito.* Turin: Einaudi.

Rosanvallon, Pierre. 2006. *La Contre-Démocratie. La politique à l'âge de la défiance.* Paris: Le Seuil.

———. 2016. *Die gute Regierung* [2015]. Hamburg: Hamburger Edition.

Saar, Martin. 2007. *Genealogie als Kritik. Geschichte und Theorie des Subjekts nach Nietzsche und Foucault.* Frankfurt am Main: Campus.

Sedgwick, Eve Kosofsky. 2014. „Paranoides Lesen und reparatives Lesen oder paranoid, wie Sie sind, glauben Sie wahrscheinlich, dieser Essay handle von Ihnen." In *Affekt und Geschlecht. Eine einführende Anthologie,* hg. v. Angelika Baier, Christa Binswanger, Jana Häberlein und Yv Eveline Nay et al., 355–399. Wien: Zaglossus.

Simondon, Gilbert. 1989. *L'individuation psychique et collective à la lumière des notions de Forme, Information, Potentiel et Métastabilité.* Paris: Aubier.

———. 2005. *L'individuation à la lumière des notions de forme et d'information.* Grenoble: Million.

Strathern, Marilyn. 1991. *Partial connections.* Lanham: Rowman & Littlefield Publishers.

Tronti, Mario. 2009. *Noi operaisti.* Rome: Derive Approdi.

Virno, Paolo. 2019. *Grammatik der Multitude*: *Die Engel und der General Intellect* [2001]. Wien, Berlin: Turia + Kant.

———. 2021. *Dell'impotenza. La vita nell'epoca della sua paralisi frenetica.* Turin: Bollati Boringhieri.

MASCHINENSUBJEKT

DISKURSGESCHICHTE

MULTITUDE

BLOOM

[7]

Subjektivierung und teilhabende Kritik

Roberto Nigro, Michel Schreiber

Die Geschichte der Formen der Subjektivierung, ihre Orte und die Geschichte ihrer Theoretisierung sind eng verbunden mit dem historischen Wandel medialer Teilhabe. Vor einem im Wandel begriffenen Modus der Kritik zeichnen wir diese Verbindungen nach. Zugrunde legen wir einen Subjektbegriff nach Foucault. So wird der Wandel hin zu einer teilhabenden Kritik in enger Verbindung zur Diskursgeschichte des christlichen Abendlandes umrissen und ein Weg aufgezeigt, der von modernen, juridischen Subjektbegriffen hin zu denen der jüngsten Vergangenheit führt. Unterschiedliche Anschlüsse an ein Denken maschinischer Subjektivität führen uns in die Debatte um Multitude, Dividuum und Bloom, die mit dem Denken medialer Teilhabe eine neue, schärfere Konturierung erfährt.

Aus historischer Perspektive gibt es eine enge Verbindung zwischen den Transformationen (medialer) Teilhabe und jenen der Subjektivierung. Der folgende Abschnitt spürt diesen vor dem Hintergrund eines veränderlichen Modus der Kritik nach. Dabei fällt auf, dass Mediation und Delegation die dominanten politischen Modelle sind, mit denen sich der kapitalistische Westen ausgestattet hat, um sein kommunikatives Handeln und seine soziale Interaktion zu steuern. Sie sind jene Formen, die vorraussetzen, dass das Subjekt geführt werden muss, weil es sich nicht selbst führen kann. Wie Michel Foucault andeutet, verdanken die gegenwärtigen Formen der politischen Partizipation ihre Existenz nicht nur den Regierungspraktiken, die in den letzten Jahrhunderten im Raum der modernen Geschichte entstanden sind, sondern müssen in eine breitere, wenn nicht tausendjährige Tradition und Praxis eingeordnet werden, welche die gesamte Entwicklung des christlichen Abendlandes umfasst (Foucault 2017).

Dieser angebliche Mangel des Subjekts, seine Prekarität und Fragilität sind die Voraussetzung für seine Führung (Butler 2005; Lorey 2012). Das Subjekt ist der Herrschaft anderer ausgesetzt, weil man ihm einen Mangel zuerkennt oder eine Kraft, einen Antrieb, ein Verlangen zuschreibt. Damit läuft es immer Gefahr, in die Irre geführt zu werden. Aus diesem Grund wird das Subjekt aufgefordert, sich selbst zu regieren, damit es seinen eigenen Willen und seine Wünsche verwalten und kanalisieren kann (Lazzarato 2014; Paltrinieri und Nicoli 2017).

Damit haben wir es mit Praktiken zu tun, die Freiheit schaffen, sie verwalten, lenken und begrenzen. Damit gemeint ist eine Freiheit, die nur mit der Kehrseite der Disziplinen und der (Selbst)-Regulierung gedacht werden kann. Die (Selbst-)Praktiken des Regierens schaffen jede Freiheit um sie zu verwalten, zu lenken und zu begrenzen, hierin stecken die Momente der Regierung. Die Macht über das Subjekt wird ausgehend von der Vorstellung ausgeübt, dass es sich selbst nicht trauen kann und sich dem Willen des anderen unterwerfen muss – in einer Form von freiwilligem Gehorsam, der dauerhaft und unbestimmt ist.

Wir nennen jene historische Machtform Neoliberalismus, in dessen Kontext sich Regierungspraktiken entwickelt haben, in denen die Individuen bis ins kleinste Detail regiert werden. Das neoliberale Subjekt ist insbesondere ein unternehmerisches Subjekt seiner selbst, aber auch ein dissoziiertes (Bröckling 2007; Bröckling, Krasmann und Lemke 2000). Neoliberale Regierungspraktiken geben dem Subjekt eine besondere Form: Es ist nicht nur Konsumentensubjekt, sondern Unternehmersubjekt und wird dazu ermutigt, das eigene Kapital immer mehr zu maximieren. Der Neoliberalismus treibt so eine Logik voran, die dazu führt, Wünsche unendlich zu vervielfältigen, zu intensivieren und maximal zu verwalten. Hier muss das Subjekt nicht außerhalb seiner selbst gehen, um eine verlorene Identität oder Essenz zu finden; es muss sich vielmehr ständig selbst konstituieren und sich den Praktiken unterwerfen, die es definieren (Dardot und Laval 2016; Graeber 2012; Lorenzini 2020).

Wenn wir wieder auf die Moderne zurückkommen, bemerken wir, dass durch sie die Regierungskünste besondere Formen angenommen haben. In Hegels Konzeption des modernen Staates als sittliche Substanz ist der Staat höchster Punkt der Vereinigung der Interessen des Allgemeinen, in dem die bürgerliche Gesellschaft in der Familie das Besondere aufhebt. Vermittelt über das männliche Individuum als gesetzlichem Repräsentanten der Familie verwirklicht sich die individuelle Teilnahme an der Welt der menschlichen Beziehungen im Staat.

Wichtig ist demnach die doppelte Bestimmung der Kollektivität: Zum einen ist die Subjektwerdung (d. h. seine historische Bildung/Formation) konstitutiv mit den Formen der Kollektivität als das Andere verbunden; zum anderen gehört das Subjekt derjenigen Kollektivität an, an die es gebunden ist – über Zugehörigkeiten von Geburt an, durch Sprache und so weiter. Das Subjekt bildet sich dabei durch historische Erfahrungen; der moderne Staat ist das allgemeine Kollektiv, das dem politischen Subjekt Form gibt (Balibar 2012, 2016).

Hier eröffnen sich mehrere Problemfelder. So wird der Prozess der Produktion von Universalien nicht durch eine Verstaatlichung der Gesellschaft realisiert, sondern durch multiple Praktiken des Regierens, die von unten her das Verhältnis zwischen Individuum und Staat sowie von Gemeinschaft und Staat konstituiert haben.

Die modernen Gesellschaften sind Kontrollgesellschaften – Überwachungsgesellschaften, die den Körper in die Tiefe getrieben haben, aber nicht, um ihn zu verdrängen oder zu amputieren, sondern um ihn zu fabrizieren (Deleuze 2014; Gros 2015; Zuboff 2018). Diese Gesellschaften haben sich als geschlossene Räume konstituiert: die Fabrik, die Schule, das Krankenhaus, die Kaserne und so weiter. Die Interpellation (oder Anrufung, im Sinne Louis Althussers) ist der Prozess, durch den das Subjekt als Bürger:in geformt und in die verschiedenen Staatsapparate eingeschlossen wurde.

Die antike Aufteilung der gesellschaftlichen Ordnung hat in der disziplinären Organisation der Gesellschaft einige geschlossene Sphären reproduziert, die immer noch mit den Räumen der Produktion, der Reproduktion und der Politik identifiziert werden können. Jeder dieser Räume ist nach einer Logik des geschlossenen Raums organisiert. Der Übergang von einem Raum in einen anderen impliziert eine Art politische Entfremdung, einen Ausgang aus sich selbst. Hier spielen Mediation und Delegation eine herausragende Rolle. Die Veränderung der Produktionsverhältnisse konnte auf der Ebene des zivilgesellschaftlichen Konflikts oder durch politische Delegation erfolgen; die Veränderung der patriarchalen Verhältnisse durch den Ausstieg aus der reproduktiven Sphäre. In den politischen Verhältnissen wurden die Subjekte durch politische Delegation entrechtet. In all diesen Formen nahm die Partizipation die Form der Teilnahme an etwas Äußerem an – die Form einer Entfremdung des Selbst. Teilnahme hieß also, sich an einem

Prozess außerhalb der eigenen Existenz oder Lebensform zu beteiligen. So zu handeln, dass sich die Veränderung in die Existenz einschleicht, hieß, sich an etwas außerhalb der eigenen Lebensform zu beteiligen.

Die ersten Risse im Gefüge der Moderne entstanden durch den Aufstand der Arbeiterklasse. Wenn der Nationalstaat die zentrale Form der Kollektivität in der Moderne darstellt, über den das Individuum seine Zugehörigkeit und den Sinn seiner Existenz findet, stellte die Gemeinschaft der Proletarier:innen als das Nicht-Aufgehobene der allgemeinen Interessen die andere große Kollektivität dar, die dem bürgerlichen Staat entgegenstand und das moderne politische Subjekt geprägt hat. Das Auftauchen des Proletariats in der Geschichte markiert den Ausgang aus der Moderne, insofern es sichtbar machte, dass eine Zugehörigkeit zur Ordnung des Einen und Identischen nicht mehr möglich war. Es ist nicht mehr das Prinzip der Gleichheit, welches die Teilnahme am Allgemeinen bestimmt, sondern nun wird die Differenz der Teilhabe zum tragenden Element, das die Freiheit neu begründet.

Diese erste Diagnose zeigt, dass eine auf Gleichheit beruhende demokratische Partizipation im Sinne der Teilnahme erodiert ist (Lefort 1986; Marramao 2000). Damit erscheint die Möglichkeit von demokratischer Teilhabe in der Differenz als zentrale politische Frage von heute. Eine Neudefinition von Partizipation ist, wie oben schon deutlich zu sehen war, eng verbunden mit der Transformation der Subjektivität und den Modi ihrer Produktion im Wandel der kapitalistischen Produktionsweise. Den Wandel der Partizipation haben wir als einen Wandel von Teilnahme zur Teilhabe gerahmt. Dieser involviert ein bestimmtes Verhältnis des Subjekts zur Welt; eine kritische Haltung.

Wir möchten jene kritische Haltung historisch greifbar machen und wählen dafür ein genealogisches Verhältnis zu historisch konzeptuellen Momenten, die hier Kant und Foucault exemplifizieren. Wenn Immanuel Kant die Aufklärung als den Ausgang des Menschen aus seiner selbst verschuldeten Unmündigkeit definiert, liefert er einen wichtigen Schlüssel für eine andere Interpretation der Moderne. Er definiert die Aufklärung nicht als eine historische Epoche, sondern als eine kritische Haltung; als ein Ethos, einen Bruch mit einem etablierten Zustand. Kant erkennt zwei verschiedene Momente dessen, was er mit Hinweis auf Horaz *sapere aude* nennt: Auf der einen Seite gibt es den privaten Vernunftgebrauch, bei dem – so paradox das erscheinen mag – das Individuum die Regierung akzeptiert und sich dem Gesetz unterwirft, da es im privaten Bereich Teil der Maschine ist und daher den Anordnungen der Regierung gehorchen muss. Es gibt für Kant aber auch einen öffentlichen Vernunftgebrauch, bei dem das Individuum nicht Teil eines Mechanismus ist, sondern sich als ein zur Menschheit und damit zur Vernunft gehörendes Subjekt erkennt. Der richtige Vernunftgebrauch macht es auch frei. Wenn die erste Form in der Logik der bisher erläuterten Formen der Regierungskünste eingeschrieben werden kann, eröffnet die zweite Form des *sapere aude* die Möglichkeit, zu entdecken, wie ein Subjekt seine eigene Freiheit praktizieren kann. Hier ist die Frage nach dem guten Gebrauch der Vernunft wichtig: Wie praktiziert das Subjekt seine Freiheit? (Foucault 1988).

Aber diese kritische Haltung schließt Kant in den Raum einer universellen Vernunftauffassung ein. Den guten Gebrauch der Vernunft zu praktizieren, bedeutet in der Tat dafür zu sorgen, dass das menschliche Handeln dem universellen Modell der Vernunft entspricht. Die Funktion der Philosophie ist diejenige eines Tribunals, weil sie den falschen Gebrauch der Vernunft korrigieren muss (Deleuze 2008). Sie beurteilt den schlechten oder guten Gebrauch der Vernunft und prangert Missbräuche und Auswüchse an.

Lange Zeit wurde Kritik auf der Grundlage dieses Rationalitätsmodells geübt. Verankert in einem rationalen und universellen Subjekt, frei und autonom, war die Kritik das Modell, dem die Realität zu entsprechen hatte. Jahrelang hat sie sich als Aufbau rationaler Modelle verstehen lassen. Die

„Realität" war messbar und kritisierbar, weil ein rationales Modell zur Verfügung stand (Hippler 2012). Um stattfinden zu können, postulierte und erforderte Kritik die Existenz eines rationalen und universalen Subjekts. Ein solches Subjekt musste nicht nur zumindest universalisierbar sein, sondern auch „frei" und „autonom" (Balibar 2012). Aber Freiheit und Autonomie sind auch die Schlüssel für Devianz: Nur der richtige Gebrauch der Vernunft kann Devianz vermeiden – wie im Modell von Kant dargelegt.

Da das Subjekt ständig gefährdet ist, seinen Schwächen zu unterliegen, muss es permanent geführt werden, sich dem Willen eines anderen unterwerfen oder seinen eigenen Willen gut zu nutzen wissen. Das führt uns zur Relevanz der Praktiken, die als (Selbst-)Technologien oder Rituale zu verstehen sind, welche darauf zielen, das Subjekt zu bilden: Nur durch diese kann dem Subjekt der gute Gebrauch der Vernunft gewährleistet werden. Typische Beispiele für disziplinierende und kontrollierende Praktiken des Selbst unserer Zeit stellen Happiness, Mindfullness, Yoga und die Mär der Work-Life-Ballance dar. Ein solches universales Subjekt ist nicht nur vor allem regierbar, sondern auch immer dissoziiert und prekär. Da es selbst für seine Schwäche verantwortlich ist, fällt es auch ständig in die Falle der Sünde, der Schuld und des Mangels an Selbstorganisation. Die Kritik ist dann die Bewegung, die es erlaubt, nicht nur Irrtümer, Irrationalitäten, Illusionen, Ideologien zu identifizieren, sondern die auch dem Subjekt ermöglicht, sich davon zu befreien. Diese Kritikform wirkt von außen: Sie ist ein externes Modell und wirkt wie eine *prise de conscience*, die die Modifikation des Subjekts ermöglicht. Erst durch diese Modifikation wird das Subjekt in der Lage sein, die kristallisierten Machtverhältnisse, unter denen es leidet, infrage zu stellen. Diese Form der Kritik postuliert also noch eine Form der Partizipation als Teilnahme – das heißt eine Partizipation im Sinne einer politischen Entfremdung, eines Ausgangs des Menschen aus seiner selbst verschuldeten Unmündigkeit. Im Gegensatz zu diesem Modell postulieren wir hier eine immanente Form der Kritik.

Subjektivität durch und als Teilhabe

Die zeitgenössische Philosophie hört nicht auf, über
die Frage des Subjekts nachzudenken. Die Kritik am
„gründenden Subjekt" nimmt in der zeitgenössischen
Philosophie der 1950er und 1960er Jahre eine besondere
Relevanz an. Unter diesem Begriff versteht man die radikale
Kritik an der klassischen Subjektkonzeption. Mit anderen
Worten: Es handelt sich um eine – reale oder ideale – Kon-
vergenz von sehr unterschiedlichen Diskursen und Analysen, die zur Entsubstanzialisierung des ontologischen
Diskurses und zur Absetzung des gründenden Subjekts
beigetragen haben (Negri 2015; Nigro 2015). Mit der Idee
der „Konstitution des Subjekts" antworten mehrere
unterschiedliche poststrukturalistische Diskurse auf
genau dieses Problem. Damit wird der Übergang von der
Frage nach dem gründenden Subjekt zu der nach der konstitutiven und konstituierten Subjektivität markiert. Um
jedoch die Kritik der Metaphysik des Subjekts zu Ende zu
führen, muss man verstehen, dass Subjektivität nicht nur
– wie etwa in Althussers Ideologiekritik – Unterwerfung
ist, denn in diesem Wort verbirgt sich eine Doppeldeutig-
keit, die auch die Idee ihrer Konstitution impliziert. Dies
hat bereits Foucault in *Überwachen und Strafen* (Foucault
1976) bewundernswert gezeigt. Gleichzeitig ermöglicht
das die Entstehung eines neuen Konzepts von Macht und
Machtbeziehungen. Die Idee der absoluten Macht ist nicht
nur das Erbe der Hobbes'schen Philosophie, sondern sie
spukt auch im kommunistischen Denken. Gegen die Idee
der Absolutheit der Macht gilt es zu betonen, dass das
proletarische Subjekt nicht nur das Produkt eines historischen Prozesses ist und damit ein „Ding", das vom
Kapital produziert und beherrscht wird, sondern eine
ethische und politische Verhaltensform, die sich aus ihrem
Inneren heraus von den kapitalistischen Verhältnissen
befreit, um das Kapital zu überwinden. Die Macht des
Kapitals erhebt sich gegen die Arbeiterklasse, aber die
Ermächtigung der Arbeiterklasse erhebt sich andererseits

gegen das Kapital. Mario Tronti geht in seiner Fassung dieser Inversion sogar so weit, dem proletarischen Subjekt die Triebkraft der historisch-materialistischen Entwicklung an sich zuzusprechen (Tronti 1974).

Die Idee einer revolutionären Subjektivität oder einer Subjektivität, die notwendig subversiv ist, geht Hand in Hand mit einer Konzeption von Macht als Relation. Hardt und Negri (2018) bemerken, dass zu Beginn der Moderne Machiavelli die Vorstellung von Macht als autonom und monolithisch demontierte. Damit öffnete er den Weg zu ihrer Interpretation als Beziehung. Darüber hinaus sah Machiavelli, dass Macht von unten kommt und über feste Beziehungen hinausgeht. Wahrscheinlich ist es Foucault, der in zeitgenössischen Analysen der Macht am ehesten diese machiavellistische Konzeption der Macht als Relation übernimmt und sie an die heutige Welt anpasst. Foucault zerstört die autonome und totalitäre Figur der Macht und zeigt ihre Konstitution von unten. Er analysiert die neuen Formen der Subjektivierung und des Kampfes, indem er das breitere soziale Terrain als sein Analysefeld wählt. Foucault zeigt, dass es nicht ausreicht, die relationale Natur der Macht zu erkennen, wenn der nächste Schritt darin besteht, sie in Form von Totalität oder Herrschaft zu schließen. Über die von Weber und Arendt erfassten sozialen Beziehungen triumphiert immer das Eine, d.h. das Ganze, die Totalität, die Einheit, die die Vielfalt auflöst. Über die Immanenz antagonistischer Widerstände wird die Transzendenz des Kommandos verhängt, schreiben Hardt und Negri in *Assembly*. An selber Stelle bemerken sie, dass es viele Autor:innen gibt, die sich dem Weg verschrieben haben, den man hier als machiavellistisch bezeichnen könnte und der bis zu Foucault reicht, der also keine Erfindung der beiden Autoren ist, sondern eine gängige argumentative Strategie widerständiger Autor:innen darstellt – von E. P. Thompson bis Howard Zinn, von den *Subaltern Studies* bis zu W. E. B. Du Bois, um nur einige zu nennen (Hardt und Negri 2018, 115).

Gegen alle Interpretationen, die Herrschaftsverhältnisse als von oben kommend imaginieren, die Initiative und Erfindung als vom Kapital ausgehend begreifen und die Unterordnung der Gesellschaft unter das Kapital als unausweichlich lesen, wollen wir zeigen, dass es notwendig ist, von unten, an der Basis anzufangen. Das heißt wir beginnen unsere eigene wissenschaftliche Praxis mit jener operativen Intuition, die Widerstand und Kämpfe an erste Stelle setzt. Schreibend schafft eine solche akademische Praxis idealerweise ein Archiv der Verfahren und ein Verständnis der Macht widerständiger Kämpfe von unten. A posteriori eröffnet eine so verstandene teilhabende Kritik die Möglichkeit für ein Verständnis der historisch-materialistischen Bedingungen der Subversion, des Widerstands und der notwendigen Kämpfe.

In dieser Hinsicht bestellt die Arbeit von Deleuze und Guattari einen produktiven Boden, da sie sich auf die Produktion der sozialen Verhältnisse bezieht. Sie erlaubt uns, den Blick auf die ermöglichenden Kräfte, die ermächtigenden Momente der Widerstände von unten zu werfen. Deleuze und Guattari zeigen, dass soziale Maschinen mit ihren Apparaten und Assemblagen die Welt produzieren. „Nicht, um dabei an einen Punkt zu kommen, an dem man nicht mehr Ich sagt, sondern dahin, wo es belanglos wird, ob man Ich sagt oder nicht. Wir sind nicht mehr wir selbst. [...] Wir sind unterstützt, angeregt und mehr geworden" (Deleuze und Guattari 1992, 12). So programmatisch stellen Deleuze und Guattari ihre Rolle als Autoren des Anti-Ödipus vor und beziehen damit Stellung zu ihrer Arbeit an *Tausend Plateaus*: „Ein Buch hat weder ein Objekt noch ein Subjekt, es besteht aus verschieden geformten Materien, aus den unterschiedlichsten Daten und Geschwindigkeiten", so führen die beiden Autoren weiter aus (ebd.). Dies geschieht, um früh zu verdeutlichen, welcher Schwerpunkt im Folgenden gesetzt werden soll: Es geht nicht um eine Fixierung, sondern um die beweglichen Verhältnisse der mannigfaltigen Ebenen, Schichten, Falten, Geschwindigkeiten und Fluchtlinien zueinander, zwischen welchen sich Welt aufspannt. Deleuze und Guattari interessieren sich, folgt man ihren Einlassungen, für die dynamischen Verhältnisse innerhalb der *agencements* – der Gefüge. Noch bevor sie für die Vorstellung dieser Verhältnisse das Bild des Rhizoms bemühen, erkennen sie das Maschinische der Gefüge.

> Überall sind es Maschinen im wahrsten Sinne des Wortes: Maschinen von Maschinen, mit ihren Kupplungen und Schaltungen. Angeschlossen eine Organmaschine an eine Quellmaschine: der Strom, von dieser hervorgebracht, wird von jener unterbrochen. […] Was eintritt sind Maschineneffekte, nicht Wirkungen von Metaphern. (Deleuze und Guattari 1977, 7)

Einer der Effekte solcher maschinischen Koppelungen ist die Produktion von Subjektivitäten. Die so produzierten Maschinensubjekte tragen in sich die Möglichkeit, ihr Kontrolliert-Sein zu erkennen, sich ihm zu widersetzen und damit letztendlich das Potenzial, neue, andere Welten zu kreieren (Deleuze 1995, 176). Deleuze und Guattari betonen in diesem Sinne die widerständigen Potenziale des Kreativen im ästhetischen Paradigma (Schreiber und Stürmer 2021). Damit primär verbunden ist ihre Rede von Mikropraktiken (Bippus 2015a, 2015b; Dieterich und Furrer 2017; Henke und Furrer 2019), die sowohl in künstlerischen Praktiken als in munizipalistischen, politischen Praktiken Ausdruck finden. Ebenso lassen sich diese subjektivierenden Mikropraktiken zum Beispiel in dokumentarischen und künstlerischen Filmproduktionen (Gaudenzi, Kermanchi und Wiehl 2021; Hernández Lopez 2021) oder der andauernden Arbeit am Entzug aus kybernetischen Kontrollmechanismen (Denecke 2021) beobachten.

Deleuze und Guattari eröffnen eine neue Konzeption der Subjektivität und eine neue Konzeption des Menschen, die die Infragestellung des Gegensatzes zwischen Mensch und Maschine und die Idee der Entmenschlichung und Entfremdung impliziert. Ihre Arbeit ermöglicht es uns, die breite Dichotomie zwischen Akzeptanz oder Ablehnung von

Technologie aufzulösen und lässt uns verstehen, inwieweit Technologien, Produktionsweisen und Lebensformen eng miteinander verbunden sind, indem sie es uns ermöglichen, die Produktion als auf einer maschinischen Subjektivität beruhend zu begreifen.

Der Bezug auf Subjekte im Sinne des Denkens maschinischer Subjektivität geschieht also, um uns mehrere Möglichkeiten der kritischen Positionierung der Analyse des Verhältnisses der Macht von unten zu erhalten. Wissen ist in diesem Sinne gar ein Symptom der Tatsache, dass in der Welt etwas in Veränderung begriffen ist (Macherey 2013, 150). Veränderung geschieht getrieben von der Kraft des historisch produziert-produzierenden Subjekts. Zum anderen situiert ein Denken vom Subjekt im Sinne maschinischer Subjektivität unsere Methode teilhabender Kritik in der Teilhabe selbst. So aufgefasste Subjektivität ist per se in der intrinsischen Relation der Mannigfaltigkeit zu ihren Vielen und ihrer Singularität zu begreifen.[1]

Die produziert-produzierende Subjektivität dieser ontologischen Basis und des ethischen Fundaments ist im hier vorgestellten Sinne eine maschinische Multitude. Sie ist notwendige Bedingung für teilhabende Kritik. Multitude ist die produzierende Subjektivität, welche die subversiven Momente singulärer Subjektivitäten konstituiert.[2]

1   Wir befinden uns also in genau jenem Feld, in dem die Relationalität zwischen Subjektivität und den Bedingungen ihrer Produktion im Verhältnis von interner und externer Relationalität betrachtet werden kann, das an anderer Stelle anhand einer Lektüre des Begriffs bei Strathern erarbeitet wurde (siehe Milan Stürmer in diesem Band).

2   Der Begriff „Multitude" steht im Zentrum der aktuellen politischen Debatte in der politischen Philosophie. Das Werk von Hardt und Negri (2002; 2004) war ein wichtiger Moment der Neuaktualisierung dieses alten Begriffs, der in Spinozas Philosophie eine wichtige Rolle spielt. Der Hinweis auf ihn erlaubt die Reflexion über die Transformation der Klassenzusammensetzung und der entsprechenden Subjektivität sowie auch über die neue Form des Proletariats. Wenngleich er an anderer Stelle nur anklingt und nicht weiter explizit mitgeführt wird, möchten wir ihn nutzen, um unsere Vorstellung der Transformation der Subjektivierung Ausdruck zu verleihen.

Vor diesem Hintergrund ist es notwendig, den Begriff der Multitude zu verteidigen und gelesen als produziert/ produzierende Maschinensubjektivität unserer Zeit vorzustellen. Gerade auch um kulturelle (Mikro-) Praktiken beschreibbar zu machen und ihre Wirkung auf die Produktion von Subjektivität herauszustellen, bietet sich kein Begriff eindringlicher an als der einer neospinozistischen Multitude. Gleichzeitig ist es aber auch richtig, auf die Kehrseiten der produzierenden Multitude aufmerksam zu machen. Eine Analyse der Produktions- weise, die den Begriff ernst nimmt, tut ihrem Gegen- stand unrecht, wenn sie es verpasst, auch jene singulären Subjektivitäten in den Blick zu nehmen, die Multitude produzieren und aus denen sie sich zusammensetzt. „Das traurige Produkt einer Zeit der Mannigfaltigkeit" (Tiqqun 2003, 15; in der engl. Übersetzung von 2012 „the sad product of the time of the multitudes") wurde vom französischen Autorenkollektiv Tiqqun in der Theorie vom Bloom ein- dringlich thematisiert.[3] In ihren Ausführungen, die – so schlagen wir vor – auch als eine erweiternde Kritik des Subjektdenkens der Multitude gelesen werden müssen, stellen sie jene einsamen Subjekte vor, die in der bio- politischen Maschine der Multitude entstehen und von der Gewalt des Spektakels desubjektiviert werden. Der Horizont dieser vereinzelten Subjekte ist ihre Entfremdung (Schreiber 2021). Eine solche Beschreibung der von der Multitude produzierten und die Multitude produzierenden singulären Subjektivitäten lässt uns also nicht nur mit der bei Negri und Hardt geschürten Euphorie gegenüber der eigenen Analyse zurück, sondern hinterlässt eine tief- greifende Beunruhigung. Entgegen dieser ist es notwendig, von unten an der Basis mit jener operativen Intuition, die

---

3 Tiqqun ist der Name einer Zeitschrift, die zur Jahrtausendwende in Paris erschien und autonomen Debatten im Zuge der Alter- globalisierungsbewegung Ausdruck verlieh. Aus dieser hervor ging ein Autor:innenkollektiv, das in der Theorie vom Bloom eine Subjekt- kritik dieser Zeit verfasst hat, die sich stark an Giorgio Agambens Homo Sacer anlehnt und in Reaktion auf den Erfolg von *Empire* zu verstehen ist.

Widerstand und Kämpfe an erste Stelle setzt, zu beginnen, die Beschreibungen der französischen Autonomen ernst zu nehmen und in ein Archiv widerständiger Verfahren aufzunehmen. Nur so führt unsere Analyse veränderlicher Produktionsweisen von Subjektivität zu einem besseren Verständnis der Macht widerständiger Kämpfe und ihres biopolitischen Gegenübers.

> Was bleibt, ist notwendigerweise die Beunruhigung, die wir zu besänftigen glauben, indem wir uns gegenseitig die strengste Abwesenheit von uns selbst abverlangen, und ein Ignorieren jener gemeinsamen, aber aufgrund ihrer Anonymität unbestimmbar gewordenen Macht. Der Bloom ist der Name dieser Namenlosigkeit. (Tiqqun 2003, 15)

Die Bedeutung von maschinischer Technik und Kontrolle für Bloom und die Produktion der Blooms erarbeiten Tiqqun in ihrem wohl einflussreichsten Werk *Kybernetik und Revolte* (2007). Hier wird unter Bezug auf Deleuze und Guattari verdeutlicht, dass Bloom notwendig auch in der Verbindung der Subjektivität der Blooms und ihrer maschinischen Verwebungen gedacht werden muss (ebd., 12f.). Maschinensubjekte sind also Name und Kondition der heterogenen Mannigfaltigkeit und der entfremdenden Vereinzelung der singulären Subjekte. In ihrer Analyse bietet sich uns die Möglichkeit, ihre Potenziale zu beschreiben und sichtbar zu machen, aber auch die Gefahr, ihre eigene Entmachtung im Moment ihrer Produktion zu unterstreichen. So erlauben sie uns auf der Basis unserer eigenen medialen Teilhabe an ihrer fortdauernden Produktion einen neuen Modus teilhabender Kritik. Dieser richtet in einer relationalen Betrachtung von unten den Blick auf das Spannungsfeld von Subjektivation (Multitude) und Desubjektivierung (Bloom).

Die techno-sozialen Transformationen des zwanzigsten Jahrhunderts zwingen uns dazu, über oppositionelle Konzeptionenen zwischen dem Humanen und dem Maschinischen hinauszugehen. Der Begriff maschinischer Subjektivität, der seinen gründenden Moment bei Deleuze und

Guattari hat, soll dazu beitragen, diese neue Realität zu begreifen. Mit ihm erhält das Denken der Relation Mensch-Maschine eine andere Form: Subjekte sind nicht nur in dem Sinne vernetzt, dass die wichtige Dimension ihrer Relatio das Horizontale sei, welche das Mit-Sein definiert. Subjekte sind ebenso vertikal vernetzt, d.h. auf der Ebene ihrer Konstitution. Die Frage verschiebt sich vom Individuum hin zu anderen Subjektkonstruktionen, dem Dividuum, dem Bloom, der Multitude. Es gibt kein kleinsten, infinitesimales Kernelement der Subjektivität, das nicht immer schon relational ist. Die Frage der Teilhabe am und im Subjekt, stellt sich als eine Frage seiner Konstitution und Produktion. Als solche kennt sie immer mindestens zwei relationale Pole, hier vorgestellt wurden Multitude und Bloom.

Literatur

Balibar, Étienne. 2012. *Gleichfreiheit: Politische Essays*. Frankfurt am Main: Suhrkamp.

———. 2016. *Des Universels. Essais et conférences*. Paris: Éditions Galilée.

Bippus, Elke. 2015a. „Adrian Pipers *Funk Lessons* – eine Mikropraxis transformierender Affirmation." In *Kunst und Wirklichkeit heute. Affirmation – Kritik – Transformation*, hg. v. Lotte Everts, Johannes Lang, Michael Lüthy und Bernhard Schieder, 201–221. Bielefeld: transcript.

———. 2015b. „Micropolitics and Power. Conversation with Mathilde ter Heijne". In *Mathilde ter Heijne: Performing Changes, Museum für Neue Kunst – Städtisches Museum Freiburg*, hg. v. Amy Patton, 193–200. Berlin: Sternberg Press.

Bröckling, Ulrich. 2007. *Das unternehmerische Selbst: Soziologie einer Subjektivierungsform*. Frankfurt am Main: Suhrkamp.

Bröckling, Ulrich, Susanne Krasmann und Thomas Lemke, Hg. 2000. *Gouvernementalität der Gegenwart. Studien zur Ökonomisierung des Sozialen*. Frankfurt am Main: Suhrkamp.

Butler, Judith. 2005. *Gefährdetes Leben: Politische Essays* [2004]. Frankfurt am Main: Suhrkamp.

Dardot, Pierre und Christian Laval. 2016. *Ce cauchemar qui n'en finit pas. Comment le néolibéralisme défait la démocratie*. Paris: La Découverte.

Deleuze, Gilles. 1995. *Negotiations 1972–1990*. New York: Columbia University Press.

———. 2008. *Kants kritische Philosophie* [1963]. Berlin: Merve.

———. 2014. „Postskriptum über Kontrollgesellschaften." [1990] In *Biopolitik*, hg. v. Andreas Folkers und Thomas Lemke, 127–133. Berlin: Suhrkamp.

Deleuze, Gilles und Félix Guattari. 1977. *Anti-Ödipus. Kapitalismus und Schizophrenie I* [1972]. Frankfurt am Main: Suhrkamp.

226   ———. 1992. *Tausend Plateaus. Kapitalismus und Schizophrenie II* [1980]. Berlin: Merve.

Denecke, Mathias. 2021. „„Work it'. Demands and Entitlements of post-medial participation." *Augenblick. Konstanzer Hefte zur Medienwissenschaft* 80 (36).

Dieterich, Sebastian und Wiktoria Furrer. 2017. „Micropracticing the local: Localising micropractice." In *Artistic Research. Being There. Explorations into the local*, hg. v. Luisa Greenfield, Myna Trustram und Eduardo Abrantes, 75–88. Kopenhagen: NSU Press.

Foucault, Michel. 1976, *Überwachen und Strafen. Die Geburt des Gefängnisses* [1975]. Frankfurt am Main: Suhrkamp.

———. 1988. „Was ist Aufklärung?" [1983] In *Schriften, Band IV*, Frankfurt/M: Suhrkamp.

———. 2017. *Dire vrai sur soi-même. Conférences prononcées à l'Université Victoria de Toronto*. Paris: Vrin.

Gaudenzi, Sandra, Kermanchi, Jasmin und Anna Wiehl. 2021. „Co-creation as im/mediate/d caring and sharing in times of crises: Reflections on collaborative interactive documentary as an agile response to community needs." *NECSUS European Journal of Media Studies, #Solidarity* 10 (1): 195–217. Amsterdam: Amsterdam University Press.

Graeber, David. 2012. *Schulden. Die ersten 5000 Jahre* [2011]. Stuttgart: Klett-Cotta.

Gros, Frédéric. 2015. *Die Politisierung der Sicherheit* [2012]. Berlin: Matthes und Seitz.

Hardt, Michael und Antonio Negri. 2002. *Empire. Die neue Weltordnung.* [2000] Frankfurt am Main: Campus.

———. 2004. *Multitude. Krieg und Demokratie im Empire*. Frankfurt am Main: Campus.

———. 2018. *Assembly. Die neue demokratische Ordnung* [2016]. Frankfurt am Main: Campus.

Henke, Silvia und Wiktoria Furrer. 2019. „Mikropädagogische Sprünge im Kontext ästhetischer Bildung". *Art Education Research* 10 (16): 1–16.

Hernández López, Gala. 2021. „Common Images: What Post-Media Does to Cinema." *Augenblick. Konstanzer Hefte zur Medienwissenschaft* 80.

Hippler, Thomas. 2012. „Genealogie und immanente Kritik. Überlegungen im Anschluss an Foucault und Spinoza." In *Inventionen II*, hg. v. Isabell Lorey, Roberto Nigro und Gerald Raunig. Zürich/Berlin: Diaphanes, 122–133.

Lazzarato, Maurizio. 2014. *Gouverner par la dette*. Paris: Les Prairies Ordinaires.

Lefort, Claude. 1986. *Essais sur le politique*. Paris: Gallimard.

Lorenzini, Daniele. 2020. „La politique du paradis: Foucault, Les Aveux de la chair et la généalogie du néolibéralisme". In *Après les aveux de la chair: Généalogie du sujet chez Michel Foucault. Les grands classiques de l'érotologie moderne*, hg. v. Sandra Boehringer und Laurie Laufer, 229–241. Paris: Éditions Epel.

Lorey, Isabell. 2012. *Die Regierung der Prekären*. Wien: Turia + Kant.

Macherey, Pierre. 2013. „Negri's Untimely Spinoza". *Genre* 46 (2): 145–153. doi: https://doi.org/10.1215/00166928-2087980.

Marramao, Giacomo. 2000. *Dopo il Leviatano. Individuo e comunità*. Torino:
    Boringhieri.

Negri, Antonio. 2015. „La subjectivité retrouvée. Une expérience marxiste
    de Foucault." In *Marx & Foucault. Lectures, usages, confrontations*, hg.
    v. Christian Laval, Luca Paltrinieri und Ferhat Taylan, 171–183. Paris: La
    Découverte.

Nigro, Roberto. 2015. *Wahrheitsregime*. Zürich: Diaphanes.

Paltrinieri, Luca und Nicoli Massimiliano. 2017. „Du management de soi à
    l'investissement sur soi. Remarques sur la subjectivité post-néo-libérale."
    Terrains/Théories 3 (6). doi: https://doi.org/10.4000/teth.883.

Schreiber, Michel. 2021. „Being Lonesome Amongst the Many. Of Bloom and
    Multitude." In *Taking Sides. Theories, Practices, and Cultures of Participation
    in Dissent*, hg. v. Elke Bippus, Anne Ganzert und Isabell Otto, 281–290.
    Bielefeld: transcript.

Schreiber, Michel und Milan Stürmer. 2021. Hg. *Post-Mass-Media and Par-
    ticipation*. Marburg: Schüren.

Tiqqun. 2003. *Theorie vom Bloom* [2000]. Zürich/Berlin: Diaphanes.

———. 2007. *Kybernetik und Revolte* [2001]. Zürich: Diaphanes.

———. 2012. *Theory of Bloom* [2000]. O. O.: LBC Publications.

Tronti, Mario. 1974. *Arbeiter und Kapital* [1966]. Frankfurtam Main: Verlag
    neue Kritik.

Zuboff, Shoshana. 2018. *Das Zeitalter des Überwachungskapitalismus* [2019].
    Frankfurt am Main /New York: Campus.

TECHNOPOLITIKEN

TECHNOKOLLEKTIVITÄT

PLATTFORMEN

INFRASTRUKTUREN

SORGE

8

Medien und teilhabende Kritik

Christoph Brunner, nate wessalowski

Der Beitrag befasst sich mit dem Ineinanderwirken sozialer, affektiver und medialer
Prozesse teilhabender Kritik. Mit Fokus auf
sogenannte *tecnopolitícas* als integrale Bestandteile der spanischen Bürger:innenbewegung des
Munizipalismus der 2010er Jahre wird die Herstellung von Teilhabe entlang der Verflechtungen
aktivistischer, institutionalisierender und medien-
technologischer Möglichkeitsfelder analysiert.
Eine Untersuchung des MediaLab Prado in Madrid
und der Online-Beteiligungsplattform Decidim
Barcelona bilden die empirischen Ausgangspunkte
für die Entwicklung eines technopolitischen
und technokollektiven Verständnisses medialer
Teilhabe mitsamt seiner Herausforderungen und
Potenziale.

Neben Auseinandersetzungen mit künstlerischen und aktivistischen Praktiken und der Fokussierung auf Formierungen von Gemeinschaft stellt die Befragung der infrastrukturellen und medientechnologischen Bedingungen von Teilhabe einen notwendigen Schritt für die Weiterentwicklung teilhabender Kritik dar. Im Anschluss an das Denken einer maschinischen Subjektivität soll im Folgenden ein technokollektiver Ansatz skizziert werden, der das Ineinanderwirken sozialer, affektiver und medialer Prozesse hervorhebt. Ausgangspunkt unserer praxeologischen Untersuchungen sind Transversalität und Relationalität – zwei Kernbegriffe des medienökologischen Denkens bei Guattari. Gegenstand sind sogenannte Technopolitiken des spanischen Munizipalismus, an deren Beispiel sich die Verschaltungen progressiver Stadtentwicklung mit alternativen Praktiken medialer Teilhabe jenseits der Smart City zeigen. In der Analyse technopolitischer Praktiken teilhabender Kritik stützen wir uns gleichermaßen auf die Potenzialitäten und Einschränkungen institutionalisierter Kontexte für die Herausbildung sorgetragender Technokollektivität. Mit dem Begriff der Technokollektivität wollen wir teilhabenden Praktiken jenseits fixierter Subjektpositionen, wie sie zuvor (siehe Nigro und Schreiber in diesem Band) ausgeführt werden, betonen. Technokollektive sind getragen von desubjektivierenden und resubjektivierenden Prozessen technopolitischer Teilhabe. Sie bieten ein Denken und Handeln teilhabender Kritik, das sich immer schon verkörpert und materiell konstituiert und zugleich auf eine transversale Dimension digital vernetzter Praktiken verweist. Für Guattari – wie auch für uns – gehen diese Kollektivierungsprozesse mit der postmedialen Wiederaneignung von Kommunikationstechnologien in sozialen Bewegungen und den sich transformierenden Modi des Teilhabens einher (Schreiber und Stürmer 2021). Produktionsweisen mit und durch sozialmediale Gefüge lassen Transversalität als Bedingung für Prozesse der Subjektivierung aufscheinen und verweisen auf ein *relationales Verständnis medialer Teilhabe* jenseits

des Vernetzungsparadigmas sozialer Medien (Castells
2015). Medien werden hier als Teil komplexer Verhältnisökologien und nicht als geschlossene technokommunikative
Systeme verstanden, wobei eine postmediale Disposition
die Abwendung von der konsumatorischen und eine
Hinwendung zur kreativ-produktiven Verwendung von
Medientechnologien meint. Die Rolle von Institutionen
beziehungsweise Institutionalisierungsprozessen nimmt
hierbei einen zentralen Stellenwert ein. Im Folgenden
verstehen wir technokollektive Praktiken als „organisierte
Minoritäten", denen Guattari als „Labore des Denkens und
Experimentierens für zukünftige Subjektivierungsweisen"
einen besonderen Wert zumaß (Guattari 2007, 301).

Postmediale Möglichkeitsfelder und Technopolitiken

Für Guattari stellt sich die Frage nach Teilhabe
aus dem operaistischen Kontext der italienischen
Arbeiter:innenbewegung heraus immer bereits im Hinblick auf die Möglichkeiten „technokommunikativer
Selbst-Organisation" und in einem Spannungsverhältnis
zwischen Institution (z. B. Partei oder Gewerkschaft) und
Organisationsformen im Sinne medialer Teilhabe (Guattari
2007, 301; Berardi 2008, 31). Entlang der postmedialen
Wiederaneignung von Informations- und Kommunikationstechnologien weist Guattari Möglichkeitsfelder aus, die er
angesichts der frühen Ausläufer deterritorialisierter Telekommunikationsmedien Ende der 1980er Jahre voraussieht
und deren Relevanz in Bezug auf aktuelle Formen medialer
Teilhabe in aktivistischen und munizipalistischen Medien-
ökologien bis heute anhält. Guattari hebt die „Beförderung
innovativer Formen der Teilhabe und kollektiver Handlungs-
formen", die Interdependenzen sozialer Bewegungen und
ihren medialen Formationen und die Frage von medialer
Teilhabe als eine nach Zugänglichkeit zu Wissen und
Infrastrukturen hervor (Guattari 2007, 299). Eine „Neubegründung sozialer Praktiken", die Guattari zufolge auf

eine „Neuerfindung der Demokratie" hinauslaufe, lässt sich dabei nicht ohne die „Reaktivierung der kollektiven Sensibilität und Intelligenz" durch Medien jenseits ihrer vermeintlichen Verführung zur Passivität (und damit Teilnahme) vollziehen (Guattari 1996, 263).[1]

Die von Guattari angekündigte Zentralität postmedialer Technologien für soziale Bewegungen und insbesondere ihr ethisch-ästhetisches Potenzial zeichnet sich in der Freies-Radio-Bewegung der 1970er (Renzi 2020) und spätestens seit den Internetplattformen der Zapatistas (seit 1994) über die medienästhetischen Strategien der Antiglobalisierungsproteste der 2000er Jahre (Seattle 1999, EuroMayDay, Reclaim the Streets usw.) bis in die jüngere Vergangenheit (Holmes 2008) und Gegenwart (Brunner 2020) ab. Das Anliegen technokollektiver Praktiken lässt sich weniger in der kategorialen Ablehnung hegemonialer Medienstrukturen zu erkennen, sondern fokussiert eher auf ein „Anders- und Selbst-Machen" jenseits der dominanten Medienformatierungen und Kommunikationsweisen (Scholz und Schneider 2016). Die kritische Auseinandersetzung mit Dispositiven der Macht und ihren Subjektivierungsweisen beziehungsweise auch den Wahrnehmungs- und Präsentationsweisen (Ästhetiken) ist den technokollektiven Auseinandersetzungen mit Möglichkeiten der Teilhabe durch Medientechnologien inhärent.

In den spanischen Anti-Austeritätsbewegungen der 2010er Jahre und ihrer Ausarbeitung des Begriffs und der Praktiken der sogenannten *tecnopolíticas* treten relationale Formatierungen medialer Teilhabe besonders deutlich

1   Es ist hier anzumerken, dass Guattari, dessen Texte zum Postmedialen zumeist aus den 1980er Jahren stammen, mit dem Stichwort der „Passivität" insbesondere Massenmedien – wie das Fernsehen – im Sinn hatte. Auch wenn seine visionären Ideen zu vernetzten Telekommunikationsmedien gegenwärtige digitale Medienpraktiken teilweise vorwegnehmen, sind die Modi der Passivität eher um ein Paradigma der ständigen Aktivierung als Subjektivierungsweise in Sozialen Medien, aber auch in modernen, durch Widgets gestützten Operating Systems (wie Windows oder iOS) zu erweitern.

zutage. Die im Zuge der Anti-Austeritätsbewegungen um den 15. Mai 2011 (kurz 15M) entstandenen gesell-schaftlichen als auch technologischen Innovationen haben sich weit über den spanischen Kontext hinaus zu den heute als „Movement of the Squares" bezeichneten globalen Mobilisierungsstrategien und ihren medialen Umwelten entwickelt (Gerbaudo 2012; Treré 2019). Ausgehend von Platzbesetzungen, in denen neue Formen des sozialen Miteinanders und der Selbstorganisation mit ästhetischen Ausdrucksweisen und Technologien der Vernetzung und Kommunikation verknüpft wurden (Treré und Barranquero 2018), erwuchs in Spanien eine breite soziale Bewegung, die zur Schaffung neuer politischer Plattformen und Par-teien führte. Diese später als Munizipalismus bezeichnete Bewegung rückt nicht nur Aushandlungsprozesse zwischen organisierten Minoritäten und (staatlichen) Institutionen in den Vordergrund, sondern ebenso die Art und Weise der Repräsentation, Kommunikation und Koordination mit und durch digitale Medientechnologien (Brunner et al. 2017).

Neue Formen technopolitischer Kollektivität im munizipalistischen Kontext

Als „unterirdische postmediale Welle" (Toret 2012) schreitet die Neubesetzung kommerzieller und die Entwicklung auto-nomer sozialer Plattformen für die kollektive Mobilisierung gegen die sich zuspitzende Prekarisierung, die europäische Austeritätspolitik, das korrupte Zweiparteiensystem (Orriols und Cordero 2016) und die repräsentative Demokratie als solche voran: „Unsere Träume passen nicht in ihre Wahl-urnen" lautet einer ihrer Slogans, und, allen voran: „No nos representan" – „Sie repräsentieren uns nicht". Die anti-repräsentative Politik der 15M-Bewegung hat einen Bruch mit klassischen Fassungen von Technopolitiken (Hecht 2001) in ihrem starren Verhältnis von Staat, Bürger:innen-Subjekt und Technologie zur Folge. In Abgrenzung zum

englischsprachigen Sammelbegriff *technopolitics*, der
auch die digitalen Strategien repräsentativer Politiken
(z. B. E-Voting) einschließt (siehe Kurban, Peña-Lopez und
Haberer 2015), entwickelt sich ein spanischsprachiger
Diskurs, der in Anlehnung an Gilles Deleuze und Félix
Guattari die Möglichkeitsfelder kollektiver minoritärer
Organisationsweisen fokussiert und tecnopolíticas zunächst
als kollektives Vermögen der Wiederaneignung und
Neubesetzung digitaler Technologien versteht (Alcazan
et al. 2012). Tecnopolíticas werden zum Schlagwort, das
minoritäre Organisationsweisen mit digitalen Technologien
beschreibt und als akademisch-aktivistisches Konzept die
ermöglichenden Bedingungen widerständiger Sozialitäten
und kollektiver Sensibilitäten ins Auge fasst. Dabei bietet
ein technopolitisches Paradigma aus unserer Sicht nicht
nur neue Befragungsimpulse zum Verhältnis von sozialen
Bewegungen und Informations- und Kommunikationstechnologien, sondern auch für die technokollektive Konzeption
eines „Politischwerdens von Technologien" und eines
„Technologischwerdens von Politiken" (Calleja-Lopez 2017,
76, eigene Übersetzung). Jenseits des Verständnisses von
Technologien als Dimension politischer Prozesse oder als
technische Agenten der Politik, wie sie in den Science and
Technology Studies umrissen werden (Winner 2001), setzen
tecnopolitícas an der emergenten Sozialität in organisierten
Minoritäten entgegen einer neoliberalen „participatory
condition" an (Barney et al. 2016). Ein auf bürgerlichen
Subjekten beruhendes Verständnis der *Teilnahme* an den
vorgesehenen Beteiligungsverfahren repräsentativer
Demokratie wird im Zuge von 15M zur Forderung nach teilhabender Mitsprache in einer „realen Demokratie" (Calleja-
Lopez 2017, 28). Dabei spielt Repräsentationskritik sowohl in
der Organisation als auch in den Ausdrucksweisen – sprich
den Ästhetiken – der 15M-Bewegung eine wichtige Rolle.
Gleichermaßen lässt sich der Munizipalismus nicht ohne
eine enge Verbindung kollektiv organisierter politischer
Praktiken und der Neuformatierung repräsentativ-
demokratischer Institutionen begreifen. Im Kontext der

tecnopolíticas entfaltet sich hierin ein transformatorisch und zugleich transversal operierendes Vermögen der Kollektivität, das sich nicht entlang von Identitäten, sondern quer zu Räumen, Körpern, Institutionen, Medientechnologien und Wahrnehmungsweisen konstituiert.

Tecnopolíticas reformulieren die Verknüpfungen zwischen Online- und Offline-Räumen (Treré und Barranquero 2018, 55) entlang von „kollektiven transmedialen Narrativen" und hin zu einer „affektiven Mobilisierung" (Toret et al. 2015) mit und durch eigene Medienplattformen (Serrano et al. 2014) und neuen Weisen der „Selbst-Mediatisierung" (Kluitenberg 2015). Der spezifische Umgang mit bestehenden und die Entwicklung neuer Sozialer Medien und mobiler „Kommunikationsstrategien" als Kernstück spanischer Technopolitiken wenden sich gegen ein „unternehmerisches und konnektives Paradigma" kommerzieller Plattformen wie Facebook und forcieren ein „autonomes kollektives Paradigma" (Calleja-Lopez 2017, 208). Mit dem Verweis auf Autonomie ist – ähnlich wie es Guattari mit der Freies-Radio-Bewegung intendierte – eine auto-affektive Ebene medialer Politiken gemeint, die den individualisierenden Zugriff auf das bürgerliche Subjekt zurückweist und an seine Stelle die Neubegründung sozialer Praktiken stellt. Diese Kollektivität bildet im Kontext der tecnopolíticas eine techno-soziale Schlüsseldimension, die sich entlang menschlicher und mehr-als-humaner Akteur:innen situativ entfaltet.

Die im Anschluss an das Konzept der „collective identity" (Melucci 1985, 1995; Treré 2019, 4) als „connected multitude" (Toret et al. 2015) oder „multitudinous identities" (Monterde 2015) beschriebene Ebene von Kollektivität in der 15M-Bewegung hebt die für alternative Medienpraktiken bekannte Vervielfältigung von Akteur:innen und Perspektiven (Repräsentationen) beziehungsweise „existenzielle[n] Verschaltungen" (Guattari 2007, 299) von Protest hervor. Emergente Verhältnisse von Subjektivität und Medientechnologien fordern zugleich ein

Umdenken der Relationen von Individuum, Kollektiv und ihren medialen Umwelten ein. Kollektivität meint nicht bloß die Formung neuer Gruppen entlang spezifischer Identifikationsreferenzen (siehe Melucci 1995) und ihren Kommunikationsweisen. In seiner technopolitischen Denkart lässt sich Kollektivität als „soziomaterielle Allianzen zwischen Aktivist:innen, Computern, dem Internet, Sendern und Empfänger:innen von Information, Online-Plattformen und Mobiltelefonen" verstehen (Galis und Neumayer 2016, 2, eigene Übersetzung). Das Ringen um diese Allianzen bedingt, so unsere These, ein Kernelement einer technopolitischen Variation teilhabender Kritik. Somit ist das relationale Vermögen eben nicht in den Entitäten zu finden, die eine Allianz bilden. Allianz – und damit auch teilhabende Kritik – formiert sich vielmehr transversal *(à travers)* zu Medientechnologien, Körpern sowie Wahrnehmungs- und Ausdrucksweisen – im Sinne eines affektiven und emergenten Kollektivitätsbegriffs, wie er auch bei Gilbert Simondon (2005) und Bruno Latour (2005) zu finden ist. An die Stelle des technisch versierten menschlichen Subjekts tritt die Cyborg Donna Haraways als entmystifizierte (kollektive) Chimäre, die *mit* einer ursprünglichen technosozialen und *durch* eine ursprünglich technosoziale Relationalität Subjekt wird und neue Politiken von *kinship* und Affinität verfolgt (siehe Ochsner und Hörl in diesem Band; Haraway 2004, 23). Affinität wird hier nicht länger auf Grundlage von Identität, sondern als transformativer Möglichkeitsraum technokollektiver Zusammenschlüsse imaginiert.[2]

In technopolitischen Praktiken der 15M-Bewegung zeichnet sich ein singuläres Verständnis medialer Teilhabe ab, das technosoziale, affektive und sinnlich-aktivierende Formierungen von Technokollektivität entstehen lässt, die sowohl mit, aber auch jenseits von Institutionen und festen Orten widerständige Plattformen schaffen. Die technopolitische Frage nach der „Neubegründung sozialer

---

2   Die Affirmation als ein Zurückweisen der klassisch reflexiven und vernunftgeleiteten Kritik verdeutlicht sich durch die Diskussion des Begriffs „reparative reading" bei Eve Kosofsky Sedgwick (2014).

Praktiken" beinhaltet nicht nur die infrastrukturellen, psychischen und körperlichen Verhältnisse als Teil der Produktion von Subjektivität, sondern bindet diese in medial-affektive und sinnliche Umwelten ein, die erst durch die Aktivierung von Teilhabe (s. u.) mit einer differenziellen Herstellung von Sinn versehen werden (Guattari 2017). Kollektivität meint somit eine transversale Dimension der Aktivierung von Sinn und Sinnlichem (Brunner 2020), deren Ziel ebenso wenig wie deren Ursprung an einzelnen Faktoren, Subjekten oder Agent:innen festgemacht werden kann. Diese Logik des Aktivierens als Potenzialität medialer Teilhabe beschreibt eine Grundtendenz digitaler Kulturen, die noch keine Aussagen über die oft widersprüchlichen Indienstnahmen zulässt (siehe Ochsner und Hörl in diesem Band). Aktivierung meint das „In-Resonanz-Treten" *(mise en resonance*) von disparaten Tendenzen im Sinne einer Konkretion beziehungsweise eines Ausdrucks (Roux 2004). Mit dem Begriff der Technokollektivität verweisen wir auf diese prozessuale Dimension im Sinne widerständiger Technopolitiken, deren Form sich stetig neu hervorbringt und nicht feste Gruppen oder fixierte Orte erschafft. Als transversal und transformierend nehmen vernetzte digitale Medientechnologien in ihrem Aktivierungsvermögen eine Schlüsselfunktion für Praktiken kritischer Teilhabe und das Ermöglichen dieser ein.

Am Beispiel der partizipativen Plattform Decidim Barcelona wurden technopolitische Infrastrukturen der Teilhabe mit Blick auf die technokollektiven Dimensionen ihrer Operationalität, Entwicklung und Governance sowie entlang der Ermöglichung involvierender Praktiken der Selbstverwaltung befragt. In einem zweiten Schritt, der sich mit dem Medialab Prado[3] in Madrid befasst, werden wir auf die institutionellen und subjektivierenden Ebenen von Technokollektivität als Ausgangsort eines transversalen und

---

3   Das Medialab wurde im März 2021 in Medialab Matadero umbenannt und in das gleichnamige Kulturzentrum umgesiedelt. Wir beziehen uns auf die Periode zwischen 2015 bis 2019 und verwenden daher den entsprechenden Namen Medialab Prado.

relationalen Verständnisses teilhabender Kritik zu sprechen kommen. Während das erste Beispiel einer Strukturanalyse der entsprechenden digitalen Plattform zugrunde liegt, erschließt sich das zweite insbesondere durch fünf qualitative Interviews mit ehemaligen Protagonist:innen des Labs. In beiden Kontexten zeigt sich das kritische Potenzial von Teilhabe besonders deutlich in den Aushandlungsprozessen zwischen Infrastrukturen und sozialem Begehren nach Partizipation.

Technokollektivität und teilhabende Kritik: Decidim Barcelona

Zehn Jahre nach den spanischen Protestbewegungen um den 15. Mai 2011 haben sich die Erfahrungen mit den technopolitischen Möglichkeiten des Mobilisierens und Organisierens unterschiedlich fortgesetzt. Im Zeichen der ersten und der sich daran anschließenden zweiten Regierungsperiode einer munizipalistischen Stadtregierung konnte sich in Barcelona ausgehend von den Forderungen nach Teilhabe jenseits repräsentativer Beteiligungsverfahren die Plattform Decidim zu einem wichtigen Ort für stadtpolitische Gestaltungsprozesse entwickeln (Peña-López 2019). „Decidim" bedeutet auf katalanisch sowohl „Wir entscheiden" als auch „Lasst uns entscheiden!". Das 2016 von der Stadtverwaltung unter der Leitung von Bürgermeisterin Ada Colau initiierte Plattformmodell versteht sich als Bindeglied zwischen Bürger:innen[4] und städtischen Institutionen. Sein instituierender und doch zugleich experimenteller Charakter und der munizipalistisch-technopolitisch geprägte Kontext des Projekts machen es zu einem

4   Auch wenn die Plattform auf die Bedürfnisse von Bürger:innen ausgerichtet ist, ist „der/die Bürger:in" (das spanische Pendandt *ciudadanxs* ließe sich auch mit „Stadtbewohner:innen" übersetzen) nicht in abschließender Weise als Subjekt von Decidim zu benennen. Vielmehr zeigt die Analyse der Plattform, wie durch die Entwicklung technopolitischer Möglichkeiten der Teilhabe technokollektive Subjektivierungsprozesse angestoßen werden. Siehe dazu auch Zechner (2017).

beispielhaften Untersuchungsfeld für mediale Teilhabe im Hinblick auf die Subjektivierung von Technokollektivitäten mit und gegen Prozesse institutioneller Inanspruchnahme. Von den Organisator:innen wird das Projekt als großer Erfolg gewertet: Von 2016 bis 2019 wurden durch Decidim im Rahmen der Erarbeitung eines kommunalen Aktionsplans mehr als 8.000 abgestimmte Vorschläge von rund 42.000 beteiligten Bürger:innen eingebracht – etwa für den Ausbau von Fahrradwegen oder eine kostenlose Telefonhotline der Kommune (Peña-López 2017). Zudem konnten allein 2020 rund 11.000 neue Teilnehmer:innen verzeichnet werden: Ein Anstieg, der auch auf den Einfluss der COVID-19-Pandemie und die einsetzende Verlagerung gesellschaftlicher Prozesse in den Online-Raum zurückgeführt werden kann.[5]

Indem die Plattform andere Formen des Teilhabens und das Potenzial digitaler Infrastrukturen für stadtpolitische Prozesse erschließt, soll Decidim eine Alternative zu kommerziellen Sozialen Medien bieten (Bria 2019). Die Abgrenzung zu einer konsumatorischen Logik ist nicht nur in der Namensgebung angelegt, sondern wird auch in der konsequenten Ansprache von Partizipierenden als Teilnehmer:innen (statt Nutzer:innen/User:innen) fortgesetzt. Möglichkeiten der Teilhabe beschränken sich nicht nur auf die Nutzung der Plattform und das Mitwirken an demokratischen Aushandlungsprozessen, sondern werden auch bei der Entwicklung und Selbstverwaltung der Plattform und der Freien Decidim-Software angeboten. Teilhabe bei Decidim kann sich folglich entlang zweier technopolitischer Dimensionen befragen lassen: Einerseits entlang der Operationalitäten der Plattform (Technologien der Politiken) – das heißt im Hinblick auf die technokollektiven Organisationweisen, die durch die Plattform hervorgebracht werden – und andererseits entlang ihrer

---

5   „Cómo se adapta la participación a la nueva realidad generada por la COVID-19", online unter: https://ajuntament.barcelona.cat/participaciociutadana/es/noticia/como-se-adapta-la-participacion-a-la-nueva-realidad-generada-por-la-covid-19_1040518. Letzter Zugriff am 14. Februar 2022.

eigenen Organisationsweisen, also wie sich die Plattform in ihrer Technokollektivität selbst organisiert (Politiken der Technologien).

Die Operationalitäten von Decidim lassen sich anhand der raumzeitlichen Architektur der Plattform in den Blick nehmen. Durch die Anlage von Orten der Partizipation („participatory spaces") können Möglichkeiten des Teilhabens bei Decidim als modular kombinierbare Abläufe strukturiert werden, die unter anderem das Einbringen von Vorschlägen, die Diskussion von Petitionen und Umfragen sowie Abstimmungsprozesse und das Monitoring geplanter Umsetzungen umfassen.[6] Je nach Anliegen – beispielsweise bei der Erstellung eines Ausgabenplans, der Einberufung einer monatlichen Versammlung oder einer Vorstandswahl – können unterschiedliche Komponenten in den Prozess integriert werden. Die Ausrichtung an vier als demokratisch gefassten Aushandlungsprozessen des Vorschlagens, Debattierens, Ko-Produzierens und Entscheidens, die als Formen teilhabender Kritik befragt werden können, weist darauf hin, dass es nicht primär darum geht, Bürger:innen (aus der Perspektive der Stadtregierung) eine Stimme zu geben oder ihren Anliegen durch standardisiertes Abfragen und punktuelle Einbindung unidirektional Gehör zu verschaffen. Statt die traditionell beschränkten Instrumentarien der Mitsprache in den Online-Raum zu verlagern, zielt der technopolitische Ansatz vielmehr darauf ab, demokratische Prozesse transversal durch die infrastrukturelle Ermöglichung von Technokollektivität on- wie offline zu stärken. Tools für die Organisation von Konferenzen oder lokalen Versammlungen innerhalb der Stadtviertel von Barcelona sowie zum Erstellen eines News-letters sind wichtige Komponenten der technopolitischen Infrastruktur von Decidim.

Hieran knüpft auch ein weiterer Aspekt an, der die Möglichkeiten des Teilhabens und die Formatierung von

---

6   Zum Aufbau der Plattform siehe https://docs.decidim.org/en/ features/general-description/. Letzter Zugriff am 14. Februar 2022.

Technokollektivität entlang der Plattform Decidim Barcelona
prägt. Schließlich können nicht alle Teilnehmer:innen
gleichermaßen an den Entscheidungsprozessen mitwirken:
Während der Zugang zu den Mitsprache-Funktionen der
Plattform offen gewährt wird, obliegt die Möglichkeit zur
Abstimmung über eingebrachte Vorschläge nur den in
Barcelona gemeldeten Teilnehmer:innen. So kommen die
situierten – das heißt lokal verorteten und involvierenden
– Technopolitiken einer Plattform zum Tragen, die im
Unterschied zu den vermeintlich körperlosen Öffentlich-
keiten eines idealisierten grenzenlosen digitalen Raums
sich manifestierende Auswirkungen online organisierter
Stadtpolitiken für die ansässige Bürger:innenschaft berücksichtigt. Doch der Rückgriff auf den Nachweis der Regis-
trierung als „Einwohner:in" zeigt auch, wie Decidim neben
den Möglichkeiten technopolitischer Teilhabe traditionelle
Formen der Teil*nahme* „an Stadt" in ihrer formalisierten
Zurichtung eines bürgerlichen Subjekts voraussetzt.
Wohingegen einerseits die (materielle, strukturelle,
finanzielle und organisatorische) Förderung technopolitischer Infrastrukturen auf den Entwicklungskontext
der munizipalistischen Stadtregierung zurückzuführen ist,
(re-)produziert die Einbindung zentralisierter Institutionen
wie des Meldeamts andererseits Ausschlüsse – etwa von
Menschen, die zwar in der Stadt wohnen, sich aber aufgrund
ihres illegalisierten Aufenthaltsstatus oder anderer Hemm-
schwellen nicht bei der Stadt melden können.

Obwohl Decidim als zentrale Online-Beteiligungsplattform Barcelonas an der Zusammenführung partizipativer
Prozesse mitwirkt und damit zu ihrer Standardisierung und
einem stadtpolitischen Regime der Sichtbarkeit beiträgt,
ist sie durch die Einbindung teilhabender Kritik in der Lage,
Tendenzen der Vereinheitlichung bis zu einem bestimmten
Grad entgegenzuwirken. Bereits existierende technokollektive Projekte können aufgrund der infrastrukturellen
Logik in Decidim eingebunden werden, ohne ausgehebelt
oder schlicht verdoppelt werden zu müssen (Peña-Lopez
2017). Anders als in den selbstzentrierten Modi der

Partizipation kommerzieller Sozialer Medien (Fenton und Barassi 2011) sind Teilhabeprozesse bei Decidim kollaborativ ausgerichtet – etwa durch die Bereitstellung von Tools für die gemeinschaftliche Ausarbeitung von Vorschlägen und für die Organisation von Initiativen, in denen Anliegen abgestimmt und gebündelt werden, oder auch durch die Rollen der/des Moderators/:in und der/des Kollaborators/:in, die gemeinschaftliche Debatten und Textproduktion unterstützen. Die technokollektive Formatierung von Teilhabe zeigt sich mit der infrastrukturellen Anlage eines demokratischen Aushandlungsraums, der entgegen einer individualisierenden Logik auf das Hervorbringen viel-stimmiger Äußerungsgefüge ausgerichtet ist. So soll vor-gebeugt werden, dass die im Verhältnis oftmals wenigen kollektiven und bereits intensiver abgestimmten Petitionen mit einer Flut individuell eingebrachter Vorschläge konkur-rieren (Peña-Lopez 2017). Die Entscheidungsgewalt über die Umsetzung der abgestimmten Petitionen liegt letztendlich jedoch in der Hand der Stadtverwaltung. Auch hier zeigt sich, wie die Einbettung der Plattform in den Kontext einer repräsentativen Stadtpolitik zwar neue technopolitische Möglichkeitsräume schafft, diese aber immer nur in Aus-handlung mit institutionalisierten Machtverhältnissen existieren können und teils auch deren Reproduktion und Legitimation bewirken.

Mit der Darlegung der technopolitischen Operationalitäten von Decidim als „Plattform für Politik", die sich durch die Ermöglichung technokollektiver Teilhabe sowohl von Weisen der Partizipation in den Sozialen Medien als auch von Beteiligungsstrategien repräsentativer Stadtpolitik unterscheidet, ist bisher jedoch nur eine Dimension der technopolitischen Ausrichtung von Decidim benannt. Ebenso wichtig sind die „Politiken der Plattform" selbst, die in ihrer technopolitischen Ausrichtung stark von den Ein-flüssen der Freie-Kultur- sowie der Hacker:innen-Bewegung seit den 1990er Jahren geprägt ist, wobei Möglichkeiten des Teilhabens immer bereits entlang der Setzungen medialer Infrastrukturen gedacht und verankert werden.

Transparenz, Offenheit und Zugänglichkeit wie auch das Prinzip der Selbstverwaltung werden bei Decidim durch die Verwendung von freiem Code, dem offenen Umgang mit Daten und die Copyleft-Lizenzierung von in Decidim produzierten Inhalten befördert. Die Verpflichtung zur Entwicklung und zum Einsatz von Freier Software und Open-Access-Inhalten ist dabei nicht vorrangig technisch-pragmatisch oder juristisch-institutionell begründet, sondern wird als wichtige Grundlage des sozialen Vertrags[7] der Decidim-Community festgehalten.

Der reflektive Ansatz des Projekts erfordert, dass Management und Governance der Plattform Decidim Barcelona wiederum von einer Instanz ausgehen, die sich selbst entlang einer Anwendung der Decidim-Software organisiert – dem Metadecidim, dessen Community derzeit rund 2.700 Teilnehmer:innen zählt. Hier werden neue Features getestet und Gestaltungsmaßnahmen, wie etwa ein neues Interface-Design oder erweiterte Spracheinstellungen, auf den Weg gebracht. Die regelmäßigen Community Meetings sind ein Ort des Austauschs, wo sich Menschen ohne technische Vorkenntnisse mit den Funktionsweisen der Plattform – etwa der geplanten Einbindung elektronischer Wahlsysteme – vertraut machen und besser technisch geschulte Personen Einblicke in die organisatorischen Herausforderungen des Projekts erhalten. Die hier genutzten Formen der teilhabenden Kritik unterscheiden sich deutlich von den Möglichkeiten des Kommentierens, Teilens und Likens in kommerziellen Sozialen Medien, aber auch von der Einbindung in herkömmlich-repräsentative Strukturen der Stadtpolitik. Dabei zeigt sich am Beispiel der Plattform, wie gegenwärtige Möglichkeiten des Teilhabens auf das techno-politische und technokollektive Potenzial teilhabender Kritik hin befragt werden müssen, damit wir die starren Denkmuster der Institution als Anfangs- und Endpunkt sozialer Organisation hinter uns lassen können.

7   https://docs.decidim.org/en/understand/social-contract/. Letzter Zugriff am 14. Februar 2022.

Para-Instituierung: Das Medialab Prado[8]

Wurden Technopolitiken und die Entstehung von Technokollektivität bisher als transversal und prozessual
beschrieben, so drängt sich die Frage nach ihren
infrastrukturellen und institutionellen ermöglichenden
Bedingungen auf. Infrastrukturen bezeichnen hierbei den
materiellen Grund technopolitischer Praxis, wohingegen
Institutionen beziehungsweise instituierende Praxen
auf Prozesse einer raumzeitlichen Konsistenzbildung
dieser Praxis verweisen (Nowotny und Raunig 2016). Im
Zuge der munizipalistischen Bewegung wurden nicht
nur neue technopolitische Formen emergenter Sozialität
erfunden, sondern auch repräsentationskritische Transformationen von Institutionen und ihren Funktionsweisen
vorangetrieben – ähnlich wie im folgenden Kapitel mit
der Verknüpfung künstlerischer Institutionskritik und
militanter Forschung vorgenommen (siehe Bippus und Lang
in diesem Band). Ausgehend von Guattaris Emphase auf
minoritäre Organisationsweisen sollen Linien eines von uns
als Para-Instituierung zu beschreibenden transversalen
und relationalen Prozesses infrastruktureller und quasi-
institutioneller Konsistenzbildung anhand des Medialab
Prado in Madrid dargelegt werden.

Im Kontext der munizipalistischen Stadtpolitiken Madrids
zwischen 2010 und 2019 gilt das Medialab Prado als exemplarisch für Technopolitiken teilhabender Kritik in ihren
realdemokratischen Dimensionen. Von aktivistischen,
haktivistischen, feministischen sowie Hausbesetzungs-
initiativen, insbesondere den sogenannten Los Labos,
inspiriert, wurde das Lab 2003 unter dem Namen Medialab
Madrid vom Departement für Kultur und Sport der Stadt

8   Das Präfix „para" lehnt sich hier insbesondere an die Bedeutung
     „zwischen", „daneben", „durch" an und bezieht sich auf die
     Verwendung des Begriffs „Para-Institution" im Kontext trans-
     lokaler künstlerisch-aktivistischer Praktiken und Infrastrukturen
     (Lüttiken 2015).

Madrid ins Leben gerufen. Seitdem ist es ein öffentlich
zugänglicher Ort für Versammlungen, partizipative
Bürger:innen-Initiativen und DIY-Produktionsprozesse (z. B.
im Fablab). Im Gegensatz zu vielen autonomen, alternativen
und aktivistischen Initiativen besaß das Medialab Prado
eine prominente öffentliche und repräsentationspolitische
Funktion. Uns interessiert insbesondere die Einbindung
des Labs zur Entwicklung medialer Teilhabeprojekte – unter
anderem wäre hier das Madrider Äquivalent zu Decidim,
Decide Madrid zu nennen – als Teil der munizipalistischen
Regierungskoalition unter Manuela Carmena (Bürgermeisterin von 2015 bis 2019). Symptomatisch für diese Periode
ist zum einen die zunehmende Institutionalisierung des
Labs im Stadtzentrum und zum anderen seine Nutzung
als experimenteller Arm für die Entwicklung par-
tizipatorischer Technologien und Teilhabeprojekte für
Stadtbewohner:innen. Teil der Institutionalisierung war
nicht nur die räumliche Situierung in einem aufwendig
umgebauten ehemaligen Sägewerk mit Medienfassade,
sondern auch der damit einhergehende Gentrifizierungs-
prozess des anliegenden ehemaligen Arbeiter:innenviertels
Lavapiés. Die öffentliche Verfügbarkeit technologischer
Infrastrukturen paart sich mit dem Begehren nach digital-
gouvernementaler Innovation und schafft hierdurch ein zentrales Spannungsfeld von Technopolitiken im Allgemeinen:
Aus aktivistischen Kontexten erwachsene soziopolitische
und technologische Praktiken treffen auf die Anforderungen
utilitaristischer und *bestenfalls* standardisierter sowie
breit anwendbarer Verfahren und Werkzeuge zur *besseren*
Einbeziehung von Stadtbewohner:innen mithilfe digitaler Medienplattformen. Eine weitere Spannung besteht
zwischen den teils aus Graswurzel- und Hackerbewegungen
entstandenen Organisationsweisen und deren teil-
weiser Überführung in Regierungsprogramme. Freies
Experimentieren trifft damit auf Regierungsweisen und
Produktorientiertheit – eine Herausforderung, die weiter
unten mit dem Begriff der militanten Forschung ebenfalls
aufscheint (siehe Bippus und Lang in diesem Band). Im

Kontext des Labs lässt sich diese Spannung deutlich erkennen. So werden experimentelle Teilhabeformate mit Ansprüchen wie „Reproduzierbarkeit", „Adaptierbarkeit" und „Skalierung" mit oft als „Prototyping" benannten Prozessen verknüpft.[9]

Ein zentrales Element der technopolíticas wird von einem kritischen Verhältnis zwischen minoritären Organisationsweisen und kommerziellen Medienplattformen bestimmt, wie es sich mit den oben benannten Begriffen connected multitude, Autonomie und Technokollektivität nachvollziehen lässt. Im Zentrum der von uns durchgeführten Feldaufenthalte und Interviews stehen die spezifischen Produktionen von Subjektivität als tragender technopolitischer Prozess während und nach der 15M-Bewegung. Die Frage nach der technopolitischen Subjektkonstitution bildet hierbei eine wichtige Grundlage für ein Verständnis medialer Teilhabe, das sich mit und durch technosoziale Relationalitäten transversal zu bestehenden Strukturen, Körpern und Technologien entfaltet. Eine wichtige Erkenntnis unserer Forschungen besteht in dem Umstand, dass die oft als öffnend und ermöglichend empfundenen Teilhabeprozesse innerhalb des Labs von einigen Gesprächspartner:innen problematisiert wurden, sobald Repräsentationsformen (z. B. Outputs oder Prototypen) Subjektpositionen festzuschreiben drohten. So wird beispielsweise mit dem Begriff der Bürger:innenpartizipation eine politische Kategorisierung vorgenommen, die andere technosoziale Beziehungen und Praktiken jenseits des Bürger:innendispositivs nicht berücksichtigt. Diese Effekte von Zuschreibungen und Einschlüssen *(enclosures)* beziehen sich nicht nur auf Orte und Repräsentationsstrukturen, sondern lassen sich auch als direkte Einschnitte in technokollektive Praktiken verstehen. Das mit Teilhabeprozessen befasste ParticipaLab des Medialab Prado dient im Folgenden zur Veranschaulichung dieser

9   Vgl. https://www.medialab-matadero.es/en/medialab/more-info/about. Letzter Zugriff am 14. Februar 2022.

Spannungsverhältnisse und verdeutlicht das Ringen um nicht-souveräne Formen teilhabender Kritik.

Partizipation formatieren: Das Beispiel ParticipaLab

Das ParticipaLab war eines der größten und am stärksten in Digitalisierungsprojekte der Stadtregierung einbezogenen Teilprojekte des Medialabs. Mit Fokus auf digitale Tools medialer Teilhabe ist eines der Haupterzeugnisse des Labs die „Decide-Madrid"-Plattform für aktive Bürger:innenbeteiligung an der Vergabe städtischer Mittel für urbane Entwicklungsprojekte. Die medialen Konfigurationen und Teilhabemodalitäten entsprechen weitestgehend den bereits beschriebenen soziotechnischen Aspekten der Plattform Decidim.[10] Die zentrale Befragung von Teilhabe oder Partizipation nimmt im ParticipaLab-Kontext eine doppelte Rolle ein (wobei für uns eine direkte Verknüpfung von Guattaris organisierten Minoritäten als experimentelle Labore mit den rahmenden Machtdispositiven der institutionellen Einbindung besteht):

Zum einen geht es um konkrete Strategien der Öffnung institutioneller Räume, die Teilhabe als Inklusionsprozess ermöglichen und gleichzeitig die spezifischen Formatierungen von Subjektivität kritisch reflektieren. Dies bedeutet auch, die jeweils entstehenden Ausschlüsse kritisch zu hinterfragen und somit Transversalität als stetige Differenzierungspraxis voranzutreiben. Realpolitisch stößt dieser transversale Anspruch unter anderem mit den Verwendungen modernistischer Begriffe wie Bürger:in oder Partizipation an seine Grenzen und lässt sich zugleich durch

---

10   Eine genaue Auflistung der technischen, politischen sowie technopolitischen Unterschiede der entwickelten Software-Plattformen Consul (Decide) und Decidim findet sich in der englischen Übersetzung eines spanischen Blogeintrags von Xabier E. Barandiaran durch das des Ajuntament de Barcelona: https://xabier.barandiaran. net/2019/01/14/comparativa-decidim-vs-consul/. Letzter Zugriff am 14. Februar 2022.

kritische Begriffe wie Teilhabe (statt Teilnahme) oder neue Formen der Technokollektivität aktiv befragen. Das Credo der *citizen engagement* und der *creative city* trifft im Kontext des Medialabs auf munizipalistische und technopolitische Ansätze medialer Teilhabe. Jenseits eines gegebenen Bürger:innen-Subjekts forciert ein technokollektiver Ansatz die Multitude aus sozialen, technologischen und körperlichen Kräften.

Zum anderen geht es um Teilhabe oder deren Unterminierung aufgrund soziotechnischer Praktiken und darum, wie diese Praktiken Institutionen mit und durch Infrastrukturen hervorbringen und verändern. Zwischen institutioneller und subjektiver Formatierung von Teilhabe und praxeologisch-teilhabender Instituierung liegt die Ebene sinnlicher, affektiver und teils verkörperter Relationalität. Eines der Hauptanliegen des ParticipaLab bestand in der Entwicklung crossmedialer Strategien affektiver Teilhabe anhand von Narrativen als Reflexions-, Kommunikations- und Handlungsform. Entgegen der Mobilisierung von Affekten mit dem Ziel kapitalistischer Mehrwertschöpfung (ein Topos kommerzieller Sozialer Medien) aktivieren diese Narrativformen eine affektive Ebene nicht-souveräner – sprich teilhabender – Subjektivierung. Plattformen wie Decide werden nicht als bloße Werkzeuge digitaler Teilnahme verstanden, sondern mit narrativen Strukturen angereichert und verweisen dadurch auf die ästhetische Dimension medialer Teilhabe als spezifischen Aspekt von Technopolitiken. Narrative nehmen hierbei zumeist eine vermittelnde Rolle ein, die es ermöglicht, an Entwicklungsprozessen teilzuhaben, ohne bereits Expert:in zu sein – eine wichtige Voraussetzung für transformierende und transversale Teilhabeprozesse. Mit seinem Anspruch auf Offenheit, Adaptierbarkeit und Dokumentation ist das Medialab selbst eine narrative Infrastruktur, die sich erst im Verbund mit anderen Projekten, Initiativen, Orten und teilhabenden Subjekten konstituiert und fortschreibt. Narrative Infrastruktur meint hierbei, dass das Lab nicht einfach eine Infrastruktur für narrative Praktiken bot, sondern selbst in seinen infrastrukturellen Aspekten zu einem Narrativ wird. Die Erfolgsgeschichte der Plattform Decide Madrid ließe sich ohne die konsequente Kommunikation als Plattform für direkte beziehungsweise realdemokratische Teilhabe, an der alle Stadtbewohner:innen mitwirken können, nicht verstehen. Somit schafft das Lab nicht nur narrative Öffnungen, sondern wird selbst Teil des Narrativs und damit auch einer bestimmten Ästhetik der Teilhabe, die sich durch die experimentellen Formate wie den Workshop „Collective Intelligence for Democracy 2018" immer wieder neu konstituiert.[11]

Narrativität ist nicht nur im Kontext transmedialer Plattformen und politischer Kampagnen ein wichtiges Thema, sondern betrifft auch eine Kritik gegenwärtiger Repräsentation. Wie Donna Haraway (2018) ausführt, ist es von Relevanz, welche Narrative verwendet werden, um herrschaftskritische „Geschichten" zu erzählen. Der von ParticipaLab stark gemachte Narrativitätsbegriff lässt somit auch ein Begehren erkennen, das neue digitale Strategien medialer Teilhabe mit repräsentationskritischen – sprich minoritären – Genealogien und ihren Subjektivierungen verbindet. Anstelle der Frage „Wie erreichen wir die Bürger:innen mit unseren Themen?" geht es in den hier vorliegenden Praktiken medialer Teilhabe um die Bedingungen des Zusammenkommens und wie sie Plattformen für differente Narrative und ihre je spezifischen Ästhetiken bieten.

Sorge und Technokollektivität

Jenseits einer rein affirmativen Lesart des Medialabs und seinen Potenzialitäten für ein Denken teilhabender Kritik unter technopolitischen Bedingungen wurden viele digitale Projekte mit dem Ziel der Teilhabe von unseren

11   Siehe https://www.medialab-matadero.es/en/announcements/
      collective-intelligence-democracy-2018. Letzter Zugriff am 14. Februar
      2022.

Interviewpartner:innen als gescheitert bezeichnet. Ein Kernproblem bestand darin, dass zugunsten technologieorientierter Vorgehensweisen andere Formen des „Sozialen" oft in den Hintergrund gerieten. Insbesondere die feministische Kritik eines doppelten Unbehagens bezüglich der mangelnden Sorgepraktiken als Teil technopolitischer Strategien wurde deutlich artikuliert. Die Annahme, dass Technologien neutrale Werkzeuge seien, wird eingängig problematisiert und mit einer Präzisierung des technopolitischen Ansatzes verknüpft, indem Technologien selbst auf implizite Ein- und Ausschlüsse kritisch befragt werden müssen (siehe auch Benjamin 2019). Zudem lässt sich kritisieren, dass Plattformen wie Decide Madrid das soziale Wissen von Gemeinschaften für Regierungsinstitutionen übersetzbar und somit verwaltbar machen.[12] Es wird deutlich, dass die Aushandlungsprozesse medialer Teilhabe, wie sie im ParticipaLab stattgefunden haben, mitsamt den Spannungen zwischen technologischer Ermöglichung und Indienstnahme sozialer Relationalität die Frage nach teilhabender Kritik als eine umkämpfte und teils antagonistische Praxis aufwerfen. Technopolitiken und ihr technopolitisches Vermögen führen zur Frage nach teilhabender Kritik als „transformierendes und transversales ‚Mit'" jenseits des bürgerlichen (menschlichen) Subjekts. Das Medialab bietet nicht nur die Möglichkeit einer Analyse teils antagonistischer Spannungen zwischen Subjektivierung und Repräsentation, sondern verweist auch auf Infrastrukturen als ermöglichende Bedingungen für technopolitische Praktiken. Entgegen einer absoluten Dekonstruktion von Institutionen verstehen wir die Potenzialität von Institutionen wie dem Medialab als Prozess der Para-Instituierung, im Zuge derer Repräsentation

---

12   Hier schließt sich ein wichtiger Punkt von Anti-Repräsentationsstrategien, wie sie auch für 15M wichtig waren, an. Indem soziale Bewegungen wie Occupy Wall Street verweigert haben, Forderungen an den Staat und seine Institutionen zu stellen, haben sich die Protestierenden und Gruppierungen auch gegen eine staatlich gerasterte Ordnung von Problemen und deren möglicher Einordnung und „Abhandlung" gestellt.

und Subjektivität unter technopolitischen Vorzeichen neu verhandelt werden. Teil des munizipalistischen Ansatzes war von Beginn an das Begehren, die Rolle der Institution als Machtvehikel kollektiv neu zu denken (Zechner 2017). Unter Einbezug technopolitischer Differenzierungen bedeutet dies insbesondere eine Hinwendung zu Sorgepraktiken, die Infrastrukturen und ihre Materialitäten ebenso einbindet wie die Subjektivierungsweisen, welche durch spezifische mediale Plattformen der Teilhabe und ihre Affizierungen geprägt werden. Technokollektive sind immer schon „mehr-als-human". Ihre Potenzialität liegt im transversalen und relationalen Vermögen kritischer technopolitischer Teilhabe, die sich erst durch spezifische Formen der Sorge wider eine verengende Repräsentationslogik zeigt. Narrative Strategien, wie sie als integraler Teil des Medialabs Prado herausgestellt wurden, verweisen auf Institutionen als ermöglichende Infrastrukturen, die sich jenseits ihrer Gefasstheit immer schon in einem transformierenden und transversalen Prozess räumlich und zeitlich im Fluss befinden (siehe „Temporalisieren" in diesem Band). So ist der im Sommer 2021 verordnete Umzug des Labs durch die seit 2019 gewählte konservative Stadtregierung nur teilweise als Auflösung bisheriger Strukturen zu verstehen. Ebenso wichtig wie die Sorgen um den Erhalt ermöglichender Infrastrukturen, scheint uns, die Narrative der Erfahrungen und Orte experimenteller Teilhabe in ihrer umfassenden Relevanz („para") als Teil einer progressiven Stadtbevölkerung hervorzuheben und ihre potenziellen zukünftigen Aktivierungen zu affirmieren.

Literatur

Alcazan, ArnauMonty, Axebra, Quodlibetat u. a. 2012. *Tecnopolítica, internet y R-evoluciones: Sobre la centralidad de redes digitales en el #15M*. Barcelona: Icaria.

Barney, Darren, Gabriella Coleman, Christine Ross, Jonathan Sterne u. a. Hg. 2016. *Participatory Condition in The Digital Age*. Minneapolis: University of Minnesota Press.

Benjamin, Ruha. 2019. *Race After Technology: Abolitionist Tools for the New Jim Code*. Medford, MA: Polity.

252   Berardi, Franco (Bifo). 2008. *Félix Guattari: Thought, Friendship, and Visionary Cartography*. London: Palgrave.

Bria, Francesca. 2019. *Our Data, Our Future: Radical Tech for a Democratic Digital Society*, Vortrag, 5. November, Turin.

Brunner, Christoph. 2020. „‚Making Sense': Aesthetic Counterpowers in Activist Media Practices." *Conjunctions* 7 (1): 3–16.

Brunner, Christoph, Niki Kubaczek, Kelly Mulvaney und Gerald Raunig. Hg. 2017. *Die neuen Munizipalismen: soziale Bewegung und die Regierung der Städte*. Wien/Linz/Berlin/London/Zürich: transversal.

Calleja-López, Antonio. 2017. *Since 15M: The Technopolitical Reassembling of Democracy in Spain. Dissertation*. Exeter: University of Exeter.

Castells, Manuel. 2015. *Networks of Outrage and Hope: Social Movements in the Internet Age* (2. Aufl.). Cambridge, UK/Malden, MA: Polity Press.

Fenton, Natalie und Veronica Barassi. 2011. „Alternative Media and Social Networking Sites: The Politics of Individuation and Political Participation." *The Communication Review* 14 (3): 179–196.

Galis, Vasilis und Christina Neumayer. 2016. „Laying Claim to Social Media by Activists: A Cyber-Material Détournement." *Social Media + Society* 2 (3): 1–14.

Gerbaudo, Paolo. 2012. *Tweets and the streets: social media and contemporary activism*. London: Pluto Press.

Guattari, Félix. 1996. *The Guattari Reader*. Oxford/Cambridge, MA: Blackwell Publishers.

───. 2007. *Soft Subversions: Texts and Interviews 1977-1985*. Cambridge, MA: Semiotext(e).

───. 2017. „Für eine Neubegründung sozialer Praktiken." [1992] In *Ökologien der Sorge*, hg. v. Tobias Bärtsch, Daniel Drognitz, Sarah Eschenmoser und Michael Grieder et al. Wien/Linz/Berlin/London/Zürich: transversal.

Haraway, Donna. 2004. *The Haraway Reader*. New York: Routledge.

───. 2018. *Unruhig Bleiben: Die Verwandtschaft der Arten im Chthuluzän* [2016]. Frankfurt am Main: Campus.

Hecht, Gabrielle. 2001. „Technology, Politics, and National Identity in France." In *Technologies of Power: Essays in Honor of Thomas Parke Hughes and Agatha Chipley Hughes*, hg. v. Michael Thad Allen und Gabrielle Hecht, 253–293. Cambridge, MA: MIT Press.

Holmes, Brian. 2008. „Swarmachine: Activist Media Tomorrow." *Third Text* 22 (5): 525–34.

Kluitenberg, Eric. 2015. „Affect Space: Witnessing the Movement(s) of the Squares." *onlineopen.org*. https://www.onlineopen.org/affect-space. Letzter Zugriff am 14. Februar 2022.

Kurban, Can, Ismael Peña-Lopez und Maria Haberer. 2015. „What Is Techno-politics? A Conceptual Scheme for Understanding Politics in the Digital Age." In *Building a European Digital Space. Proceedings of the 12th International Conference on Internet, Law & Politics*, hg. v. Joan Balcells, Rosa Borge, Ana María Delgado García und Mirela Fiori et al., 499–519. Barcelona: Huygens Editorial.

Latour, Bruno. 2005. *Reassembling the Social: An Introduction to Actor-Network-Theory*. Oxford: Oxford University Press.

Melucci, Alberto. 1985. „The symbolic challenge of contemporary movements." *Social Research* 52: 789–816.

———. 1995. „The Process of Collective Identity." In *Social Movements and Culture*, hg. v. Hank Johnston und Bert Klandermans, 41–63. Minneapolis/London: University of Minnesota Press.

Monterde, Arnau. 2015. *Emergencia, evolución y efectos del movimiento-red 15M (2011-2015) Una aproximación tecnopolítica*. Barcelona: Universitat Oberta de Catalunya. http://hdl.handle.net/10609/44901. Letzter Zugriff am 14. Februar 2022.

Nowotny, Stefan und Gerald Raunig. 2016. *Instituierende Praxen: Bruchlinien der Institutionskritik*. Wien/Linz/Berlin/London/Zürich: Transversal.

Orriols, Lluis und Guillermo Cordero. 2016. „The Breakdown of the Spanish Two-Party System: The Upsurge of Podemos and Ciudadanos in the 2015 General Election." *South European Society and Politics* 21 (4): 469–92.

Peña-López, Ismael. 2017. „decidim. Barcelona, Spain." In *Voice or chatter? Making ICTs work for transformative engagement. Making All Voices Count Research Report*, hg. v. Anita Gurumurthy, Deepti Bhartur und Chami Nandin. https://itforchange.net/mavc/wp-content/uploads/2017/10/Voice-or-Chatter_Case-Study_Spain_August-2017.pdf. Letzter Zugriff am 14. Februar 2022.

———. 2019. *Shifting participation into sovereignty: the case of „decidim. barcelona."* Barcelona: Huygens Editorial.

Renzi, Alessandra. 2020. *Hacked transmissions: technology and connective activism in Italy*. Minneapolis: University of Minnesota Press.

Roux, Jacques. 2004. „Penser le politique avec Simondon." *Multitudes* 4 (18): 47–54.

Scholz, Trebor und Nathan Schneider, Hg. 2016. *Ours to Hack and to Own: The Rise of Platform Cooperativism, a New Vision for the Future of Work and a Fairer Internet*. New York/London: OR Books.

Schreiber, Michel und Milan Stürmer, Hg. 2021. *Post-Mass-Media and Participation*. Marburg: Schüren.

Sedgwick, Eve Kosofsky. 2014. „Paranoides Lesen und reparatives Lesen oder paranoid, wie Sie sind, glauben Sie wahrscheinlich, dieser Essay handle von Ihnen." In *Affekt und Geschlecht. Eine einführende Anthologie*, hg. v. Angelika Baier, Christa Binswanger, Jana Häberlein und Yv Eveline Nay et al., 355–399. Wien: Zaglossus.

Serrano, E., Antonio Calleja-López, Arnau Monterde und Javier Toret, Hg. 2014. *15Mp2p. Una mirada transdisciplinar del 15M*. http://tecnopolitica.net/sites/default/files/15MP2P_Mayo2014.pdf. Letzter Zugriff am 14. Februar 2022.

Simondon, Gilbert. 2005. *L'individuation à la lumière des notions de forme et d'information*. Grenoble: Million.

Toret, Javier. 2012. „Una mirada tecnopolítica sobre los primeros días del #15M." *tecnopolitica.net*. https://tecnopolitica.net/es/node/14. Letzter Zugriff am 14. Februar 2022.

———(Coord.). 2015. *Tecnopolítica y 15M: la potencia de las multitudes conectadas: un estudio sobre la gestación y explosión del 15M (Primera edición en lengua castellana)*. Barcelona: Editorial UOC.

254 Treré, Emiliano. 2019. *Hybrid Media Activism: Ecologies, Imaginaries, Algorithms.*
Abingdon: Routledge.

Treré, Emiliano und Alejandro Barranquero Carretero. 2018. „Tracing the
Roots of Technopolitics: Towards a North-South Dialogue." In *Networks,
Movements and Technopolitics in Latin America*, hg. v. Francisco Sierra
Caballero und Tommaso Gravante, 43–63. Cham: Springer International
Publishing.

Winner, Langdon. 2001. „Do Artifacts Have Politics?" In *The Whale and the
Reactor: A Search for Limits in an Age of High Technology*, 19–39. Chicago:
University of Chicago Press.

Zechner, Manuela. 2017. „Let's Play? Bürgerschaft, Subjektivität und
Kollektivität im Munizipalismus." In *Die neuen Munizipalismen: Soziale
Bewegung und die Regierung der Städte*, hg. v. Christoph Brunner, Gerald
Raunig, Niki Kubaczek und Kelly Mulvaney, 67–81. Wien/Linz/Berlin/
London/Zürich: transversal.

GEGENWARTKUNST

AKTIVISMUS

TEILHABE

KRITIK

FEMINISTISCHE KRITIK

WISSENSCHAFTSKRITIK

9

Kunst und teilhabende Kritik

Elke Bippus, Ruth Lang

Der Artikel befragt Kritik in Relation zu methodischen und theoretischen Ansätzen, wie sie in
der Gegenwartskunst und aus (queer-)femi-
nistischen wie aktivistischen Perspektiven verfolgt werden. Die Konzeption einer „teilhabenden
Kritik" hat zum Ziel, Kritik jenseits univer-
salisierender Abstrahierungen und totalisierender
Gesten zu entwerfen. Als Grundlage dient die
Auseinandersetzung mit kritischen Beispielen im
künstlerisch-aktivistischen Feld wie der Praxistheorie des argentinischen Autor:innenkollektivs
Colectivo Situaciones. Durch Diskursanalyse und
die Methode des „close reading" kritisch-(queer-)
feministischer Konzepte der späten 1980er Jahre
wird der Begriff der Kritik befragt, gewendet und
transformiert.

Teilhabend kritische Arbeit an der Aufteilung des Sinnlichen

Die westlich-europäische institutionskritische Kunst der 1990er Jahre, die sich in die Tradition der Postavantgarden (Konzeptkunst, Situationismus, Performance) der 1960er stellt, wird als dezidiert politische Kunst verhandelt. Sie zeichnet sich aus durch künstlerische Produktionen und Projekte im öffentlichen und gesellschaftlichen Raum, die Partizipation der Betrachter:innen, die Hinwendung zu theoretischen und interdisziplinären Diskursen, die Arbeit im Kollektiv sowie in Arbeitsgemeinschaften und durch die Bevorzugung der Bezeichnung als Kulturarbeiter:in anstelle derjenigen als Künstler:in (Wenzel 2011, 164).[1] Die orts- und kontextbezogenen, institutionskritischen Arbeiten entwickeln neuartige Werk- und Ausstellungsformen an nicht-kunstspezifischen Ausstellungsorten (Draxler 2014).[2] Der kritische Umgang mit den Macht- und Beziehungsstrukturen sowie den Ein- und Ausschlussmechanismen des Kunstsystems war ein zentrales Anliegen von Künstler:innen, Kurator:innen und Kunsttheoretiker:innen. Daneben veränderte sich zugleich der Adressat:innen-Kreis: Nicht mehr vornehmlich ein elitäres (bürgerliches) Kunstpublikum war angesprochen, vielmehr wurde versucht, sich lokalen Öffentlichkeiten und gesellschaftlichen Randgruppen zuzuwenden. Ästhetik wurde von Bewegungen wie der Dienstleistungskunst mit einem Nutzen verbunden und Methoden anderer Disziplinen experimentell appropriiert. An die Stelle des „Kunstwerks" traten kommunikative und handlungsgenerierende Strukturen, die interventionistische, partizipative und aktivistische Praktiken beförderten, welche unmittelbar mit sozialen und politischen Bereichen verschränkt waren. In

---

1   Vgl. grundlegend zur Insitutionskritik auch Gau (2017).
2   Exemplarisch für diese Veränderungen im künstlerischen Feld wurde das *Project Unité* – ein soziales Experiment, das 1993 von Yves Aupetitallot gemeinsam mit 30 Künstler:innen in der Unité d'habitation von Le Corbusier in Firminy durchgeführt wurde.

ihren Kooperationen mit Sozialarbeiter:innen, politischen
Aktivist:innen, Wissenschaftler:innen und Journalist:innen
agierten Künstler:innen transversal. All diese Aspekte
trugen dazu bei, die Kunst der 1990er Jahre als Negation des
Ästhetischen zugunsten ethischer und politischer Hand-
lungsformen zu begreifen. Die Engführung der Kunst der
1990er Jahre auf das Politische hatte insofern ermöglicht,
zentrale Aspekte eines veränderten Kunstverständnisses
zu identifizieren, sie hatte jedoch zugleich den Effekt einer
Fortschrittsgeschichte und reproduzierte in ihrer binären
Argumentationsstruktur tradierte Dichotomien. Die im
Folgenden dargelegten Überlegungen zu einer teilhabenden
Kritik fokussieren im Unterschied dazu Verschaltungen von
Ästhetischem, Ethischem und Politischem. Ästhetik wird als
Theorie und Praxis begriffen, deren Produktionsprozesse
ethisch-politische Implikationen innerhalb eines Dispositivs
gewinnen. Ästhetische Praktiken wiederum sind integraler
Teil eines über das Feld der Kunst hinausgehenden Macht-
Wissen-Komplexes – eines Dispositivs der Ästhetik (Bippus,
Huber und Nigro 2012). Es soll insofern nicht um eine
kunstimmanente Theorie der Ästhetik gehen, wie sie etwa
Jacques Rancières Konzept des „ästhetischen Regimes"
(Rancière 2008)[3] verfolgt. Vielmehr versuchen wir, einer Konzeption von Macht als Verhältnis folgend,[4] eine teilhabende
Kritik zu skizzieren, die vom Dispositiv der Ästhetik ausgeht.
In diesem Zusammenhang sind postkoloniale Theorien
und dekoloniale Ästhetiken (Mignolo 2012) von Bedeutung,
welche die Ästhetik als genuin europäische Philosophie
und „Wissenschaft der sinnlichen Erkenntnis" (Baumgarten
2009, IX) in ihrer Historizität und Normativität reflektieren.
Trotz berechtigter Skepsis angesichts der Versprechen,

---

3   Rancière denkt ästhetisch-künstlerische Praktiken als Bestandteile
eines ästhetischen Regimes und versteht sie auf einer symbolischen
Ebene. Das ästhetische Regime, das vornehmlich auf die Romantik
und die Moderne bezogen ist, zeichnet sich etwa dadurch aus, dass
die „Identifzierung der Kunst als Kunst [...] durch die Unterscheidung
einer für Kunstwerke charakteristischen sinnlichen Seinsweise" (ebd.,
39) erfolgt.

4   Vgl. auch Nigro und Schreiber in diesem Band.

mit der dekoloniale Ästhetiken belegt werden,[5] sind diese Ansätze für eine Reformulierung von Kritik im Anschluss an die zweite Phase der Institutionskritik der 1990er Jahre impulsgebend. Dies nicht oder nicht allein aufgrund ihrer politischen Thematisierungen, sondern durch ihre ästhetisch-künstlerischen Praktiken wie Produktionsprozesse und deren ethisch-politische Dimensionen – das heißt, wie mit den folgenden Ausführungen deutlich werden soll, durch eine kritische Teilhabe und/oder teilhabende Kritik an der Aufteilung des Sinnlichen. Untersucht werden daher ästhetische Praktiken und deren ethisch-politische Dimensionen in einem Macht-Wissen-Komplex (Bippus und Lang 2022). Sie liefern keine Antwort auf den „Verlust" einer klassischen Kritik, die dem Antagonismus von Macht und Gegenmacht entsprechend agiert; mit ihnen entsteht keine neue (bessere) Kritik, sondern eine teilhabende Kritik, welche ethische Möglichkeiten, Sorge und Verantwortung in ihr kritisches Tun einschließt.

Kritik und *situated knowledges*: Partialität – Ethik – Politik

Donna Haraway hat in „Situiertes Wissen. Die Wissenschaftsfrage im Feminismus und das Privileg einer partialen Perspektive" (1995) einen objektivitätskritischen Ansatz diskursiviert, der uns für die Konzeptualisierung einer teilhabenden Kritik relevant und nach wie vor aktuell

5   Sie werden als solche beschrieben, die der Sackgasse entkommen, in welche die subversive Kunst geraten sei, da sie „den Fängen des kapitalistischen Marktes nicht entfliehen konnte". Eine dekoloniale Ästhetik schlägt laut Walter Mignolo vor, „sich vom Markt zu entkoppeln und dekoloniale Konzeptualisierungen und Praxen, anstatt an marktorientierten eher an gemeinschaftlichen Lebensformen auszurichten." Dekoloniale Ästhetiken zielen auf „eine *Pluriversalität*" und nicht auf „eine neue *subversive Universalität*" (Mignolo 2012, 131f., Herv. i. O.). Die kapitalistische Maschinerie hat nicht vor dekolonialen Ästhetiken Halt gemacht – im Gegenteil: Auch sie werden als aufmerksamkeits- und publikumsgenerierende Faktoren in Biennalen einbezogen.

scheint. Haraway setzt sich in diesem Artikel mit ihrer feministischen Wissenschaftskritik von einem „naiven sozial-
konstruktivistischen Ansatz" ab und argumentiert „gegen
einen unkritischen Empirismus". Sie vertritt „die Doktrin
einer ‚verkörperten Objektivität'. Diese Doktrin berücksichtigt […], dass die Geschichte des rationalen Wissens und
seine Produktion nicht unabhängig von der Materialität
der Geschichte, den Verflechtungen mit der Technik und
der Geschichte der technischen Medien, den Institutionen
und den Prozeduren der Macht verstanden werden kann"
(Deuber-Mankowsky und Holzhey 2013, 10). Haraway stellt
die in der Wissensökonomie gängige Hierarchie auf den
Kopf, indem sie vom Privileg einer partialen Perspektive
spricht; einer Perspektive also, die keinen neutralen Stand-
punkt vertritt, sondern eben partial und – folgt man Karin
Harrasser – gar parteiisch ist.[6] Partial wird diese Perspektive
jedoch nicht durch ein solipsistisches Erkenntnismodell,
das Wissen stets in Abhängigkeit zu einer subjektiven
Innerlichkeit denkt. Haraways Verständnis von Partialität
ist vielmehr das eines „Mit-Werdens" (Haraway 2018, 23),[7]
welches den Anforderungen einer beziehungsförmigen
Welt antwortet. Kritik – besser: Wissenschaftskritik – ist bei
Haraway keine Kritik zu einem Thema oder einem Gegenstand. Sie ist vielmehr handlungsorientiert, indem sie nach
epistemologischen Praktiken strebt, die adäquatere Darstellungen der Welt bieten, „in der ein gutes Leben möglich
sein soll", die ein kritisch-reflexives Verhältnis zu eigenen
und fremden Herrschaftspraktiken ermöglichen und mit
denen es, „in traditionellen philosophischen Kategorien
formuliert […,] möglicherweise stärker um Ethik und Politik
geht als um Epistemologie" (Haraway 1995, 78).

6   Karin Harrasser beschreibt die „Erkenntnishaltung" Haraways
      als eine „Absetzbewegung zur ‚göttlichen Perspektive' abendlän-
      discher Wissenschaft, die abstrahiert, objektiviert und univer-
      salisiert". Haraway mache im Unterschied dazu „Multiperspektivität,
      Interessiertheit, Positioniertheit, ja Parteilichkeit, stark" (2013, 242).
7   Haraway erläutert das Mit-Werden („becoming with") in Bezug auf
      ihre Denkpartner:innen und im Kontext eines kollektiven Wissens.

262 Für die Konzeption einer teilhabenden Kritik im künstlerisch-aktivistischen respektive kulturellen Feld erscheint
es uns in Anlehnung an Haraway wichtig, ästhetische,
politische und ethische Dimensionen epistemologischer
Praktiken und deren affektive wie bedeutungs-
bildende Effekte zu berücksichtigen (ebd., 78), die sich in
Materialitäten, Medialitäten und performativen Prozessen
vermitteln. Hinsichtlich der Frage der Involviertheit und
ihren Implikationen für eine Kritik erzeugen die zu Beginn
der 2000er Jahre vom argentinischen Autor:innenkollektiv
Colectivo Situaciones publizierten Texte, die über das
Feld eines durch akademische Diskurse durchzogenen
Aktivismus hinaus auch im europäischen Kunstkontext
diskutiert wurden, Resonanzen zu Haraways wissenschafts-
kritischem Ansatz. Im Zuge der Teilhabe an den massiven
sozialen Mobilisierungen in Argentinien nach 2001/2002[8]
formulierte Situaciones aus einer lokalen und situativen Perspektive einen methodischen Zugang, der als Versuch einer
Neuverhandlung von Kritik gelesen werden kann: Durch die
militante Absetzung vom persistierenden Existenzanspruch
eines rationalen und universalen Subjekts, das am objekti-
vierenden und repräsentierenden Blick auf seine Gegen-
stände festhält, geraten tradierte Zugehörigkeiten und disziplinäre Verortungen in Bewegung. Das Kollektiv beschreibt
die eigene Methode als „investigación militante" (Colectivo
Situaciones und MTD de Solano 2002, 10) – als Untersuchung
der Militanz und zugleich militante Untersuchung. Durch
soziale und diskursive Praktiken der Ko-Autor:innenschaft
bringt diese Art des militanten Untersuchens radikale
Formen der Involvierung und Strategien des „Mit-Werdens"
für sich in Anschlag. Aus dem eigenen involvierten Tun
heraus und als unmittelbare Antwort auf die in nationalen
und internationalen Medien als „argentinische Krise"

8   Besonders in und um die Hauptstadt Buenos Aires kam es infolge des
     sogenannten *corallito*, der staatlich verordneten Einfrierung privater
     Sparguthaben, im Dezember 2001 zu massiven Mobilisierungen,
     Straßendemonstrationen und der Emergenz neuer aktivistischer
     (Protest-)Praktiken. Vgl. dazu u. a. Colectivo Situaciones und Brand
     (2003).

bezeichnete politische, ökonomische und soziale Situation
nach 2001/2002 entwickelte und praktizierte Situaciones
eine methodisch-ethische Haltung, die ein Schreiben „über"
als potenziell gewaltvollen Akt der epistemischen Aneignung
von aktivistischem Praxiswissen problematisiert:

> Die ‚militante Untersuchung', wie wir sie verstehen,
> hat kein Objekt. […] Untersuchen, ohne etwas zum
> Objekt zu machen, bedeutet [sic!] das gewohnte Bild
> des Untersuchers zu verlassen. […] Kritik [bleibt] blind
> gegenüber zwei grundlegenden Momenten: auf der
> einen Seite gegenüber dem – außen stehenden – Sub-
> jekt, das die Kritik ausübt. Der Untersucher braucht
> sich nicht selbst zu untersuchen. Er kann feststehendes
> Wissen *über* die Situation konstruieren, auf Grund und
> Dank seiner *Außenposition,* der Distanz, die angeblich
> eine gewisse *Objektivität* garantiert. Nun gut, diese
> Objektivität ist echt und funktioniert und ist doch
> nichts anderes als die Kehrseite der Objektivierung –
> die *Gewalt* – einer Situation, *über* die gearbeitet wird.
> (Colectivo Situaciones 2004b, 71f., Herv. i. O.)[9]

---

9   Entstanden ist dieser manifestartige Text in spanischer Ori-
     ginalfassung als Einleitung zu einer Publikation, die Colectivo
     Situaciones gemeinsam mit der selbstorganisierten Gruppe MTD
     (Movimiento Trabajadores Desocupados = Bewegung der arbeits-
     losen Arbeiter:innen) der bonaerensischen Vorstadt Solano verfasste
     und herausgab (Colectivo Situaciones und MTD de Solano 2002). Das
     Buch resultierte aus dem Dialog von Situaciones mit Aktivist:innen
     des MTD Solano, die sich im Zug der Aufstände von 2001 und 2002 an
     den Straßenbarrikaden, den sogenannten *piquetes*, zur Blockierung
     der Zufahrtswege von Buenos Aires beteiligten und beruht auf einer
     Reihe von Treffen, Workshops und Gesprächen.

Kritik und „Beziehungsförmigkeit": „becoming with"

Die von Situaciones herausgegebenen und gemeinsam mit sozialen Akteur:innen wie der Menschenrechtsorganisation H.I.J.O.S.[10] dialogisch realisierten Texte machten die „saberes situacionales"[11] – das situativ generierte Wissen der aktivistischen Praktiken – mit und in Auseinander-setzung mit den sozialen Bewegungen zirkulierbar. Mit Haraway lassen sich diese Akteur:innen-Autor:innen-Konstellationen als Formen der „riskante[n] Ko-Machen-schaften" (Haraway 2018, 26) betrachten. Für das Feld des militanten Aktivismus, in dem sich das Bewegungskollektiv Situaciones selbst verortete, bedeutet dies, dass die Artikulierung einer teilhabenden Kritik über Ko-Machen-schaften das Risiko birgt, im Prozess der Involvierung mit-unter Vulnerabilität zu entblößen und damit neue Angriffs-potenziale hervorzubringen. Die geteilte Wissensarbeit von Situaciones ist vor diesem Hintergrund gerade nicht als eine unparteiische, harmonisierende oder harmlose Form der Teilhabe misszuverstehen: Die von ihrer Seite geleis-tete diskursive und sich einmischende Begleitung sozialer Bewegungen und ihrer Protestformen – etwa durch die Initiierung von Gesprächsformaten und die Herausgabe von Texten – verbindet das Kollektiv mit dem ethischen Anspruch einer (selbst-)reflexiven, aktiv eingreifenden Schreib- und Publikationspraktik, die sich in kontinuierlicher

10   Das Akronym H.I.J.O.S. steht für Hijos por la Identidad y la Justicia contra el Olvido y el Silencio (Nachkommen für die Identität und die Gerechtigkeit gegen das Vergessen und Schweigen). Gegründet wurde die Menschenrechtsorganisation im Jahr 1995 als Reaktion auf die staatliche Politik der Straflosigkeit während der Präsident-schaft von Carlos Menem, das heißt die institutionelle Fortsetzung der Amnestierung der (Mit-)Täter:innen der letzten zivil-militärischen Diktatur Argentiniens (1976–1983).

11   Siehe dazu die von Colectivo Situaciones mit H.I.J.O.S. und der Organisation Mesa de Eschrache popular publizierten Schriften zur Aktionsform *escrache*. Vgl. auch Colectivo Situaciones und Mesa de Eschrache popular 2002; Colectivo Situaciones 2004a.

und direkter Auseinandersetzung mit den involvierten sozialen Akteur:innen realisiert. In appropriativer Anlehnung an den unter anderem von Antonio Negri beschriebenen Impetus der operaistischen „con-ricerca", einer emanzipatorisch orientierten Untersuchungsmethode der Befragung im Kontext des norditalienischen Fabrik- arbeiter:innenmilieus der 1960er Jahre (Negri 2003)[12], sollte dieses Denken im Schreiben stets die eigene Positionierung mituntersuchen. Zum Ausdruck kommt dadurch ein (unter-) suchendes Begehren nach Involvierung und Involviertheit, das Situaciones mit der transformierenden und niemals unschuldigen Erfahrung des Sich-Verliebens verglichen hat. An die Stelle eines mit Autorität ausgestatteten Autor:innensubjekts, das seine Untersuchungsgegenstände objektiv zu beschreiben und zu repräsentieren vermag, tritt, so Situaciones, die sich in einem stets prekären existenziellen Gleichgewicht befindende Figur des „militante de investigación", bei der sich Militanz, Untersuchung, Methode, Untersuchende wie Untersuchte gegenseitig in ihrer Hervorbringung situativ und relational bedingen (Colectivo Situaciones 2004b, 72; Colectivo Situaciones und MTD de Solano 2002, 10). Dies hat unweigerlich zur Folge, dass die in diesem Prozess des „Mit-Werdens" emergierenden und sichtbar werdenden Vulnerabilitäten ebenso neu verhandelt werden müssen.

Im Horizont eines „becoming with" meint eine teilhabende Kritik laut den bisherigen Ausführungen, dass Kritik nicht allein von einem kritisierenden Subjekt ausgehend gedacht werden kann. Im Gegenteil ist dieses generierter und generierender Bestandteil einer beziehungsförmigen Welt (Athanasiou und Butler 2014, 14, 97).[13] Ein dergestalt relationales Weltgefüge wird von mehr-als-humanen und humanen intentionalen Prozessen – das heißt etwa durch Praktiken, Darstellungen, Materialien, Infrastrukturen, Diskurse, Dispositive, Beziehungsgeflechte und Ökologien

12 Vgl. auch Bippus, Brunner und Nigro in diesem Band.
13 Die Begriffe „Beziehungsförmigkeit" und „beziehungsförmig" sind an Judith Butler und Athena Athanasiou angelehnt.

– bestimmt. Das Kriterium von Kritik in der militanten Untersuchung ist nicht länger an dem Unterscheidungs- und Urteilsvermögen eines zum gebildeten Verstehen und Beurteilen fähigen freien und autonomen Vernunft-Subjekts orientiert,[14] sondern an Verhältnisökologien, wie sie oben auch in Bezug auf Technokollektive beschrieben worden sind.

Kritik und Ko-Machenschaften

Das Konzept einer teilhabenden Kritik, wie es hier ausgehend von künstlerischen, aktivistischen, ethisch-ästhetischen Praktiken und Theorien entwickelt und zur Diskussion gestellt wird, führt zu Verwerfungen und Verschiebungen der immer wieder vorgebrachten Vorstellung einer genuin kritischen Kunst als alternative und autonome Gegenbewegung. Im Feld der Gegenwartskunst zielt teilhabende Kritik nicht auf eine grundlegende Negation der Institutionskritik, sondern auf eine aktualisierende Reformulierung. Eine teilhabende Kritik spricht nicht von einem angenommenen Außen, von dem aus ein „Denken gegen" die Institution Kunst möglich wäre. Sie artikuliert sich vielmehr in relationalen Gefügen der Teilhabe wie der Teilnahme: Eine Teilhabe ist immer auch mit Prozessen der Teilnahme verbunden – das heißt mit Prozessen der Assoziation und Assimilation.[15] Wie Alice Creischer und Andreas Siekmann pointiert in „Auf den Teppich kotzen, auf dem man steht" (Creischer und Siekmann 2008) formuliert haben, ist Kritik letztlich immer teilhabend. Mit dieser Aussage brachten Creischer und Siekmann die Herausforderungen zum Ausdruck, mit denen sie sich in der Mehrfachrolle als Künstler:innen, Kurator:innen und Initiant:innen des transatlantischen Ausstellungs- und Rechercheprojekts *Ex*

14 Die Engführung von Kritik als „Ausübung der Vernunft" gilt für die philosophische wie die philologische Kritik – das heißt für die Kritik als Vernunfterkenntnis sowie für die Kritik als Beurteilung eines Gegebenen. Siehe hierzu Bormann, Tonelli und Holzhey 2017. Vgl. auch Nigro und Schreiber in diesem Band.

15 Vgl. Bippus, Brunner und Nigro, Nigro und Schreiber sowie Brunner und wessalowski, alle in diesem Band.

Argentina (2002–2006) konfrontiert sahen.[16] Diese bildliche
Äußerung adressiert darüber hinaus die Ambivalenz der
Verortung und Situierung als europäische Akteur:innen
im institutionalisierten und globalisierten Feld der Gegenwartskunst. Am Beispiel des Kooperationsprojekts *Ex
Argentina* wird deutlich, dass ethisch-politische, institutionskritische und partizipatorische Ansprüche zwangsläufig
Reibungsflächen erzeugen und zu Spannungsverhältnissen
zwischen den Involvierten führen – nicht zuletzt, weil im
Ausstellungskontext symbolische Inwertsetzungen virulent
werden. Der Begriff der „militanten Untersuchung" des
Autor:innenkollektivs Colectivo Situaciones hatte für die
damalige Positionierung von Creischer und Siekmann und
die Entwicklung von *Ex Argentina* eine zentrale Funktion:

> Der Begriff der Militanten Untersuchung meint eine
> Abgrenzung von einem objektivierenden Erkenntnis-
> procedere [sic!]. Militante Untersuchungen bedeuten
> eine Praxis von Erkenntnisgewinnung, die in einer
> politischen Praxis und Erfahrung stattfindet. Das
> bedeutet aber auch, dass ich meine Position als eine
> objektive Feldforscherin von außen aufgebe. Ich werde
> selber involviert. Das hat auch den Konflikten ent-
> sprochen, die wir in unserem Projekt hatten, in Bezug
> auf einen akademischen Kunstbegriff ebenso wie auf
> einen Seminarismus, der immer auf der Seite der Wahr-
> heit sein will. (Creischer und Siekmann 2008)

16 Umgesetzt wurde das internationale Ausstellungs- und Recherche-
projekt *Ex Argentina* (2002–2006) mit organisatorischer Unterstützung des Goethe-Instituts Buenos Aires und Finanzierung
von der deutschen Kulturstiftung des Bundes. Ende 2002 reisten
Creischer und Siekmann mit der Idee nach Buenos Aires, „eine öko-
nomiekritische Untersuchung zur Wirtschaftskrise" (Creischer und
Siekmann 2008) Argentiniens zu realisieren. Inhaltlicher Fluchtpunkt
von *Ex Argentina* war das Anliegen, mit künstlerischen Methoden
und Verfahrensweisen die Hintergründe und Zusammenhänge der
ökonomischen, politischen und sozialen Krise Argentiniens im Nach-
gang der Aufstände von 2001/2002 zu untersuchen und dabei einen
kritischen Vergleich zu neoliberalen Mechanismen in Deutschland zu
ziehen.

Die diskursive, künstlerische und kuratorische Auseinandersetzung Creischers und Siekmanns mit der kunstfernen,
aktivistischen Praxistheorie von Situaciones „in-formiert"
(Bippus 2019, 68) eine ethisch-politische, in gewisser Weise
ideologische und niemals widerspruchsfreie Situierung im
eigenen, von hierarchisierenden Machtbeziehungen durchzogenen Kontext. Als teilhabend kritische Arbeit innerhalb und an den Rändern von westlich geprägten Gege-
wartskunstinstitutionen bringt das künstlerisch-militante
Anliegen von Creischer und Siekmann, dezidiert situativ
und solidarisch vernetzt künstlerisch-politisch tätig zu sein,
ein Begehren nach alternativen Formen der Kritik zum
Ausdruck, die Involviertheiten generieren und zwingend
mitreflektieren.

Kritik und *reparative reading*

Colectivo Situaciones reflektiert nicht allein selbstkritisch
die eigene Involviertheit; das Wort „Situaciones" in seinem
Namen ist vielmehr von grundlegender Bedeutung für
ihre Konzeption einer kritischen Praxis. Das Kollektiv
unterscheidet ein Denken der Situation in ihrer Universalität
von der bloßen Annahme einer lokalen Situation: „When
we talk about a situation we are concerned with the mode
in which the universal appears in the local, not the local as
‚part' of the global" (Colectivo Situaciones 2007, 88). Der
entscheidende Unterschied zwischen dem Lokalen und
dem Situativen ist in ihren Augen, dass das Lokale durch
ein festes Umfeld definiert ist, die Situation hingegen „is
actively produced, determining its dimensions and multi-
plying its resources. Unlike the local, the situational expands
the capacities for composition-affection" (ebd.). Militante
Untersuchungen zielen in diesem Sinne auf Potenzialität,
die sich durch die materielle Dimension der Begegnung
von Körpern einstellt (ebd., 76) und verstehen sich als
„joyful passions, which starts from and increases the
power (potencia) of everyone involved. Such a perspective
is only possible by admitting from the beginning that one

does not have answers, and, by doing so, abandoning the
desire to lead others or to be seen as an expert" (ebd.,
79). Dieser auf affektive Kräfte setzende Aspekt der
militanten Untersuchung sowie das Anliegen des Kollektivs,
mit der militanten Untersuchung ein Verfahren zu entwickeln, das sich von der akademischen und aktivistischen
gleichermaßen unterscheidet (ebd., 74), leidenschaftlich ist
und sich von der Aufteilung in Expert:innen und Lai:innen
oder Wissenenden und Nicht-Wissenden abgrenzt, verschiebt das Konzept der negativen Kritik.

Eve Kosofsky Sedgwick hat in den 1990er Jahren mit ihrem
Ansatz eines „reparative reading" eine Form der Kritik zu
praktizieren versucht, die vergleichbare Aspekte akzentuiert
und nicht in der Negation des Gegenübers und eines
Urteilens über den/die andere:n münden soll. In der 2003
erschienenen Publikation *Touching Feeling. Affect, Pedagogy,
Performativity* analysiert Sedgwick das zeitgenössische
kritische Denken in seiner Nähe zur akademischen inter-
pretativen Praxis des „Konzepts der Paranoia" (Sedgwick
2014, 358).[17] Die einst produktiv kritische Verfahrensweise,
die Paul Ricœur 1965 als „Hermeneutik des Verdachts" charakterisiert hatte und die, so Sedgwick, zum Synonym für

---

17   Der Text, dessen Titel „Paranoid Reading and Reparative Reading,
     or, You're So Paranoid, You Probably Think This Essay Is About You"
     lautet, geht auf Publikationen von 1996 und 1997 zurück. Er erschien
     2002 im englischen Original und 2014 in deutscher Übersetzung.
     Seinen Anfang nahm das Konzept des „reparative reading" in einer
     vierseitigen Einführung in der Ausgabe „Queerer than Fiction" der
     Zeitschrift *Studies in the Novel*. Sedgwick formulierte ihre Kritik an
     der Hegemonie einer paranoiden Lektürepraxis in der Zeit, in der
     Queer Theory ihre erste institutionelle Formung erfährt. Nach Robyn
     Wiegman geht es ihr dabei nicht um eine Ablösung, eine Negation der
     paranoiden Praxis, sondern um eine Reformulierung; dies auch in
     Auseinandersetzung mit Judith Butler, der zweiten zentralen Figur bei
     der Etablierung der Queer Theory in dieser Zeit. Deren Text *Gender
     Trouble*, so Wiegman, betrachtet Sedgwick als „an exemplary paranoid
     text", der „teaches us that ‚you can never be paranoid enough'"
     (Wiegman 2014, 10). Mit ihrem Text verweise Sedgwick nicht auf den
     Gegensatz oder die Alternative dieses Ansatzes, sondern auf die
     „coexistence of paranoid and reparative critical practices as part of
     the queer theoretical project from the outset" (ebd.,12).

Kritik schlechthin geworden sei (ebd., 385), habe lähmende
Nebeneffekte. Sedgwick reflektiert diese im Kontext der
homophoben und rassistischen Aids-Politik von Pharma-
konzernen wie der Sozial- und Gesundheitspolitik der
USA in den 1970er Jahren. Die Aufdeckung umfassender
systematischer Unterdrückungen und das Wissen um
diese habe auch einschränkende epistemologische Konsequenzen, welche verhinderten, lokale und kontingente
Beziehungen zu berücksichtigen. Die Hermeneutik des Verdachts privilegiere das Konzept der Paranoia: In ihrer „anti-
zipatorischen" Ausrichtung sichere sich die paranoide Kritik
gegenüber jeglichen Überraschungen ab, ja verhindere
diese in präventiver Manier.[18] Da die paranoide Kritik auf
„Aufdeckung" setzt, misst sie der „Wirksamkeit des Wissens
als solchem [...] in der Praxis außerordentliches Gewicht"
(ebd., 377) zu und reproduziert die hierarchische Aufteilung
in Wissende und Nicht-Wissende.[19] Sedgwick stellt dieser
paranoiden Lesepraxis einer vornehmlich analytisch auf-
deckenden, negativen Kritik, die sich als „starke Theorie"
behauptet, ein Lektüremodell an die Seite, das aufgrund
seiner generativen Modalität für die Konzeption einer teilhabenden Kritik von Bedeutung ist. Ihr Entwurf des „reparative reading" ist einem relationalen Denken verpflichtet,
der Annahme einer konstitutiven affektiven Beziehungsförmigkeit und einem Prozess des Werdens.

Von besonderem Interesse ist hier, dass eine reparative
Lektüre ästhetisch operiert, von Neugierde angeleitet
ist, Momente überraschender Erkenntnisse aufsucht, auf

18 Als „starke Theorie" beanspruche sie eine Allgemeinheit, eine
    große Reichweite und zeichne sich als besonders erklärungskräftig
    aus. Gerade hierdurch sei sie reduktionistisch und leite eine Fülle
    von Phänomenen von wenigen Grundannahmen ab. Als Theorie
    „negativer Affekte" habe die paranoide Kritik den Effekt, „das Streben
    nach positivem Affekt gänzlich zu blockieren" (Sedgwick 2003, 375).
19 Sedgwick problematisiert in diesem Zusammenhang das Primat des
    Sichtbarmachens in einer Gesellschaft, in der gerade Sichtbarkeit
    einen Großteil der Gewalt ausmacht.

Verbesserung zielt und Genuss beinhaltet (ebd., 386).[20] Ein
reparatives Lesen ist eine epistemologische Praxis, welche
die Aufmerksamkeit etwa durch ein „close reading" auf
den Forschungsgegenstand legt und lokale Theorien sowie
Ad-hoc-Taxonomien entwickelt. Diese kritische Praxis agiert
insofern situativ und erkennt – so lässt sich Sedgwicks
Charakterisierung fortführen – transindividuelle und transversale Kräfte des Gemeinsamen an. Sedgwick beschreibt
die Beziehung des Ich gegenüber seinen Objekten „als sich
verändernde und heterogene relationale Haltung" (ebd.,
362) und verbindet sie mit Praktiken, die „zwischen dem
Paranoiden und dem Reparativen schwanken" (ebd., 394).
Dieses Schwanken ist klar zu unterscheiden von einer
Unentschiedenheit oder Gleichgültigkeit; es geht vielmehr
um Beweglichkeit und eine Praxis, die Widersprüche nicht
auflöst, sondern benennt und gerade hierdurch die Möglichkeit einer kritischen Teilhabe eröffnet.[21] Gerade durch diese
Beweglichkeit unterscheidet sich die Praktik des „reparative
reading" von einem idealisierenden Verständnis von Kritik.
In ihren Bewegungen zwischen verschiedenen Positionen
zeigt sie auch die damit verbundenen Bürden. Die Praktik
des „reparative reading" geht ebenso wie das „becoming
with", das Kathrin Thiele als „sorgende und mit-fühlende
(caring) kritische Haltung" (Thiele 2015, 143)[22] beschreibt,
nicht in einem harmonischen Versprechen auf. Sie wird
vielmehr gemeinsam mit dem Imperativ, sich ständig sorgen

20 Aus paranoider Perspektive wird die reparative Kritik infolgedessen
    als rein ästhetisch und reformistisch abgewertet.
21 Sedgwick erkennt in dem Schwanken eine Bewegung zwischen ver-
    schiedenen „Positionen", wobei sie diesen Begriff von Melanie Klein
    bezieht. Sie hat mit dem Konzept der Position „einen oszillierenden
    Prozeß, ein Hin-und-Zurück kennzeichnen [wollen], der flexibler ist
    als die normalerweise beschriebene Regression auf Fixierungsstellen
    innerhalb der Entwicklungsphasen" (Klein zit. nach Sedgwick 2014,
    362).
22 Thiele idealisiert die mitfühlende Haltung nicht, sondern stellt fest,
    dass diese erlernt werden muss, um „im kritischen Auseinander-
    setzen die Möglichkeit eines immanent verstandenen Überschusses
    [… zu sehen], der, obgleich niemals frei von Begrenzung, doch etwas
    anderes hervorbringt als das ewig selbe Spiel der Gegensätze" (2015,
    143).

272 zu müssen, informiert und transformiert. Das „reparative reading" als teilhabende Kritik ist aufgefordert, eben diese verfänglichen Ko-Machenschaften – und die mit ihnen einhergehenden „double binds" (Spivak 2012, 1–34, 104; Castro Varela und do Mar 2019) zu benennen statt sie zu übergehen.

Eine teilhabende Kritik versetzt – im Wissen um die Ambivalenz eines „Denkens mit" – eine negative Kritik in Spannung mit riskanten Prozessen der Affirmation, in der ein selbstbewusstes und souveränes Selbst zugunsten einer Öffnung im Sinne von Athanasiou und Butler auf dem Spiel steht (2014, 97).[23] Das Selbst begibt sich und die Kritik in Abhängigkeit zum kritisierten Objekt, und ebendiese Beziehungsförmigkeit zeigt sich in ethischer Weise als „Antwort" auf die Objekterfahrung und das Objektbedürfnis (Wiegman 2014, 18). Eine teilhabende Kritik als situierte, partiale, affektive, relationale, erschaffend reparative Praktik ist damit lokalen, situativen und kontingenten Beziehungen gegenüber offen; sie ist ihnen jedoch zugleich ausgesetzt und wird dadurch selbst verletzbar und brüchig.

Literatur

Athanasiou, Athena und Judith Butler. 2014. *Die Macht der Enteigneten: Das Performative im Politischen* [2013]. Zürich/Berlin: Diaphanes.
Baumgarten, Alexander G. 2009. *Ästhetik* (2 Bände). Hamburg: Meiner.
Bippus, Elke. 2019. „Künstlerisch-ästhetische Prozesse des Denkens." In *Grenzgänge in der Philosophie: Denken darstellen: Tagungsband mit Zeichnungen von Sebastian Lörscher*, hg. v. Alexander Fischer und Annett Wienmeister, 61–76. Münster: Mentis.
Bippus, Elke, Huber, Jörg und Roberto Nigro. 2012. „Vorwort". In *Ästhetik x Dispositiv. Die Erprobung von Erfahrungsfeldern*, hg. v. dens., 7–12. Zürich: Edition Voldemeer.
Bippus, Elke und Ruth Lang. 2022. „(Re)thinking Critique: Transversal and Ethico-Aesthetic Dimensions in Partaking Practices." *Revista de Estudios*

23 Athanasiou verbindet riskante Momente kontingenter Brüche, des Ringens um Anerkennung oder der Selbstbestätigung mit der „Möglichkeit einer Öffnung aufgrund einer einmal gescheiterten Wiederholung, ein Scheitern, das die souveräne Position des (selbst-) bewussten Selbst durch einen Appell an Empfänglichkeit und Verantwortung verschiebt" (Athanasiou und Butler 2014, 97).

Globales y Arte Contemporáneo (REG|AC), Vol. 8 Núm. 1: Transversal Ethico-Aesthetics: Félix Guattari and the Heterogenesis of Being. https://revistes. ub.edu/index.php/REGAC/article/view/41417. Letzter Zugriff am 19. April 2023.

Bormann, Claus von, Tonelli, Giorgio und Helmut Holzhey. 2017. „Kritik." In *Historisches Wörterbuch der Philosophie,* hg. v. Joachim Ritter, Karlfried Gründer, Gottfried Gabriel. Basel: Schwabe AG Verlag.

Castro Varela und María do Mar. 2019. „Ambivalente Botschaften und Doppelbindung – Warum Kulturelle Bildung das Verlernen vermitteln sollte." *KIWit Archiv,* 16. Oktober. https://www.kiwit.org/kultur-oeffnet-welten/positionen/position_13120.html. Letzter Zugriff am 6. März 2023.

Colectivo Situaciones und MTD de Solano. 2002. „Prologo, Sobre el método." In *La Hipótesis 891. Más allá de los piquetes*, 9–22. Buenos Aires: De Mano en Mano.

Colectivo Situaciones und Mesa de Escrache popular. 2002. *Genocida en el barrio*. Buenos Aires: De Mano en Mano.

Colectivo Situaciones, Ulrich Brand. Hg. 2003. *Que se vayan todos! Krise und Widerstand in Argentinien*. Berlin: Assoziation A.

Colectivo Situaciones. 2004a. *Escraches. Aktionen nichtstaatlicher Gerechtigkeit in Argentinien*. Berlin: b_books.

———. 2004b. „Über die Methode." In *Schritte zur Flucht von der Arbeit zum Tun / Pasos para huir del trabajo al hacer*, hg. v. Alice Creischer, Andreas Siekmann und Gabriela Massuh, 71–73. Köln: Walther König.

———. 2007. „Something More on Research Militancy: Footnotes on Procedures and (In)Decisions." In *Constituent Imagination. Militant Investigations, Collective Theorization*, hg. v. von Stevphen Shukaitis, David Graeber, Erika Biddle, 73–93. Oakland, Edinburgh: AK Press.

Creischer, Alice und Andreas Siekmann. 2008. „Auf den Teppich kotzen, auf dem man steht. Kann künstlerische Arbeit eine Militante Untersuchung sein?" *arranca* 39. https://archive.arranca.org/ausgabe/39/auf-den-teppich-kotzen-auf-dem-man-steht. Letzter Zugriff am 3. März 2023.

Deuber-Mankowsky, Astrid und Christoph F. E. Holzhey. 2013. „Einleitung. Denken mit Haraway und Canguilhem." In *Situiertes Wissen und Regionale Episemologie. Zur Aktualität Georges Canguilhemes und Donna J. Haraways*, hg. v. dens., 7–34. Wien, Berlin: Turia + Kant.

Draxler, Helmut. 2014. „The Turn from the Turns: An Avant-Garde Moving Out of the Center (1986–93)." In *Exhibition as Social Intervention. ‚Culture in Action' 1993*, hg. v. Joshua Decter, Helmut Draxler, Tom Eccels und Paul O'Neill, 44–64. London: Afterall.

Haraway, Donna. 1995. „Situiertes Wissen. Die Wissenschaftsfrage im Feminismus und das Privileg einer partialen Perspektive." [1988] In *Die Neuerfindung der Natur Primaten, Cyborgs und Frauen*, 73–97, 206–210. Frankfurt am Main, New York: Campus.

———. 2018. *Unruhig Bleiben: Die Verwandtschaft der Arten im Chthuluzän*. Frankfurt am Main: Campus.

Harrasser, Karin. 2013. „Treue zum Problem." In *Situiertes Wissen und Regionale Epistemologie. Zur Aktualität Georges Canguilhemes und Donna J. Haraways*, hg. v. Astrid Deuber-Mankowsky und Christoph F. E. Holzhey, 241–259. Wien, Berlin: Turia + Kant.

274   Mignolo, Walter. 2012. „Dekoloniale Ästhetik. Das Museum verlernen und wiedererlernen durch Pedro Laschs Black Mirror/Espejo Negro." In *Kunst, Krise, Subversion. Zur Politik der Ästhetik*, hg. v. Nina Bandi, Michael G. Kraft und Sebastian Lasinger, 129–147. Bielefeld: transcript.

Negri, Antonio. 2003. „Logik und Theorie der Befragung. Die militante Praxis als Subjekt und als Episteme." *transveral,* April. https://transversal.at/transversal/0406/negri/de. Letzter Zugriff am 6. März 2023.

Rancière, Jacques. 2008. *Die Aufteilung des Sinnlichen. Die Politik der Kunst und ihre Paradoxien* [2000]. Berlin: b_books.

Sedgwick, Eve Kosofsky. 2014. „Paranoides Lesen und reparatives Lesen oder paranoid, wie Sie sind, glauben Sie wahrscheinlich, dieser Essay handle von Ihnen." In *Affekt und Geschlecht. Eine einführende Anthologie*, hg. v. Angelika Baier, Christa Binswanger, Jana Häberlein und Yv Eveline Nay et al., 355–399. Wien: Zaglossus.

Spivak, Gayatri Chakravorty. 2012. *An Aesthetic Education in the Era of Globalization*. Cambridge, Mass: Harvard University Press.

Thiele, Kathrin. 2015. „Ende der Kritik? Kritisches Denken heute." In *Gegen/Stand der Kritik*, hg. v. Andrea Allerkamp, Pablo Valdivia Orozco und Sophie Witt, 139–162. Zürich: Diaphanes.

Wenzel, Anna-Lena. 2011. *Grenzüberschreitungen in der Gegenwartskunst. Ästhetische und philosophische Positionen*. Bielefeld: transcript.

Wiegman, Robyn. 2014. „The Times We're In: Queer Feminist Criticism and the Reparative ‚Turn'." *Feminist Theory* 15 (1): 4–25.